女人要读点口才心理学

潘文荣◎编著

中国纺织出版社

内 容 提 要

说话能力是女人闯荡社会的基本技能，是让自己脱颖而出的必备素质。应聘面试、职场竞争、自我推销、人际交往……都需要强大的口才能力。

本书阐释说话心理学的诸多原理，揭密交际中常见的说话策略和心理现象，传授诸多口才方面的实用技巧，帮助女性精通心理知识，修炼口才技能，指导她们在人际交往中高效地与人沟通，从而获得事业的成功。

图书在版编目(CIP)数据

女人要读点口才心理学／潘文荣编著．—北京：中国纺织出版社，2015．3（2024.1重印）

ISBN 978－7－5180－1350－0

Ⅰ．①女…　Ⅱ．①潘…　Ⅲ．①女性—心理交往—口才学—通俗读物　Ⅳ．①C912．1－49

中国版本图书馆 CIP 数据核字(2015)第 010552 号

责任编辑：闫　星　　　　责任印制：储志伟

中国纺织出版社出版发行
地址：北京市朝阳区百子湾东里 A407 号楼　邮政编码：100124
销售电话：010—67004422　传真：010—87155801
http：//www. c-textilep. com
E-mail：faxing@c-textilep. com
中国纺织出版社天猫旗舰店
官方微博 http：//weibo. com/2119887771
永清县晔盛亚胶印有限公司印刷　各地新华书店经销
2015年3月第1版　2024年1月第4次印刷
开本：710×1000　1/16　印张：17．5
字数：211千字　定价：52.00元

前言

生活中，我们常常听到周围的人讨论，怎样的女人才最受欢迎？也许有人会说，长得美的女人最受欢迎。也有一些人会说，精明能干的女人受欢迎。这两点，我们都不否认，但一个女人要想左右逢源，要想获得成功，更重要的是拥有应情应景的语言表达能力，也就是人们说的“口才”。通俗一点儿说，一个“会说话”的女人，必定能够将自己的智慧、优雅、博学通过自己的口才展示在众人面前，从而使自己更容易受到周围人的喜爱。

戴尔·卡耐基说：“一个人的成功约有15%取决于技术知识，85%取决于口才艺术。”这就是说，一个人说话水平的高低，已成为其生活及事业能否取得成功的关键因素。

的确，一些女人已经认识到口才在现实生活和工作中的重要性，然而，她们还是会产生疑问，为什么我苦口婆心地说了很多，孩子好像一句话也没听进去呢？为什么和丈夫一说话就吵架呢？为什么向领导建议，却被驳回呢……

其实，剖析下来，这主要是因为你没真正理解口才的真正含义，口才并不等于耍嘴皮子，说话口若悬河、滔滔不绝并不是真正的口才；伶牙俐齿、处处占上风也不是口才，口才是一门说话的艺术。同样都是说话，效果却各不相同。于是，一些女人会问：怎样才能让自己的语言达到所期望的效果呢？

很简单，直指人心的语言才是最有效的。在这个世界上，最难以捉摸的是一个人的心理，为此，一定要“攻心”，以“心”为重。因此，女人们，你在训练自己口才的同时，还要掌握一定的心理学知识，学会察言观色，了解对方的心理，以此来决定什么时候该说什么话，什么时候不该说什么话，或是该说多少话。

知己知彼，百战百胜。女人们，如果你学会慧眼识人，把握人心，就能在社交场上准确地把握对方的内心世界，然后方能对自己的交际决策做出妥善的规划，赢得交际的成功！

在本书里，我们将从女性朋友的角度，展开各个细小的方面来探讨如何通过说话影响他人心理，诸如语言学里的语速、语气等，以此来帮助女性朋友解决她们在日常的工作和生活中遇到的疑虑和困惑，使她们在人际交往中变得更加圆融，更加左右逢源。

编著者

2014年7月

目录

第1章

言为心声：透过言语了解内心

现今社会，女人们已走出家庭，和男人们一样参与人际交往，然而，不得不承认的是，很多时候，一些女人会产生一些困惑——与人打交道，如何识别人心呢？其实，言为心声，一个人的个性、心理、品质和能力等都会在他的语言中展现出来，当然，语言也并非完全真实，这就需要女人们懂得倾听和分析，从对方的语速、语调、语气等各方面进行探寻。

用声音表达自己的心情和个性

人们常说“到什么山，唱什么歌”，那些聪明的女人，往往能根据交谈对象的不同性格，采取不同的说话方式。然而，可能令女人们感到困惑的是，对于初次接触的人该怎么办呢？因为缺少了解，我们并不能推测出对方的性格。对此，可能常常会感到束手无策。实际上，“言为心声”，可见，要想看清别人，可以从他的说话声音着手。一个人的性格、爱好、人品等方面一般都会外露在语言上。我们先来看下面一个故事：

杨琳是一家电气公司的老总，从当初的一无所有到现在的事业成功，杨琳常常感叹：“做生意就是与人打交道，能掌握对方的心理，就能旗开得胜。”即便现在，她依然将心理学运用到企业的管理中。

在招聘员工时，她运用了一套独特的方法，为了把不同类型的人用于不同的工作岗位上，她采用以嗓音大小来判定应聘人员素质优劣的“说话声音考试法”。她称这套方法来源于日本。

公司的人事部门先准备好一篇文章，让应聘者轮流朗读；或者来到大街上，让参加应聘的人员站在人群拥挤的车站进行演说或谈自己的经历。考官们则站在50~100米的地方，确认他（她）的声音能传多远。接着考官们让应试者再随便打一个电话，例如，在公司里一个房间打电话给其他房间，根据其谈话的风度、语言的运用，当然也包括声音的大小、谈话的方式等决定其录用与否。

这项考试的重点是考察应聘者讲话声音的大小，讲起话来有无思想顾虑。同时，考察他是原封不动地转达书中或别人的谈话内容，还是将这些内容变成自己的东西，用自己的话表达出来。

这项考试的主要目的，是考察应聘者有没有自信心和创造力，而这些正是新员工走上岗位干好工作，为公司的发展做出贡献的最基本前提。

杨琳认为，具有且能够发挥领导才能的人，不仅善于指挥他人，而且说话声音洪亮，对任何事都充满信心，他们会看着对方的眼睛清楚地表达自己的意思。

从这则故事中，相信很多女人都能看出来，一个人的个性、品质和能力等都会在声音中展现出来。而故事中的企业总裁杨琳就是个善于把握他人心理的人。心理学家认为，性格外向的人，说话声音洪亮而粗犷；性格内向的人，说话的声调柔和而谨慎。当然，人们更愿意与那些说话声音洪亮的人打交道，因为他们大多活泼开朗、为人正直，是值得信赖的朋友。同时，在初次接触的过程中，人们也更容易对那些声音洪亮的人产生好感。

的确，语言是最重要的交际工具，说话声音也能反映一个人的魅力和性格特点。对此，生活中的女人们，我们可以通过说话声音的高低来把生活中的人分为以下几种类型：

1.高亢型

这类人个性多粗犷豪放、不拘小节，并且为人真诚、坦率，但也有缺乏耐性、易暴躁的缺点。

2.深沉型

这种人低调沉稳、满腔抱负，且具备雄才大略，但他们因不屑流俗于世，对人际关系冷漠的他们只能“顾影自怜”。

3.弱气型

这种人因为身体虚弱，因此说话的时候会显得底气不足。他们一般具有良好的文化修养，谈吐优雅、说话谦逊。他们在为人处世上也是小心谨慎，怕惹祸上身是这类人狭隘的一面。

4.和气型

一般来说，这类人多为男性，他们心胸宽广，不计较小事。而这种类型的女性一般也善解人意、温柔贤淑。但他们的缺点也很明显，就是常表现得多愁善感，做事显得犹豫不决。

5.尖锐苛刻型

这种人说话尖酸刻薄，为人犀利苛刻，从不体谅对方的感受。交谈过程中，他一旦发现对方言语的漏洞，就会毫不留情地攻击到底，直到对方理屈词穷、无地自容。他们一般都显得不怎么友善。

另外，在生活中，我们可以更微妙地领略语速语调中透露出的个人的丰富心理变化。一位平常说话慢慢悠悠、不缓不急的人，面对一些人对他提出质疑的时候，如果他用快于平常的语速大声地进行反驳，那么很可能这些话就是对他的无端诽谤；如果他支支吾吾，半天说不出话来，那么说明这些指责可能就是事实，是他自己心虚、底气不足。当一个平时说话语速快的人，或者说话语速一般的人，突然放慢了语速，就一定是在强调着某种东西，想引起别人的注意。对于语调，人们在兴奋、惊讶或感情激动时说话的语调就高，而在相反的情况下，语调就低。

总之，通过了解一个人说话时的音色，我们能了解交谈对方的性格、品质。生活中的女人们，如果你能深入了解这些，能方便我们作出轻松自如和正确的说话决策，在与人交际的时候便能如鱼得水，然后让交际为我们所用！

心理启示

生活中，人们的内心世界或多或少地会外显在语言上。面对初次见面的人，我们一般也很难深入了解一个人的性格。对方说话声音的高低、语速的快慢等，都会成为我们判断其性格类型的一种方法。

语气是人类情绪的隐性表达

生活中，人们常说“祸从口出”，所有的祸端来自语言，这句话是要告诫我们：做人做事一定要谨言慎行，不可毫无顾忌地说话。从这句话中，生活中的女人们，你还应该得出的一点结论是，与人打交道，要想看清别人，可以从对方的语言着手，当然，大部分时候，人们是不会直接表明自己的想法和情绪的。这一点，需要我们自己感知，其中一个重要的方面就是语气。要知道，任何一句话，都是带有感情的，因此，就产生了语气。

一个人说话的语气，是承载这句话的基础，它所包含的内容会让这句话所传达的情感更加丰富。当别人笑着很亲切地说："真是一个混蛋！"你可以把这句话当成一个玩笑。但是同样是这句话，当人们咬牙切齿地说出来时，你就要认真对待了，否则，很可能会酿成一个悲剧。很多时候，一句话并不是光用耳朵去听就可以明白的，还需要用眼睛去看，用心去想，最终你才能理解这句话的含义。只有从对方的语气揣摩对方的心理然后再说话，才能在与人交流中有的放矢。

我们先来看下面一个故事：

这天，化妆品推销员莉莉来到某准客户家，开门的是位年轻的太太，很明显，这位太太很不高兴，脸上还挂着没擦干的泪水，莉莉赶紧说："太太，您怎么了，遇到什么伤心的事情了吗？"

"没有，您是哪位，我不认识你！"

"我是一名化妆品推销员，在敲开您的门之前，我是准备向您推销产品的。可是当我看到您一脸的愁容，我觉得我有其他的使命了。"莉莉说。

"真是很感激你，其实，我没什么事。"

"家家有本难念的经，我能理解，尤其是咱们女人，要操持好一个家，努力经营好一段婚姻，真不是一件容易的事。"

"你说得太对了。我的丈夫就是一个永远不知足的男人，我这么努力，家里家外，他却一回来就跟我吵架，甚至连我做的饭都不吃，我都不知道该怎么办了，难道他喜欢上了别的女人？"

莉莉发现，这位太太在谈到自己的丈夫时，透露出来的是不满和疑虑。于是，接下来莉莉说："太太，我觉得您需要勇敢一点，要和您的丈夫谈谈，这样问题才能解决，不然即使您伤心，他也不知道啊。”

在莉莉的引导下，年轻的太太说：“你说的有道理。我是该找个机会和他摊牌了。对了，你刚说你推销化妆品，都是什么样的产品？”

这则故事中，客户之所以对女销售员莉莉放松警惕，是因为莉莉从她的语气中了解到她的心病，并以坦诚的态度道明自己的原本来意和对她的关心，最终让她感同身受。于是，她的心就彻底向莉莉敞开了，也就把莉莉当成了情感倾诉的对象，主动问及产品更是水到渠成的事。

语言是内在最好的表现，是表达心声的最佳武器，而语气则具有隐秘的特点，因此，女人们，若你想掌握他人心理进而施展口才的话，那么在与人交际的过程中，你就要学会观察对方的语气。假如，他说话高高在上，那么他必定是个得意之人，这样的人，你需要小心说话，以免生事端；假如他说话轻声细语，那么他就是个性格温柔之人，但也可能是绵里藏刀，这样的人你更要提防；也有一些人说话大声爽朗，他们的性格和他们的声音一样，性情开朗大方；而更有一些人，他们说话诚恳，不矫揉造作，这样的人，他们谦虚卑恭、平易近人，这样的人，才能获得别人的诚心相待。

因此，训练自己从语气中掌握对方心理，可以说是帮助自己圆满处理人际关系的重要条件。那么，具体来说，该怎样根据对方谈话的语气作出一些心理对策呢？

1.听出对方的情绪和意图

在各个场合你都要“听话听音”。一个人即使不和你说真话，他的语气同样可能暴露出他的性格、愿望、生活状况甚至他的意图。潜藏在人内心的冲动、欲望等，总是会通过某个方面体现出来，所以要了解对方意图可借语气来读懂他的心思。只有你能准确地抓住他的心，才能更准确地分析他的心理，也才能看准他的本质。

2.看准他人的意图再说话

在说话前，你必须要先了解对方谈话的意图，并作出相应的语言回应，才能让交谈有利于你。比如，如果你是个求职者，在回答问题时，应当适时正视面试者。通常，面试者对急于想要了解的问题，谈话会以不太关心的话题为重。如果对方对你凝视倾听，你就需要对回答的问题作较为详尽的描述；如对方只是随声附和或眼神出现游离，则应立即简短结束此话题，求职者不可认为自己对这方面较为了解而夸夸其谈。

心理启示

你若想从别人的语气看出一个人与你交谈的时候的情绪，则须留意他的语调语速变化，进而留意他的内心变化。有些语调变化是故意做出来的，那是他想向你传达某些信息。而某些语调变化是无意识的，你就可以发现他的情绪变化，以便随时调整你的说话内容。

语速快慢显示个人心理状态

语言是人类用来表达思想、交流感情、抒发胸臆的工具，同时，也是心理、感情和态度的自然流露。而语速作为语言表达的一部分，其实暗藏心理玄机，究其根源，在于语速的快慢缓急将直接影响他人的心理状态。

生活中的女人们，可能你会发现，在我们的周围，每个人虽然有固定的说话方式，但语速却不是相对固定的，往往是快慢有致，这样才能有效地传情达意，又能令对方感到悦耳动听；如果语速不当，缺乏快慢变化，始终保持一个速度，那就很难准确、恰当地表达出自己的想法，也会使对方感到不耐烦。而且，语速的快慢也会逐渐影响到对方的心理，比如，势如破竹的语速往往会给对方很大的压力，而太慢的语速则让对方忐忑不安，猜不透你心中的真实想法。

在日常交际中，更多的时候我们是根据表达思想感情的需要来确定语速的快慢缓急的。比如，在表达一般的内容时，我们的语速适中，既不太快，也不太慢；当表达兴奋、激动、愤怒的思想感情时，我们的语速会变得很快；当表达庄重、怀念、失望的思想感情时，语速会放得很慢，娓娓道来。

一个人的语速反映其情绪，而他的情绪将透过语言表达影响到他人的心理。当一个人在激动时，他在用语言表达意思或抒发感情时，语速就会不自然地加快，声音也会提高，无形之中就会带给他人一定的心理压力。相信我们都没有见过耳语般吵架的情景，也没有看到谁用唱歌的形式作报告，一个慌张的人肯定也不会用读圣经的语速来告诉我们他所遇到的危机事件，而一个人更不会用慢条斯理的语速来讲述他的激动心情。

我们先来看下面一个故事：

李玲在某市担任某种独特的原料销售员。她的货很畅销，因为在该市乃至该省，他们是唯一的这种原料的供应商，如果客户选择其他公司的产品，则要花费很大的人力物力去相隔甚远的邻省购买。尽管李玲所在的公司拥有这种优势，但李玲还是以良好的态度从事这种原料的销售。因此，长时间，她和她的那些客户关系甚好。但有一次，李玲却在催款的问题上遇到了一些障碍。

客户方是该市的一个有影响力的公司。双方已经签约很长一段时间了，客户的第二笔货款却始终不肯支付。为此，公司派李玲前去催款。

见到对方公司的经理后，她见对方丝毫没有要还款的意向，立即加快了语速，一股脑儿地说了这么一段话："王总，您看，我们合作似乎已经有四五年了，一直很愉快。我们公司是贵公司唯一的原料供应商，贵公司的产品之所以能得到市场的认可，可能也和我们公司的信誉有很大的关系，因为我们的原料一直是得到业界认可的。但如果您长期这么拖欠尾款、不按合同办事的话，这话一旦传到消费者耳朵里，恐怕不太好听。另外，如果您拒绝和我们合作，那么，如何进到价格最合理、质量又有保障的原料，恐怕是贵公司最大的问题，到邻省去购买，光运费，可能比现在的这笔尾款还要多很多吧……"

这一番话，令客户经理很诧异，但句句在理，他只好点头答应，将剩下的一笔尾款准时还上。

案例中，可以看出，这位拖欠货款的客户就是块“难啃的骨头”，但销售员李玲是个聪明的女人，她并没有因为害怕失去客户而唯唯诺诺，而是加快语速，说出了一番有道理的话，表明了自己的态度。

生活中的女人们，相信你也经历过这样的情形：遇到很久不见的朋友，激动情绪会促使我们语速飞快地将分别后的经历全部吐出来；而当我们在诉说一件伤心的事情时，语速就会自然地放慢。

以下是几点语速快慢透露出来的心理密码：

1.语速过快会给对方不安的感觉

在增强声音的感染力方面有一个很重要的因素就是讲话的语速。在平时说话时，若语速太快，所传递的气息就是急促、不安、紊乱的，也会给对方不安的感觉，所造成的气氛就不可能温馨。而且，对方可能还没有听清楚你在说什么，你的话就已经结束了。

2.断断续续的语速表达一种炙热的情感

这样的情况多出现在青年男女身上，他们一旦面对自己心仪的对象，平时又快又急的语速就会突然放慢速度，变得含含糊糊、断断续续，这就是一种“我喜欢你”的心理信号。

3.语速由快转慢，引起对方注意

有可能你正在诉说事情的时候，发现对方思想开了小差，这时候可以把平常过快或中等的语速放慢，强调某种观点或某件事，这样做是为了引起对方的注意。

4.语速由慢转快，一种愤怒的情绪表达

当我们遭到了对方无端的猜疑或者自己的利益、自尊受损时，就会不由自主地加快自己的语速，这就是对无端指责的一种愤怒情绪的表达，或者是对对方的言语行为的反击。

心理启示

语速突然加快或放慢基本上都是由情绪所影响的，同时，也能反映出人的内心世界的不稳定性或一种渴求，而这样的一些心理暗示将直接传递给对方，继而影响到对方的心理。

语调变化暗含很多有用信息

语调，就是说话的腔调。从严格定义上说，语调应表述为整句话和整句话中某个语言片断在语音上的抑扬顿挫，包括全句或句中某一片断的声音的高低变化、说话的快慢（即音的长短和停顿）以及轻重等。在口语交际中，语调往往比语义能传递更多的信息，能对听众的心理产生极其微妙的特殊作用，因此也更为重要。

语调不仅能成功地表达一个人的心理和性格，还可以表达说话者微妙的感情。不同的语调，将给对方不同的感觉。因此，生活中的女人们，要想掌握他人的心理，然后找到最佳的语言策略，可以从语调着手，不仅要学会掌握最佳的说话语调，还要从对方语调的变化中感受对方情绪的变化。

希腊哲学家苏格拉底说："请开口说话，我才能看清你。"人的声音是个性的表达，声音来自人体内在，是一种内在的剖白。因此，女人们，你的声音中可能会透露出畏惧、犹豫和缺乏自信，也可能会透露出喜悦、果断和热情。我们说话的声音，也必须和音乐一样，只有渗进人们心中，才能达到说服别人的目的。我们先来看下面的故事：

陈红供职于一家跨国电器企业，三年前，她还是一名电器推销员，而现在，她已经做到了销售经理的位置。在销售行业的成功，得益于她出色的口才。

一次，她代表公司到日本的分公司演讲。当时，不会日语的她直接用汉语演讲。当地的日本同事都听不懂汉语，虽说不了解她讲话的意义，却觉得听起来令人非常愉快。

陈红接着演讲，语调渐渐转为低沉，最后在慷慨激昂、悲痛万分时戛然而止。台下的观众鸦雀无声，同她一起沉浸在悲伤之中。而这时，台下传来一个男人的笑声，他是陪同陈红来日本的丈夫，因为他的夫人刚刚用汉语背诵的是一首中国的古诗，并没有演讲什么销售经验。

从这个故事中我们可以看到，语调竟然有如此不可思议的魅力。即使不明白其意义，也可以使人感动，甚至可以完全控制对方的情绪。

然而，不少女人在与人交流的过程中，并未意识到自己的语调有问题，反而自我感觉良好，认为自己有出色的口才，或者认为语调和嗓音一样，都是天生的。实则不然，任何一种说话习惯都是逐渐养成的，只要你愿意主动纠正这些不良的说话习惯，势必会取得一定效果。那么，我们该如何控制好自己说话的语调、音色呢？语调的变化又能传达出什么信息呢？

1.掌握各种语调的特点

一句话之所以富有表现力，是因为它富于变化性——高低不同、快慢不一。而声音的高低取决于声带的松紧。声带拉紧，声音就变高；声带放松，声音就变低。声带的松紧是可以控制的，因此，声音的高低也是可以改变的。于是，便有了句调的概念，一句话声音的高低变化叫做句调，句调是语调中主要的内容。句调可分为升调、降调、曲调、平调四种。升、降、曲、平四调，各具特色。只有掌握了句调的特点，才能灵活地表达出各种句调。

因此，女人们，在说话时，要使你的话如同音乐一样动听，就要注意语调的快慢高低。比如，在表示有疑问的时候，你可以稍微提高句尾的声音；要强调的时候，声音的起伏可以更大些；要表现强烈的感情时，可以把调子降低或逐渐提高。

2.让你的语调抑扬顿挫

语调越多样化，越生动活泼，其吸引力就越大。分寸感是语调正确的首要条件。每句话都可以用不同的语调来说，但不同的语调给对方的信息刺激是不同的。这一点，如果你从事销售工作，尤其要注意。比如，同样一句话，由于语调不一，就可能让人产生不同的理解，即使是文明语言也可能传达不尊敬对方的信息；相反，有些不礼貌的话语在非常亲近的人当中，却给人一种亲密无间的信息。这要视谈话对象的性格和具体的谈话环境而定。

3.声调的提高，并不一定是有理

真正会察言观色的女人，是不会只听对方表面话语的，而会懂得观察对方情绪的波动。因为只有这样，才能对症下药，采取正确的应对方式。音调的变化能体现一个人内心的动荡，反映出个人真实的一面。理直才能气壮，为了引起你的重视，他往往会提高声调。对此，你可以这样说："是的，我也认为……"

总之，生活中的女人们，你只有真正掌握并运用语调特色，才能掌控他人心理，并能从对方说话的语调中感受其内心变化，这样，你就能更深入地了解应酬对象，从而方便你做出轻松自如和正确的应酬决策。

心理启示

语调对于有声语言表达的效果有着重要的作用。不同的语调，将导致对方不同的感觉效果。一句话起什么作用，产生什么效果，给听者什么感受，取决于说话者的语气和语调。

识破撒谎者，发现对方真心

现代社会，无论是职场工作、商业竞争还是与人打交道，作为一个女人，都必须掌握一点心理学，都要学会看透人心，因为只有知己知彼，才能百战不殆。而伪装的面孔往往带有迷惑性，这就需要你懂得辨别。那些善于伪装的人可能会让你觉得毫无破绽，但事实并非如此。如果你想要去了解一个人是否在说谎，那就一定要先知道说谎者有什么特征。通常来说，人在撒谎时的说话习惯与一般情况下是不同的。很明显，如果他闪烁其词或者回避某些问题就说明他在撒谎。对此，我们不妨先来看下面的故事：

有一对姓张的夫妇，他们已经结婚十年，早过了七年之痒之期。张先生是个体贴的男人，每年的结婚纪念日，他都会为妻子买一份礼物。但就在他们结婚的第十一个年头里，张太太发现张先生明显不大对劲，他加班的时间多了，出差的次数也多了，以女人的直觉，她心里很清楚，丈夫可能有外遇了。于是，她准备试探一番。

这天，张先生还是和往常一样，夜里十二点才回来，张太太也和往常一样为醉酒的丈夫换衣梳洗。

“你今天是和老王一起喝酒的，什么事这么开心啊？”张太太故意问。

“是啊，老王升职了，他这么客气，非要请大家喝酒。”即使在半醉的状态下，张先生还是很善于撒谎。

“是吗？可是我晚上八点多去逛超市的时候，明明看见老王和大姐也在呢。”张太太故意试探性地问。

“你不说我还忘跟你说了，老王的姐姐今天晚上刚好从国外回来了，这不得好好招待她，老王喝到半道儿就走了。”张先生说完这一番话后，深深地吸了一口气，而这一切，都被张太太看在了眼里。

“可是我今天晚上并没有看见老王，我逗你玩呢。”张太太说。

“你、你、你……”张先生急了，他知道，这下子不得不跟妻子“招供”了。

故事中的女主人公张太太是聪明的，她猜到丈夫可能会撒谎，于是，她事先设下圈套，让丈夫往里面跳，然后通过反复问一些突发的问题来查看丈夫的应变能力，当然，张先生也是聪明的，但他聪明反被聪明误，还是不打自招，不得不承认自己撒了谎。

通常，人们为了圆谎，都会在撒谎之前预先编造好情节，这样才能在别人询问的时候从容应对。当然，也不排除有很多人是临时才决定撒谎的，这样一来，没有经过缜密的思考，漏洞就会更多。很多时候，只有亲身经历过的事情，人们才能说出详实确定的细节。而撒谎者，因为是捏造的，所以根本不可能像亲身经历者那般对细节问题掌握得清清楚楚。

可能很多女人会对这样一个问题感到疑问：我的丈夫到底是不是如他所说在加班呢？此时，假定他是在撒谎，那么，此时，他不敢随便说和谁加班，以免妻子去核实。这时候，他往往会含糊其辞，顾左右而言他。这时候，你就要警惕了。反之，如果他没有撒谎，一定会毫不迟疑地告诉你自己是和谁在一起加班的。这就是细节的绝妙之处，很难伪造。难怪人们常说，如果你撒了一个谎，就要撒很多谎来圆这个谎。

美国加州大学的心理学家发现，说谎的人总会有一些无意识的行为信号。善于发现这些信号，有助于识别谎言。

那么，撒谎者会有什么语言特征呢？

（1）撒谎者会重复质问者的话作为答复。

（2）简短的答复通常是真实的。比如，“我没做”(true)，“我真的没做”(false)。

（3）撒谎者不对问题做直接答复，他们会采取暗示的方式，而非直接地否定或肯定。

（4）回答问题时会补充各种不必要的细节，并且，他们对谈话过程中出现的沉默感到非常不舒服。

（5）避免使用第一人称。美国赫特福德郡大学的心理学家韦斯曼认为，人们在说谎时会本能地避免使用第一人称。比如，朋友告诉你，他的车子抛锚所以失约，他往往会说“车坏了”，而不是“我的车坏了”。

（6）含糊其辞，不强调任何事情。

（7）不自觉地提高声音。说谎时音调升高，往往是为了掩饰心虚。

（8）回避某个问题。连续问说谎者同一个问题，他很可能会恼羞成怒：“我不是已经和你说过了吗？”然后勃然大怒。他也可能对你坦白：

“事情是这样的，我还是对你直说了吧。”

（9）如果你确定某人正在撒谎，那么当你转换话题时，对方会非常乐意并感到无比轻松。而正常人会对突然的话题转换感到迷惑，并希望再次回到之前的话题。

（10）撒谎者会故作幽默，极尽挖苦讽刺之能事。

一般来说，如果某人出现了以上各种迹象的一种或多种，还不能就此断定他在撒谎，应该与他平时的行为习惯进行比较之后再下结论。

心理启示

人们在撒谎时的语言习惯与正常说话时是不同的，他们或提高音量，或回避问题，或故作幽默，抓住这些小小的语言特征，能帮助我们发现对方的真心。

第2章

锦心慧语：女人开口把握对方的心理脉搏

身为现代社会的女人，无论你从事哪个行业，都要与人沟通、打交道，可能一些女人会感到束手无策，不知怎样展开交流活动。其实，如果你能从心理学的角度，掌握对方的心理需求，就能起到“四两拨千斤”、“一招制敌”的作用，才能扫除沟通中的障碍，从而达到有效的沟通。

女人要学会一开口就赢得他人好感

在生活中，我们每个人不知不觉都会对“第一”有特殊的感情，并会对“第一”情有独钟，比如，你会记住第一任老师、第一天上班、第一个恋人，等等，但对第二就没什么深刻的印象。这就是心理学上常说的“首因效应”的表现。同样，“首因效应”同样适用于人际交往活动中，给别人留下良好的第一印象，俘虏别人的心，才能在社交中通过影响对方的潜意识，来达到我们的交际目的。因此，作为女人，如果你想给对方留下完美的第一印象，从谈话的角度看，你一定要学会巧妙开腔，一开口就要愉悦对方的耳朵。

大学毕业之后，小西也像其他同龄女孩一样，带着简历四处寻找工作。可是始终没有合适的岗位。在朋友的建议之下，她在网上试着寻找机会。无意中，她看到一个非常大的企业在招聘秘书，于是满怀信心地投了一份简历。

第二天一大早，小西接到了企业人力资源部的面试电话。这让她着实兴奋不已。按照对方给予的面试时间，小西早早地赶到了。面试在一个小会议室里举行，参见面试的一共有10个应聘者。公司的大小领导10余人坐在一边旁听。

面试开始后，对方给每个面试者5分钟的时间，让他们做一个竞聘演讲。小西心里暗暗窃喜，因为她在学校担任的就是学生会主席，演讲对于她来说是轻车熟路。因此，当轮到她的时候，她自信满满地走了上去。

5分钟的时间，她简单地介绍了自己的概况，然后又聊了自己对秘书这个职位的理解和认识，最后说自己如果能赢得这个职位，将如何把这个工作做好，等等。等她昂首挺胸地走下去的时候，在场的领导频频点头。

再看看别的面试者，要么是紧张得语无伦次，要么就是气若游丝，如蚊子叫。看到这些，小西相信自己一定会赢得这个职位。果然不出所料，面试后的第三天，她接到了上班的通知。

如愿以偿地当上了企业的秘书之后，小西果然尽职尽责，将公司的事情打理得有条不紊，深得总经理的青睐。可是上班刚刚两个月，她的秘书生涯就结束了。原来她被董事长调到总部去做行政总监了。

那次面试的时候，董事长也在，小西的口才给董事长留下了极其深刻的印象，董事长觉得以小西的才华和能力做一个秘书实在是屈才了。所以，当总部的行政总监辞职的时候，董事长第一个想到的就是小西。

就这样，没有多少工作经历的小西就这么稀里糊涂地当上了知名企业的行政总监，而且她在这个岗位上做得有声有色。这一切完全得益于她在面试时候的卓越表现，给董事长留下的美好的第一印象。

故事中的小西因为在就职竞聘中的良好语言表现，给董事长留下了非常美好的第一印象，因此被董事长破格提拔为行政总监。

心理学家研究表明：在人际交往过程中，第一时间留下的印象非常重要，与一个人初次会面，45秒钟内就能产生第一印象。这一最先的印象对他人的社会知觉会产生较强的影响，并且在对方的头脑中形成并占据着主导地位。那么，具体来说，作为女性，该怎样利用好这一效应、巧妙开腔呢？

1.先让你自己变得快乐起来

每天起床时，你都应该暗示自己："我要变得快乐！"并让这个自我激励渗入你的潜意识里，这样，当你出现精神不振的时候，这句话就会激发你身体里快乐的因子，让你变得积极。

2.表达你的热情

你不要指望冷漠的态度会起到感染他人的作用。热情与快乐是一对连体婴儿。对方在感受到你的热情时，自然也就对你敞开了心扉，也会逐渐感受到你传达给他的情绪。

3.用幽默的语言解释

有人说，幽默是上天赐予人的一种特殊的能量，它能带给人欢乐，也是积极乐观的体现。许多看似烦恼的事物，我们用幽默解释，往往可以使人们的不愉快情绪荡然无存，立即变得轻松起来。

4.用有积极意义的语言应对

比如，当你和陌生人说话时，对方对你的态度突然间冷淡下来，这时与其一个人冥思苦想：“难道我说了什么伤感情的话？”不如直接试着问对方：“我是不是说了什么失礼的话？如果有的话请您原谅。”这样一说，即使对方真的有什么不满，心有不悦的话，也会烟消云散。因为你的坦诚已经让他原谅了你。

总之，人际交往中，你若想给对方留下良好的第一印象，就应该说好第一句话，用你的声音去感染对方。

心理启示

在人际交往当中，当别人给你留下的第一印象良好时，在接下来的接触中你会觉得他什么都好，如果留下的第一印象不好，就会觉得事事看他都不顺眼，这就是心理学上所说的首因效应。

用事实说话，让对方不得不信

现实生活中，可能大部分女人都有这样的感触：参与人际交往和沟通，很多时候，我们说话的目的就在于让对方接受自己的观点。但出于利益的对立，大多数时候对方会对你持怀疑态度，对你心存戒备。比如，在商务活动中，要想成功谈成一笔生意、达成交易，就要让对方对你深信不疑，但有时候你要使出浑身解数，向客户展示产品的众多优点，可对方似乎却不吃你那一套。但如果换种推销的方式，比如说，向客户展示一些真实案例，那么，便能消除客户怀疑的态度，自然就会加快其购买的脚步。可以说，这种策略同样适用于任何交谈活动，只要我们巧妙地加以运用。

人们常说摆事实讲道理。事实是道理的依据，也是促使整个说理生动有力的媒介。很多时候道理讲多了，并不见得有说服力，而摆出一两个与所说之理相适应的鲜明而具体的事实却有难以辩驳的说服力。因此，女人们，在交谈中，想说服他人，你就要用事实说话，这样才能让那些不信服的人彻底地相信你。

某学校要为食堂购买一批燃油锅炉。一些销售人员得知这个消息之后，都纷纷跑来向食堂负责人介绍自己公司的产品。这让这位负责人感到非常为难，因为他之前从来没有与这些公司合作过，也不知道哪一家的产品更加可靠，所以一时半会拿不定主意。但最后他选择了一位叫刘心的女孩所卖的产品。

刘心是个懂得客户心思的销售人员，这天，在拜访客户时，她并没有多说什么，而是将自己所卖产品的客户联系名单递给这位负责人看，而且其中有一个客户就是与这所学校紧邻的某事业单位，于是这位负责人就给隔壁单位打了个电话。

从对方口中得知该公司的产品质量还不错，而且刘心也值得信赖。最终，客户选择了这家公司的锅炉。

案例中，销售员刘心是聪明的，一张客户联系的单子能说明很多问题：这种燃油锅炉很畅销，该客户的邻居们都购买了，产品质量自然信得过；另外，她的客户名单是真实可靠的，并不是杜撰的，客户自然更深信不疑。最终，她不费吹灰之力就说服了客户。

任何人都具有精明、理智的一面，女人们，如果你也能像案例中的销售员刘心一样，在沟通中通过摆出有力证据的方式，那么，你的语言必定更有说服力。

可见，在条件合适的情况下，提供有力的事实证明，会使说服变得非常轻松。所以在说服中运用事例绝对是一种行之有效的好方法。当然，用事实说话，也要掌握语言表达技巧的要领：

1.用具体的、真实的事例来说明问题

你的观点是否可信，在于你的证据是否可信，论证是否符合逻辑。这就需要你列举出一些有说服力的证据，通过论证的方式，将各种方案的优劣、长短逐一比较分析，并从中优选出最佳的方案来。

真实的事例是一种具有说服力的论据。比起那些空洞的承诺、抽象的产品质量报告，具体真实的事例显得更加形象生动。

比如，你告诉对方："我们是奥运合作伙伴，这是我们的合作标识。"那么对方不仅会欣然接受，也会深信不疑。再如："某500强企业一直在用我们的产品，到现在为止，已经和我们公司建立了5年零8个月的良好合作关系。"在说明的同时，用一些图片或是资料进行辅助证明，就能发挥出最好的效果。

2.当对方产生不解时，请停止讲话

有时候，当你谈到一个问题兴致正浓时，却遇到对方不明就里，此时，你可能会束手无策，但请记住，此时，千万不能硬着头皮继续说。而应该停下来，听听对方的意思，这样才能了解对方的想法，哪怕对方的想法是不真实的。

3.适时沉默

任何沟通都是双向的。说服他人需要女人有好的口才，但你绝不可卖弄口才。一些女人总希望用出色的口才让对方产生信任感，但却忽略了一点，那就是，人们通常会认为那些巧舌如簧、太能说的人是不值得信任的。因而，在与对方交谈中不仅要有度的表现，还需要有巧妙的沉默。尤其是在向对方展示了事实和道理后，更要给对方一些"消化"的时间。

4.语言表达清晰、稳重

交谈中，语言表达的轻重缓急也是很有讲究的，该让对方听清的地方就要缓一些，不重要的信息就可以一句带过。如果张口结舌或连珠炮似的大讲一通，对方就会感到一种急迫感，从而心生不信任。

5.针对对方心理"对症下药"，为其提出新主张

提出你的新主张，才能让对方更彻底地放弃自己的旧主张。

总之，摆事实，讲道理，这是说服他人最有效的方法。

心理启示

任何时候，最忌毫无事实证据的论述。更何况，对于处在利益对立面的对手，谁都会心存戒备，更别说信任了。此时，若你的言谈没有事实依据，那么，就会加深对方的怀疑，也就无法激发对方成交的欲望。而如果我们能摆事实讲道理，给对方吃一颗定心丸，自然会让对方消除疑虑。

把握要点，女人说话要学会投其所好

现实生活中，可能一些女人觉得说话并不是一件容易的事，她们常常陷入和交谈对象“话不投机半句多”的境地。也有一些女人，她们懂得察言观色、投其所好，总是能让听者笑逐颜开，后者就是有口才的女人。不得不说，说话之难，难就难在对象可以犹如变色龙般捉摸不透，你若以一言面对所有人，那就算你“不会说话”了。

因此，生活中的女人，要和对方和平相处，并得到对方的认同，甚至化解自己的危机，就要彻底地了解对方的所“好”，知己知彼，真正做到迎合对方，投其所好。

在人与人的交流中，说话投其所好是一种高超的表达技巧。要想和他人顺利交往，首先就要学会针对对方感兴趣的地方说话，用动听的语言打开对方的心房。一般而言，当人们的意见、观点一致时，彼此就会相互肯定、信任，反之，就会彼此否定，产生防备心理。所以，那些人际关系高手在与他人沟通之前总是先细细揣摩对方的喜好，然后尽量迎合他，满足他的欲望。事实也证明了这一点，谈话中，没有人会对自己不感兴趣的话题投入过多的热情，而如果遇到自己感兴趣的话题，他们常常会情绪激昂地参与进来。因此，在与对方谈话时，女人们，你也可以抓住对方的这种心理，深刻了解对方，并与对方和谐相处，从而实现进一步的交流。

作为一名销售人员，杰奎琳最近要写一份市场报告。但这篇报告的资料确实很难寻找到。通过打听，她得知，有一家工业公司的董事长拥有她需要的资料。于是，杰奎琳便前去拜访。秘书告诉杰奎琳，这些机密的资料，董事长是不会交给你这个陌生的推销人员的。随后，杰奎琳听到秘书对董事长说，“今天没有什么邮票。”打听后，杰奎琳得知，原来董事长在为儿子收集邮票。

杰奎琳走进董事长办公室之后，刚开始并没有提及资料的事儿，而是先从儿子谈起。

“您办公桌上照片上的人是您的儿子吧，我也有个这么大的孩子，很调皮，不过有个很安静的爱好，他喜欢收集邮票。”

听到这话，董事长两眼放光，“是吗？现在的孩子真是不好伺候，除了要给他优越的物质生活，还要时刻关注他的思想动态，稍不留神，他就会闯祸，甚至在学校不听课、打架，尤其是男孩子，越来越不好管教了。”

“是啊，我昨天还被老师叫到学校了。”仔细听完这些后，杰奎琳点头回答道。

“对了，你说你的儿子也喜欢收集邮票，他通常都是自己收集？”

“是的，董事长。”

“那你比我好多了，我每天都要叮嘱秘书为我留意邮票呢！那你什么时候能把你儿子的邮票带给我看看吗？”

“当然可以，我还可以送您一些！”

“真的吗？真是谢谢！乔治他一定喜欢，准把它们当无价之宝。”董事长连连感激道。

接下来的时间里，杰奎琳一直和董事长在谈邮票，临走时，秘书稍微提及了一下资料的事。没想到，还没等杰奎琳开口，董事长便把他需要的资料全部告诉了他。不仅如此，董事长还找人来，把一些事实、数据、报告、信件全部提供给了杰奎琳。

我们可以看出，销售员杰奎琳是个懂得投其所好说话的女人，她之所以能拿到自己需要的资料，是因为她从董事长最关心的问题开始谈起——他的儿子喜欢收集邮票。当她激发起董事长的谈话欲之后，她转变谈话方式，把谈话主动权交给对方，自己充当倾听者的角色，在倾听的同时，他对对方的谈话内容，表达了赞同的意见，从而引发了共鸣。

从这个故事中，我们可以看到说对方想听的话的重要性。卡耐基也曾经说过，如果想要和他人顺利沟通，并成功地获得他人的好感和认同，最好的方法就是和对方谈论他感兴趣的话题。事实也是如此。

一句话说的好不好是有技巧的，这并不是要我们巧舌如簧，而是要懂得把话说到对方的心坎里去，这就是投其所好，对方高兴了，自然愿意听你的意见。首先，我们必须要猜透对方心理。

所谓猜透对方心理，无外乎两个原则：

1.饰其所矜

那些他认为骄傲的、值得夸赞的地方，你一定要渲染一下，以提高他的听话兴趣。

2.减其所耻

他自认为不足的、过去所做过的亏心事等，你要会为其辩解，从而使其放心。

站在他人的立场上分析问题，能给他人一种为他着想的感觉，这种投其所好的技巧常常具有极强的说服力。要做到这一点，“知己知彼”丨分重要。唯先知彼，而后方能从对方立场上考虑问题。

此外，在交流过程中，女人们，你也要学会通过对方的手势、姿势、表情以及当时的整个反应，去分析对方的感情变化，体会对方的话语意义。要知道对方说话时的感受要比他的话语本身更重要。

心理启示

在谈话中，如果双方所交谈的话题是交谈者自己感兴趣的话题，他就会投入十二分的热情，但是如果他对所说的话题没有丝毫兴趣，即使场面再热闹，对方热情再高涨，他也会觉得寡淡无趣的。要和对方和平相处，并得到对方的认同，甚至化解自己的危机，就要彻底地了解对方的所“好”，知己知彼，真正做到迎合对方，投其所好。

找到对方的弱点，让对方无招架之力

现实生活中的女人，无论从事哪个行业，相信都有自己的对手，并且，她们需要经常和对手沟通，实际上，这个沟通就是心理的较量，不但考验女人的口才，更考验女人的智慧。当然，要想打败对方，就要女人们学会一击即中、找到对方的心理软肋，中国人也常说：“以弱制强”，从其脆弱的地方出手，给对手一个出其不意，对手必定毫无招架之力。而要发现对手的弱点，还需要女人们掌握一些心理学知识。

小李是一名保险推销员，她从事这个工作已经好几年了，业绩一直很好。但这次她发现，她的客户姜先生确实是块难啃的骨头。这位姜先生完全有能力购买家庭保险，而且他也很关心自己的家人。可是当小李劝他投保时，他总是提出异议，并且进行了一些琐碎且毫无意义的反驳。小李意识到，如果不用点好对策的话，这次谈判大概就不会成功了。

小李凝视着姜先生说：“姜先生，实际上您对自己购买家庭保险的要求已经十分明确了，而且您也有足够的能力支付相关的保险费用，更重要的是，您比任何人都关爱家人的安全和健康。不过，您仍然不能下定决心购买保险。”稍微停顿了一下之后，小李转开话题继续说道：“对了，您平时是如何支配您的休息时间呢？为了更有保障，您可能会选择待在家里。其实据有关统计数据表明，家庭这个地方是最容易发生危险的地方。”说着，小李将一些统计资料交到姜先生手中。

刚才还出现在姜先生脸上的喜悦表情这时已经荡然无存了。小李此时将声调提高了一点，她说："姜先生，如果您现在马上让我从您家出去的话，我会认为那是情理之中的事情。但我担心您会想：'如果我正是在这个时间里发生意外伤害怎么办？'"

姜先生很诚恳地点了点头，表示认同小李的说法。

小李直视着姜先生说："而有了这种保险，您一周7天之内的任何一天都有足够的安全保障，在一天24小时里的每一小时都不会被忽略。不管在什么地方，不管您是在工作、出差还是休闲，您都会享受到安全的保障，您的家人也会得到这样的保障，这一定正是您所希望的吧？"

此时姜先生还有什么可说的呢？他高高兴兴地购买了费用最高的那种保险，因为他要保证自己和家人时刻都处于一种足够安全的保险体系当中。

案例中的小李在劝服不成后及时转换说话方式，直击客户最害怕的问题——安全问题，让原本犹豫不决、总是提出异议的客户迅速做出了购买决定。

可见，真正有口才的女人是会将心理学运用其中的，她们能在三言两语间就让对方心服口服。她们常常使用的一条必杀技是出其不意点到客户客户的"死穴"。

其实，除了推销，这种方法可以应用到与人交往的各个方面。我们所处的社会是个大舞台，每个个体所饰演的角色都各不相同，杂乱而又多变。女人们只有掌握与不同性格的人交游的本领，才能在人际联系中游刃有余，在社会中占有一席之地。

可见，在与对手较量的过程中，女人们，你要想战胜对手，就要先做好准备工作，只有找到对方的软肋，然后挖掘自己的强项，才能以强制弱，这样，胜利的概率才能更大。具体来说，你可以这样找到对方的薄弱环节：

第一，先收集资料，资料收集得越详细越好；

第二，仔细研究资料，找到对方的弱点和长处；

第三，掌握好时间，尽量在对手毫无察觉的情况下迅速出手，给对方一个措手不及。

当然，在与对方沟通的过程中，你还需要注意的是：

1.注意表达

与对手沟通，也要有风度，除了要注意自己的态度和说话的方式外，也需要注意表达方法。

（1）说话要言简意赅、长话短说。句子说得短一些，不仅说起来轻松，听起来省力，吸引力也强。

（2）说话时一定要注意自己说话的语速和节奏性，要吐字清晰，尽量看着对方的眼睛说话，这样，才能说明你是自信的、有能力的。如果说话时眼神游离不定或者不敢正视他人，那么，就说明你是自卑的、意志薄弱的。

2.尽量等到对方表达完之后表态

中国人是最具有“重点置之于后”的心理因素的。所以你不能抢着说话，越是最后说话越有把握。

比如，在与对方谈话时，应该让对方充分地把意见、态度都表明后，自己再说话。让对方先谈，这时主动权就在你这一边，可以帮助你更好地了解对方，进而找到其软肋。

3.注意态度，不可目中无人

即使想打败对手，在与他们交谈的过程中，你也要时刻注意其他人尚未发现的问题。言谈举止中要有个人魅力，而且还要注意自己的讲话技巧，切忌态度高傲，目中无人。

总之，女人们需要记住，我们生活的任何一个环境中，都是存在竞争的，要想打败别人，必须要多动脑筋，善于抓住他人的软肋，这才是制胜的良方。

心理启示

我们的生活环境中，的确存在形形色色的人，但无论什么人，都有他们的弱点，在与他们交涉的过程中，在沟通无效的情况下，我们不妨使出这最后一招——点到对方的“死穴”，对方必定束手就擒。

不要让别人找出自己的语言漏洞

在日常交际中，同样是说话，一些女人在说话时经常因词不达意而陷入语言尴尬境地，而有些女人却口吐莲花而左右逢源。这是为什么呢？其实这就是言语的缜密性，前者言语不够缜密，经常被他人抓住“把柄”，后者言语谨慎小心，把话说得滴水不漏。

生活中的女人们，你需要明白的是，真正的口才是要将心理学融入其中的，只有丝丝入扣、滴水不漏的语言才能敲击人的心房，才能彰显你的口才水平，而在语言沟通中，无论是赞美他人，还是批评他人，你都应该谨慎使用言语，不给对方反驳的机会，不让对方有空子可钻，以缜密言语来影响他人心理。

暑假期间，火车上十分拥挤。一位年轻姑娘中途上车，见两张对面坐席上坐着三个年轻人，而边座正好空着，就走了过去问：“同志，这儿没人吧？”

对方回答：“没有。”年轻姑娘于是放下东西，准备就座。不料，一个男青年竟突然把腿突然放到了坐席上。

姑娘一愣，问：“你这是为什么？”

“因为你不会说话。”那个男青年故意刁难。“那么，请问该怎么说？”姑娘好意请教，对方眯起眼睛装腔作势地说：“看来你是井里的青蛙，没见过多大的天地。让大哥告诉你。你得这样说：‘大哥。这有人吗？小妹我坐这可以吗？’哈哈哈……”说完，肆无忌惮地狂笑起来。

姑娘脸上一阵发烧，心里很生气，但转念一想：“不对，有道是兵来将挡，水来土掩。你要滑嘴，我难道没口才不成？”于是姑娘说：“听你这一说，我确实没有见过你们这种独特的‘礼貌’方式。不过，你们既然见过世面，又有自己独特的‘礼貌’方式，见了我，就应按你们的‘礼貌’方式办事才对。”“你说怎么办？”男青年不解地问。“那还不容易？看见我来了，就该起身肃立，躬身致礼，说：‘大姐，这儿没人，小弟请你赏脸，坐这可以吗？’咳，可惜呀，你连自己的‘礼貌’信条都做不到，还想教训别人，真是土里的蚯蚓，一点蓝天都没见过！”

看完这则故事，我们不禁为这位姑娘的机智拍手称快。男青年自作聪明地擅自卖弄口舌，没想到一番唇枪舌剑之后，他话语中的把柄却被姑娘抓个正着。最后，姑娘短短几句话，就反击了男青年的“谬论”，语气中透露了讥讽之意。出现这样的结果，就在于男青年没有使用缜密的语言，想到什么就说什么，最终败在自己的言语陷阱里。

事实上，在现实生活中，不是所有女人都能像故事中的女孩一样能真正掌握说话的艺术，她们常不经过大脑思考就脱口而出，常常会因为言语中出现的漏洞而被对方反将一军，或者自作聪明地认为自己掌握了话语主动权，但是，却在无意之间就让对方抓住了“把柄”，最终只能以惨败收场。所以，女人们，你不仅要善于言辞，更要会说话，努力把话说得滴水不漏，不让对方抓住“把柄”。

为此，你需要做到的是：

1.三思而后说

俗话说：“三思而后行。”说话也一样，语言经过了大脑的思考才更有说服力，而且，也能经得起对方的“检验”。所以，无论是在什么场合，面对什么人，你都需要“三思而后说”，嘴边留个把门的，这样的言语才会显得缜密、谨慎。

2.懂得随机应变

面对对方咄咄逼人的问题，有可能你会乱了阵脚，于是，那些不该说的就脱口而出。在这样的情况下，对方有可能会从你的话语中抓住把柄，并且伺机通过言语攻击你。因此，在面对别人的提问时，我们要懂得随机应变，把回答的话说得滴水不漏，让对方抓不到把柄。

3.面对难以回答的问题，找个借口

交谈过程中，如果对方逼你表态，而你又无法做出抉择，你就可以大胆坦言：“我还需要仔细考虑，请给我一点时间。”这样，你不仅可以省去许多麻烦，也是提高冷静应对能力的重要手段。

总之，我们在沟通过程中，语言不仅可以为我们传情达意，而且还能够成为自己的防卫“武器”。一旦言语中有了“空子”，就给对方提供了反驳的机会，最后就有可能被对方抓住把柄。所以，为了打赢“语言”这场战役，女人们，你需要谨慎使用一字一句，为自己筑起坚固的心理防卫，不让对方抓到把柄，牢牢把握“胜利”的机会。

心理启示

沟通就是一场语言的战争，谁先露出了破绽，谁就输了。要想克敌制胜，你一定要小心谨慎，泰山奔于前而面不改色，说话滴水不漏，否则，你就被对方“算计”了。

说话用情，消除双方心理隔阂

在与人相处的过程中，情是最能触动人心的，正所谓“欲晓之以理，必先动之以情”。一般情况下，当人们与他人展廾交谈的时候，彼此都会产生一种防范心理，双方都不为所动。这时候，你要想说服对方，就需要消除对方的防范心理。从一定程度上说，防范是一种潜意识里的自卫心理，也就是当我们把对方当做假想敌时产生的一种自我保护。而消除对方这种防范心理最有效的方法就是以情动人，通过那些充满真情的话语使对方感到你是朋友而不是敌人，用真情去瓦解对方筑起来的“防范墙”，继而有效地影响其心理。

真情，可以是嘘寒问暖，可以是予以关心，可以是予以帮助，等等。事实上吗，女人天生是感性的动物，他们比男性更善于通过真情来“感化”他人，所以，日常交际中，女人们，你若想消除人际心理隔阂、展现自己的口才，就要善于用情说话，使对方无法抗拒。

“的姐”把一男青年送到指定地点时，对方掏出尖刀逼她把钱都交出来，她装作害怕样交给歹徒200元钱说：“今天就挣这么点儿，要嫌少就把零钱也给你吧。”说完又拿出30元的零用的钱。见“的姐”如此爽快，歹徒有些发愣。“的姐”趁机说：“你家在哪儿住？我送你回家吧。这么晚了，家人该等着急了。”见“的姐”是个女子又不反抗，歹徒便把刀收了起来，让“的姐”把他送到火车站去。见气氛缓和，“的姐”不失时机地启发歹徒：“我家里原来也非常困难，咱又没啥技术，后来就跟人家学开车，干起这一行来。虽然挣钱不算多，可日子过得也不错。何况自食其力，穷点儿谁还能笑话我呢！”见歹徒沉默不语，“的姐”继续说：“唉，男子汉四肢健全，干点儿啥都差不了，走上这条路一辈子就毁了。”火车站到了，见歹徒要下车，“的姐”又说：“我的钱就算帮助你的，用它干点正事，以后别再干这种见不得人的事了。”一直不说话的歹徒听罢突然哭了，把200多元钱往“的姐”手里一塞说：“大姐，我以后饿死也不干这事了。”说完，低着头走了。

在上面这个案例中，“的姐”的口才确实令人钦佩，而她之所以能感动穷凶极恶的歹徒，就是因为她的话语里充满了真情。

心理学家指出：“情感如同肥沃的土地，道理好比种子。没有情感的沃土，道理的种子再好，也发不了芽”。我们在与人沟通的时候，更需要以情动人，否则，即使你说再多的道理，对方还是会不为所动。

我们都知道，牧师布道宣传的是唯心主义的宗教，但因以情动人，往往能在催人泪下的同时，不露痕迹地对听众施加思想影响，使人不知不觉地接受其教义。这就是情感的力量。

女人们，要想以情动人，你需要做到：

1.话语中注满真诚

谚语说：“真诚贵于珠宝，信实乃人民之珍。”要想自己的话语能够打动对方，就需要在话语里注满真诚，只有真诚才能打动人。如果你仅仅是几句花言巧语或者虚情假意的表达，反而令对方厌恶。

2.把话说到对方的心里

人都是有感情的，说话能做到动之以情，晓之以理，就是最完美的沟通。我们在说话时要注意对方的反应，学会从对方的反应中修正自己的话语，尽可能把话说到对方心里。把话说到对方心里，才能真正地打动人。

3.站在对方的立场说话

如果你在说话时总是想着自己，光顾着自己，这样说出来的话是不会有感情的。因此，我们应该处处为他人着想，让自己站在对方的立场说话，这样说出的话才有感情，才能打动对方。

的确，感情是沟通的桥梁，要想打动别人，必须跨越这一座桥，才能到达对方的心理堡垒，进而征服别人。与人沟通，应推心置腹，动之以情，使对方感到你的劝告并不带有任何个人目的，没有丝毫不良企图，而是真心实意地帮助他，为他的切身利益着想。这时，对方是愿意相信你的。

心理启示

消除人际心理隔阂，实质上是一场从精神上征服人心的战斗，但又不能使对方有丝毫被迫接受的感觉。因此，动之以情，打感情牌，才能真正达到这一目的。

第3章

言语击心：这样说话让人自愿为你效劳

任何一个女人，即使她再能干，她也不是万能的，她偶尔也需要借助别人的力量或与人合作才能办成事。求人办事就是寻求合作的一种方式。要想打动对方，让对方尽力来帮助你，就需要良好的口才艺术，巧妙地运用对症下药的方法，成功攻克对方的心理防线。因此，生活中的女人们，在求人办事的时候，你也需要巧用话语攻心，或是找出对方的心理弱点，或是先“瓦解”对方的心理防线，影响对方心理，经过一番言语说辞，让他人乐意为你效劳。

表明自己的“价值”，让对方乐于付出

心理学上有个著名的互惠原则，所谓“互惠原则”，是指受人恩惠就要回报。主要表现为，生活中人们经常会以相同的方式，回报他人为自己所付出的一切，你怎样对待别人，别人就会怎样对待你。因为，当人们给予他人好处后，他人心中会有负债感，并且希望能够通过同一方式或者其他方式还这份人情。

因此，根据这一心理原则，生活中的女人们，求人办事的过程中，如果你能主动透露自己的“利用价值”，表明你的回报之心，让对方觉得自己的付出值得，自然会对你伸出援手。

萧然换了新房子，可自己对粉刷和装修都一窍不通，这时她想到了朋友艳艳。艳艳平时工作不忙，最重要的是她对装修房子很在行。于是，萧然拨通了艳艳的电话：“艳艳，我是小然，你最近忙吗？要是不忙的话，你来我这里住几天吧，可以当做散心或者旅游，我管你食宿。”

“行啊。”艳艳爽快地回答，“不过，我这边有点小事需要你帮忙，就是帮我看看房子怎么装，你不介意吧？”萧然提出了要求，“好，没问题。”艳艳一口就答应了。

萧然言语里透露出令人欣喜的可“利用价值”：“来这里住几天”、“散心或旅游”、“管食宿”。虽然，这样的“恩惠”是出于朋友之间的亲密关系，但是，对方无形之中也会觉得有点“愧疚感”，至少白吃白住朋友的，心里多少都会有点过意不去。于是，出于心中的那点“愧疚感”，以及给予帮助后的“补偿心理”，对方定会乐意效劳。因此，要想他人为你效劳，就应该大方展现自己的“利用价值”，这会让对方更加乐意为你效劳，而那些所谓的“利用价值”，不妨就作为给

对方的酬谢了。

不得不说，一些女人在求人办事时会抱着“有事有人，无事无人”的态度，他们把他人的帮助看做理所当然的行为，当自己的诉求得到了回应，把自己的事情办好之后就不再理睬对方了。有着这样心态的女人大多数都会被抛弃，当她再次需要帮助的时候，相信是没有人会给予帮助的。

其实，在日常交际中，人与人之间的关系是建立在互惠互利的基础之上的，没有互惠互利，就没有互信互助。鉴于人们这样的心理，当他在面对你的诉求的时候，其实很想知道你是否有一定的“利用价值”，换句话说，他的效劳会不会换来一点回报。于是，在求人办事的过程中，如果你的言语中透露出了自己的“利用价值”，大多数情况下，对方都会乐意帮助你的。

所以，作为提出诉求的我们应该尽量展现自己的“利用价值”，以此获得他人的帮助。

具体来说，你可以这样展现自己的利用价值：

1. 承诺给对方一点好处

其实，人们在遇到他人求助于自己的时候，总是在寻找心理平衡，帮助他是不是值得？我能得到什么好处？他会不会记得我帮助过他？在这些疑问存在的情况下，人们是不愿意下帮助你的定论的，此时，如果你对其许下承诺，保证会给其一定的利益报酬，那么，就等于给其吃了一粒定心丸。

因此，当你求人办事的时候，不妨给对方一点好处，这样对方也会从中获得一些恩惠。比如“你过来我包你车费，还管你食宿，咋样”、“只有你给我把这件事办好了，我就送你最喜欢的包包”、“前天我妈妈才从老家带来了一些特产，你过来拿点过去吧”，等等。

2. 表明自己的回报之心

在寻求帮助的时候，最好能让对方觉得当他以后有困难的时候，你也一定不会袖手旁观，这样一种互惠互利的“承诺”，会让对方觉得你还是有“利用价值”的。当然，做出的承诺就要做到，否则有可能会失去这个朋友。

3.为自己贴金，让对方看到你的潜力

比如，在谈判桌上，你原本希望对方与己方签订协议，那么，与其刻意地恭维对方，倒不如底气十足地向对方提出要求，并可以在无意识中表明已有其他合作方有与己方合作的意图，那么，就会无形中抬高了己方的身价，让对方对己方刮目相看，如此一来事情自然好办多了。

很多场合，双方情况都是虚虚实实，谁也无法完全摸清对方的底细。作为女人，在这种大环境下，如果你势力弱而又想借助对方的力量的话，那么你就应该多往脸上贴黄金，抬高自己的身价，至少给对方一个你实力强大的假象，让对方看到你潜在的实力，进而愿意助你一臂之力。

心理启示

一般人求人，态度一定会低三下四，让对方可怜，好像只有这样才容易获得救助。但是这种人对方可能见得比较多，也就会见怪不怪了。同时，一些人在看不到帮助你之后能得到利益的情况下，是不会对你伸出援助之手的。如果你一反常规，多谈及对方在帮助你之后会获得的利益，那么，综合权衡之下，让对方答应请求的概率会大大增加。

告诉对方事情的难度，激发对方的挑战欲

人们常常说：“树怕剥皮，人怕激气。”人们都有不服输的心理，越是被否定，越是要证明自己；越是受压迫，越是要反抗。现实生活中，女人们在求人办事的时候，也可以利用人们的这一心理，告诉对方事情存在一定难度，他可能办不到时，那么，便能激起对方的挑战欲，从而愿意试

一试。

我们来看看下面故事中的杨经理是怎么做的：

杨红是某公司市场部的经理，最近，上级领导交给她一个任务——开发某市郊区的一片市场。杨红明白，这是一项艰巨的任务。而且，如果不全力以赴地把精力投入到当地居民的生活中，是无法做到的。于是，她找来部下陈明，准备让他锻炼下自己的能力。陈明是个很有潜力的年轻人，不怕吃苦，工作有干劲。这也是杨红准备把这项任务交给他的原因。但陈明与公司的另一个青年邱涛关系不好，两个人明里暗里都在较劲。

当陈明敲门进入她的办公室后，她便开门见山地说："老实说，这并不是一件很容易做的事，但这也就是我为什么没有让其他人接手而直接找你的原因。"

"嗯，这片市场的确还没有人敢去开垦啊。"

听陈明这么说，杨红知道陈明迟疑了。于是，她接下来说："我知道是有难度，你要是觉得有困难，我就再去找找邱涛吧……"

一听到杨红提到邱涛这个名字，陈明立即说："没事，我肯定能做好，请相信我……"杨红知道，她的目的达到了。果然，陈明不负众望，三个月后，他带着满满的业绩表来交了差。

这则职场故事中，女上司杨红是聪明的。她为什么能让下属陈明这么爽快地就接受了这份艰巨的任务？就是因为杨红的"我知道是有难度，你要是觉得有困难，我就再去找找邱涛吧……"那句话。这句话的含义是：如果邱涛把这件事做成了，那么，你的颜面何存？自然，陈明的挑战欲被激发了。

的确，面对他人的请求，人们都不愿意涉险，也不愿给自己招致不必要的困难和麻烦。不过，人们还有一种心理，那就是，如果我战胜困难，那么，我该多有面子。几乎每个人都有挑战自身潜力的渴望。对成功怀有强烈渴望的人尤其如此。他们渴望挑战困难，以此来超越自己，证明自己。对于这样的人，你越是表明某事难干，他越有可能去干。

比如，如果你希望你的下属接受一项任务，那么，你可以告诉他，此项工作的难度很大，没有一定的工作能力和时间，是无法完成的。他可能心里已经在想：是不是太小看我了，我偏偏要试试，把时间控制在10个月内！结果，十个月不到，他真的就大功告成了。

同样，聪明的女人们，有求于人时，你也大可以利用这一心理策略，你可以告诉对方，你所求之事不是一般人所能办成的。可能不用你催促，他早已在你的限定时间内把事情办妥了。见到你，他或许会一脸得意："你不是说很难办吗，我看没有你说的那么可怕。"你也笑，笑他中了计，把事给办成了。

需要注意的是，女人们，巧言激将，一定要根据不同的交谈对象，采用不同的激将法，才能收到满意的效果。犹如治病，对症下药，才有疗效。因此，总体来说，在运用这一心理策略的时候，要注意以下几个方面：

1.了解对方的弱点

逆反心理能否起到应有的作用，就要我们了解对方的弱点。"请将不如激将"，也要了解"将"的"致命伤"。比如那些爱表现的人，我们不妨从反面说："我知道您也是能力有限……"这样一激，对方肯定会答应你的请求。

2.因人而用

我们在运用这一心理策略的时候，要先了解对方，因人而用。要对对方的心理承受能力有所了解，如果激而无效，那么也是白费力气。

3.掌握火候，语言不能"过"

如果说话平淡，就不能产生激励效果；如果言语过于尖刻，就会让对方反感。语言不能过急，也不能过缓。过急，欲速则不达；过缓，对方无动于衷，无法激起对方的自尊心，也就达不到目的。

心理启示

在求人办事的过程中，有时别人并不应允，如果只用直截了当的语言请求他们，他们也许会一再拒绝。在这种情况下，巧用激将法则会收到难以收到的效果。因为人类都是有逆反心理的，尤其是自己的权威、能力受到了质疑的时候，他们的自尊心、自信心就会被激发起来。

用女人的柔弱，激发对方的同情心

人们总是不由自主地同情弱者，不愿意袖手旁观，置之于不顾，而比较容易答应弱者的请求。比如，在日常生活中，当人们在讲述自己经历过的生活时，比如幼年丧父、生活艰苦等不幸的经历，旁边的人都会不由自主地宽慰，并给予一定的帮助。装可怜虽然并不是被人们常用的一种方法，但却是非常有效的一种方法。事实上，从身体构造上看，女人天性比男人柔弱，这一点，女人可以运用到求人办事的过程中。当对方不愿意帮忙或者正犹豫不决的时候，你不妨开口就“装可怜”，激起对方的保护欲，一旦对方觉得你的说法真实可信，他很有可能就会作出让步，答应你的请求。

具体来说，运用这一方法，你可以从以下几个方面努力：

（1）用哭泣打动对方。三国时期，蜀主刘备是精于哭道的高手，于是，有人戏称“刘备的江山是哭出来的”。虽然，这样的说法有失偏颇，但是，“哭”的确是求人办事的“秘密武器”，尤其对于男人而言，他们是抵挡不住女人的眼泪的。因此，在提出自己诉求的时候，你若能不失时机地流下几滴眼泪，会激发对方的保护欲，必然会爽快地答应你的请求。

（2）先批评自己。在求人办事的时候，你率先就自我批评“不好意思，都是我不好，把这样的事情告诉你，给你带来了麻烦”，不妨装一下可怜，使对方产生同情，以此来达到自己所想要的目的。

（3）申述自己的处境，以表示求助于人是不得已之举。

20世纪90年代，某国某工厂某车间接到国库券认购任务。这是一个上百号工人的大厂子，因此，有几百名工人认购了不同的数额，但工厂偏偏有几个不愿认购的“老顽固”。任凭车间主任磨破了嘴皮，这几个拥有30年左右工龄的老工人依然不肯认购：

“不是说要自愿吗？我不愿意！”

前后已经开了三次动员会，依然毫无结果。车间主任是个女性，下班时，她把这几位老工人送到车间门口，轻声说：“我只讲最后一句：我现在很为难，请大家帮个忙。”

奇怪的是，原先态度还很强硬的老工人听了这句语重心长的话，竟纷纷表示：“主任，我们不会让你为难。”说完，大家立即转身回去签名认购。

很快，国库券的认购任务就完成了。

一句充满人情味的求助话，居然比通盘大道理更具有说服力。作为老工人，虽然文化水平不高，但重情义。现在，领导不是讲大道理，而是请他们帮忙。他们想：“领导看得上咱，岂能不给面子？”就这样，气一下就顺了。那位车间主任，在正面强攻不下的情况下，改用避实就虚、迂回包抄的战术，先了解对方的心理需求，然后由虚而实，从而达到目的。可见，诚恳的请求，实为有效的说服方法。

女人们，在提出自己诉求的过程中，你不妨通过语言表现自己的无助，比如“我也是没有办法，不然，我是无论如何都不会来麻烦你的，还希望你能够帮我这个忙”、“现在我是一点办法都没有了，希望你能帮忙出个主意”，对方看到你无助的样子，定会毫不犹豫地答应你的请求。

（4）充分阐明自己所请求之事并非与被请求者无关，以使对方不忍无动于衷、袖手旁观。

王丽是一名数学老师，她教学成绩一直很突出，但却因为和校领导关系不好，而一直没有被评上职称。她上告到上级主管领导处，虽然竭尽所能让领导引起对自己处境的同情，但仍收效不大，这位领导听后反而推辞说：“评不上是你学校的问题，学校不上报，我又有什么办法？”

王丽对这样的情况早已做好准备，她立刻说：“如果学校能解决，我就不会来麻烦您了。我是逐级按程序反映。你是上级领导，而且又主管这方面的工作，下面在这方面出了问题，您是有权过问的。如果您不及时处理，出现更大麻烦，那就晚了。我想，只要您肯过问，您的意见他们是会听的。”

这番话很奏效，这位领导很快改变了态度，事情最终得以解决。

当然，表现“情”时不能冷冰冰的毫无感情，也不能表现得过度热情。求人办事时，“情”的展现也只是一种客套而已。怎么恰当地“客套”是值得注意的。

其实，当今社会，各种交际场合中，高手如云。聪明的女人们，你不妨运用女性的优势，适当“示弱”，“装装可怜”，这并不是表示你无能，而是帮你达到求人办事的目的。

心理启示

人心都是肉长的，再强势、再铁石心肠的人，其心灵都有最柔软的地方，这就是同情心。的确，同情心是人与生俱来的本性，是人作为群居动物根深蒂固的习性，在求人办事时，你若能直击人类最善良的本性，适当诉说苦楚，激发对方的同情心，那么，我们求人办事的成功率便会大大提高。

先用语言巧妙铺垫，再导入主题

生活中，人们都有这样的心理：对于那些关系一般或者不熟识的人都是心怀戒备的，并且，也觉得没有必要答应对方的请求。而一旦对对方产生好感，并愿意与之结交后，对于对方提出的请求也就会欣然答应了。因此，生活中的女人们，在求人办事时，倘若向特别要好和熟悉的人求助，可以直截了当、随便一点。但有时求助于关系一般的人、生人或社会地位较高的人时，则常常需要一个“导入”的过程，需要你先和对方套套交情，当然，这个过程可长可短，得视情况而定。

最近，刘女士的公司资金状况出了点问题，她原本想通过向银行贷款解决这一问题，但无奈，却被银行拒绝了。随后，她想到了某大老板张先生。但问题又出现了，据说，张先生是个出了名的铁公鸡，从不愿意借钱给别人，怎么办呢？

刘女士深知用一般的方法来向他借钱，绝无成功的可能。她经过片刻思考后，就下定了决心，打电话给张先生，约好见面的时间和地点。这天，刘女士并没有开车，而是搭乘公共汽车前往，然而在离张先生家还有150米时，她就下车开始全速跑向张先生家。

那时虽是春天，但天已经开始热起来了，刘女士生跑到的时候，已经是大汗淋漓，张先生见了他非常诧异地问：“你怎么回事？一身汗！”

“我怕赶不上时间嘛，只好跑着来！”

“你怎么不打车呢？”

“其实，我很早就出发了，上了公共汽车后，却又遇到堵车，没办法，我看时间不够了，就只好下车跑过来了！”

“像你这种人也会坐公共汽车吗？”

“怎么？您知道我这个人很注重节约的，不过别人都说我吝啬，我怎么会坐计程车呢？坐公共汽车既便宜又方便，而且自己没有私车的话，也省了请司机的开销。其实，还是用双脚最好，碰到赶时间的时候，只要用它们跑就可以，既不花钱，又可强身，多好啊！我这种吝啬的人哪会像你们大老板一样有自己的私车呢？”

“我也很小气啊！所以，我也没有自家的车子。”张先生谦逊地说。

“您那叫节俭，我这叫小气，所以才有‘小气鬼’的绰号。”

“但是我从来没听说过你是这种人。其实，我才真的被人认为是吝啬鬼。”

“张先生，人不吝啬的话是无法创业的，所以，人不能太慷慨。我们做事业的人都是向银行或他人贷款来创业的，当然是应该节俭，千万不能随便地浪费钱啊！我们要尽量地赚钱，好报答投资的人。钱财只会聚集在喜欢它、节俭它的人身上……我经常对下属这么说。”

刘女士的这些话使张先生产生了共鸣，于是很反常地借钱给这个相见恨晚的刘女士。

故事中的刘女士是个很善于把握他人心理的人，她在求人办事上的这一套手法着实很耐人寻味，面对一个吝啬的人，她一反常人的做法，而是说明吝啬的好处，引起了对方的同感，继而成功借到了对方的钱，挽救了她的事业。

求人办事时，对方能不能答应你的要求，能不能全力帮助你把事情办成，关键在什么？关键在他心里是怎么想的。他的心里怎么想问题，就决定了他对你提出的事是给办还是不给办。一般来说，如果你和所求之人是陌生人或关系不熟，那么，你就不能急于切入正题，而应该先拉近与双方的距离，让一切看来水到渠成。

那么，具体来说，求人办事的过程中，该怎样与他人套近乎呢？

1.先找到共同的话题

面对不熟悉的人，一开始最好避免开门见山地直述自己要达到的目的，迂回地谈些其他事情，比如天气、足球、服装、电影……从中找到共同兴趣点，然后才从共同感兴趣的话题上不露痕迹地、自然地转入到正题上去。这样可以取得更好的效果。

2.秉持“说三分，听七分”的原则

许多善于说话的女人都强调“听”的重要性，因为只有善于倾听才能达到目的，听人说话的本意在于了解对方的心意，把握对方的想法和要求。而对方是商谈的主角，所以应让对方多说，以对方为中心，而自己多听，从而更能了解对方。

3.运用婉转的表达方式

一句内容和中心思想完全一样的话，由于说法不同，产生的效果可能会有所不同。有的可能会让人觉得亲切、易于接受，有的则让人觉得生硬。通常反复强调你的想法未必能发挥太大的作用。

另外，你还要尽量防止自己的话无意间冒犯到对方。所以，女人们，在有求于人时应事先对对方有所了解，若无意中冲撞了对方，岂非白费力气？

心理启示

人们对于自己不熟悉的人或事，往往都持有一种排斥的心理。因此，任何请求，如果直截了当，会显得突兀，让对方难以接受，而如果你能巧妙铺垫，然后再导入主题，对方会更易接受。

抬高对方，让其不好意思拒绝

语言是人际交往的基本工具，相信大部分女人都明白这一点。每个人都喜欢听好话，因为人类都是禁不住恭维的动物。在这个社会上，会说恭维话的女人，肯定比较吃香，办事儿顺利也顺理成章。当一个人听到别人的恭维话时，心中总是非常高兴，脸上堆满笑容，口里连说："哪里，我没那么好。""你真是很会讲话！"听完你的赞美后，对你的请求，他必当难以拒绝。

因此，求人办事时，女人们，你也不妨根据人们的这一心理来求人办事。人一旦被认定其价值时，总会喜不自胜，在此基础上，你再提出自己的请求，对方自然就会爽快地答应下来。心理学家证实：心理上的亲和，是别人接受你意见的开始，也是转变态度的开始。由此可知，求人办事时，应适时说出抬高对方的话，让其自我感觉良好。这样在跟他说话的时候就会让他在心里有一种自己是很值得人尊敬的感觉，对于你的请求，他又怎么好意思拒绝呢？

一位妇女抱着小孩上火车，车上位子已经坐满，而这位妇女旁边，一位小伙子却躺着睡觉，占了两个人的位子。孩子哭闹着要座位，并指着要他让座。小伙子假装没听见。这时，小孩的妈妈说话了："这位叔叔太累了，等他睡一会儿，他就会让给你的。"

几分钟后，小伙子起来客气地让了座。

这位妇女无疑处于"求人"的地位，她能靠一句话求人成功，聪明之处正在于以一个"礼"字把对方架在了很高的位置：他应该休息，而且他是个好人，因为如果他不"睡"了，他会主动让给你的。显然，一个再无礼的人面对这样的礼貌也不会无动于衷。我们再来看下面一则故事：

某工程机械制造厂的科长琳达对其部属说："小李，你看起来气色蛮好的嘛，听说最近挺清闲的？你看人家小张，多忙！在这个社会上，总是能者多劳的。不过听说你的英文很棒，反正闲着也是闲着，帮我翻译一下这篇稿子，这个礼拜就要！"

"这礼拜？我恐怕要跟你说声抱歉。下星期一我有一个会议，必须准备一些相关资料，所以可能没时间为你翻译，科长不也是大学毕业的吗？我看根本不用托我嘛，反正我正职的工作都做不好，就别说翻译这么重要的事情了。"

"啊，我知道了，算了，不求你也罢。"

这里，琳达求人办事的方法实在不对，找部属替自己翻译，是要去说服而不是贬低他。拿对方同别人相比，言辞间流露出批评之意，甚至还批评对方工作没做好。如此一来，对方哪还会想替你做事，这实在是糟糕透顶的谈话。事实上许多人都是这样子，在求人办事的时候，不懂得抬高对方，反而伤害了他人的自尊，却还一副若无其事的样子。碍于上司与下属间的关系，对方即使受到伤害，也不至于当场和你翻脸。但是长期下来，部属心中对上司的不满也会忍不住要溢于言表了。

如果琳达像下面这样说话，就不会碰壁了："小李，你最近有空吗？听说跟你同期的小张最近很忙。知识经济时代，真是能者多劳啊。下周又要开会，你现在一定也很忙吧！我曾听人说你的英文不错，不知能否抽空帮我翻译一下这篇文章呢？是非常重要的资料，急着要的，行吗？"

如此客气的请托，谁会忍心拒绝呢？为什么换一种说法小李的情绪就和前例迥然不同呢？这是因为他的自尊心得到了极大的满足。无论是谁，对自身的东西都会有一种自豪、珍惜之情。尊重这份感情，也就能赢得对方的信赖，获得对方的帮助。

那么，在求人办事时，女人该怎样抬高自己呢？

1.了解对方，给对方戴一顶最适合的“高帽子”

每个人都有其最自豪的地方，抬高别人之前，你就要先找出对方最值得赞扬的地方，然后加以赞赏，必然会赢得他的好感，要说服他或者请他帮忙也就不再是难事了。

2.不着痕迹地夸大别人的优点

抬高别人，难免要说一些奉承话、恭维之辞，把对方的优点加以拔高、放大。这样的话有明显讨好之意。因此，你在抬高别人的时候，一定要说得巧妙，最高明的做法是自然而然、不露痕迹。

3.态度要真诚

让别人帮你办事，就要发出真心的赞美，因为只有情真意切的赞美才有感染力，虚情假意不是赞美，而是讽刺挖苦或别有他求。

抱有某种不可告人的目的，以溢美不实之词，极尽吹捧逢迎，只会引起别人的反感。

总之，求人办事，女人们，你一定要把握好对方的脾气爱好和欲望所需，揣其所思，投其所好，让对方感到自然愉悦，对方才肯为你的事儿付出代价，这时，你就达到目的了。

心理启示

所谓的“抬高对方”，在求人办事时就是“捧”，是指对所求的人的恰到好处、实事求是的称赞，并不包括那种漫无边际、肉麻的吹捧。求人时说点对方乐意听的话，尤其是就所求的事称赞一下对方，不失为一种求人的好办法。

软磨硬泡，让对方不得不就范

现实生活中，如果男人和女人产生争论，多数时候是以女人的胜利而告终，之所以这样，是因为男人多数受不了女人的软磨硬泡。的确，女人擅长打心理持久战，她们更有耐心。实际上，你也可以把这一方法运用到求人办事的过程中。如果对方一拒绝就失去信心，那么，这样的心态是什么事也办不成的。常言道：人心都是肉长的。求人办事过程中，不管对方态度有多坚决，只要你善于用行动证明自己的诚意，表明自己坚决的态度，那么，对方必定会给你机会，从而把固执的门打开，于是你就“泡”出成功了。

可能有些脸皮薄的女人会认为，软磨硬泡不就是死皮赖脸吗？实则不然，软磨硬泡要立足于韧性与耐心，着眼于感化对方，所谓“精诚所至，金石为开”就是这个道理。因此，在求人办事时，你应该学会厚着脸皮而克服害羞和自卑，主动出击，不达目的誓不罢休。

毕加索的妻子弗朗索瓦兹·吉洛特很喜欢绘画，而且在画画的时候不喜欢被别人打扰。一次，儿子小科劳德想让妈妈带他出去玩，可吉洛特已全身心投入到了绘画上，听到敲门声和儿子的喊声，只是回应了一声“哎”，之后接着埋头作画。儿子没放弃，接着又说：“妈妈，我爱你。”可得到的回应也只是：“我也爱你呀，我的宝贝儿。”门却并没有打开。儿子又说：“我喜欢你的画，妈妈。”吉洛特高兴了，她答道：“谢谢！我的心肝，你真是个小天使。”但是仍旧没有开门。儿子又说：“妈妈，你画得太好看了。”这时吉洛特停下笔，却仍然没有开门的意思。儿子继续说：“妈妈，你画得比爸爸画得还好。”吉洛特知道，自己的画肯定不及丈夫画得好，但儿子的话却让她欣喜若狂，她也从儿子那夸张的评价中感到了儿子的急切心情，终于把门打开，答应陪儿子一块出去玩。

小科劳德正是用软磨硬泡的办法敲开了专心作画的母亲的门。

其实，现实生活中的女人们，求人办事，你也可以运用这种方法敲开对方的心门。中国人都好情面，许多事情经过软磨硬泡都可以办到。很多时候，我们所求之事明明合理，可是正常渠道却走不通，这时只有多“磨”才能办成想办的事。

需要指出的是，“软磨硬泡”，不是消极地耗费时间，也不是硬和人家耍无赖，而是要善于采取积极的行动影响对方、感化对方，促进事态向好的方向转化。有时候对方推着不办，并不是不想办，而是有实际困难，或心有所疑。这时，你若仅仅靠行动去“泡”很难奏效，甚至会让对方很烦，更不利于办事。这时嘴巴上的功夫就显得十分重要了。要善解人意，抓住问题的症结，巧用语言攻心。

表面上看这种方法很简单，但却并不容易做好。要想用此方法达到求人目的，需要把握好以下两个条件：

首先，必须控制好自己的情绪，要有打持久战的准备。

生活中，不得不说，一些女人也是急性子的，她们在求人办事时也会表现出这些缺点，一旦对方拒绝就失意、烦躁、甚至发火，其实，这样都无异于事情的解决。你要学会先深呼吸，告诉自己冷静下来。不羞不怒表现的就是对对方处境的理解，对方也会因为没有帮上你的忙而觉得内心愧疚，此时，你就站在了主动的位置上，可以方寸不乱，调动自己全部的聪明才智，想方设法去突破僵局，也许会消耗一定的时间但一定会成功。

另外，“软磨硬泡”打的就是一场持久战，需要的就是时间，但恰恰时间就是一种武器，我们谁都有时间，但谁都又珍惜时间。如果你足够有耐心，那么，这场战你就能胜利。所以，你一定要沉住气，耐心地牺牲一点时间，成功就会等着你！

其次，必须是“赞美”、“哀求”、“硬磨”三种方法一起上，缺少一种都达不到让他哭笑不得的效果，也就难以达到你想要的结果。

心理启示

“软磨硬泡”是一种求人办事的成功诀窍。它能以消极的形式获得积极的效果，可以表现自己不达目的不罢休的决心和毅力，给对方施加压力，也能够增加接触机会，更充分地表明自己的态度、思想和感情，以影响对方的态度，达到求人的成功。

第4章

委婉达意：通过话语暗示出你的真意

生活中的女人们，可能你会羡慕那些说话具有影响力的人，似乎他们有某种魔力，只要他们一开口，对方就会按照他的意愿去行动。其实，他们运用的心理学方法叫细腻暗示，心理暗示是一种特殊的信息传递方式，它是指在无对抗态度的条件下，用含蓄间接的表达方式对人的心理或行动产生影响。同样，你也可以将心理暗示加诸到口才中，这样，你就可以用含而不露的语言去影响他人，对方就会在不知不觉中受到影响。

巧妙表达自己的喜恶，达到沟通目的

生活中，相信大部分女人都遇到过一些不便直言的情况，我们与人打交道，经常会遇到一些不便直言的问题，比如，拒绝别人、指责对方等，如果不顾对方感受和情绪，把自己的想法强加给别人，不仅起不到预想的效果，还会恶化彼此之间的关系。此时，你可以利用言语暗示来传递一些信息，暗示所采取的方式可以是含蓄的语言，但只要对方能够明白你所表达的意思，那么操控他人心理的目的就达到了。通过大量事实证明，暗示比直言快语更能凸显出表达效果，因为它所表现出来的婉转曲折，总是给人以愉快的心情。

我们不妨看看下面的故事：

一天，王大姐来到一家餐馆就餐，发现汤里有一只苍蝇，这很令她倒胃口。于是，她找来服务员，并质问他，可没想到服务员却全然不理，好像没听见她的抱怨一样。

后来，气愤中的她亲自找到餐馆老板，提出抗议："这一碗汤究竟是给苍蝇的还是给我的，请你解释一下。"

那老板一听，把责任全推在服务员身上，于是，只顾训斥服务员，却全然不理睬她的抗议。

王大姐只得暗示老板："对不起，请您告诉我，我该怎样对这只苍蝇的侵权行为进行起诉呢？"

那老板这才意识到自己的错处，忙换来一碗汤，谦恭地说："你是我们这里最珍贵的客人！"

说完，大家一起笑了。

我们不得不佩服王大姐的气度，很多人在这种情况下，势必会大发雷霆，当然，这样做对事情的解决毫无帮助。而王大姐虽然是有理的一方，却没有颐指气使，也没有对老板和服务员纠缠不休，而是借用所谓“苍蝇侵权”的比喻暗示对方：“只要有所道歉，我不会追究。”这样老板也就明白了她的话，“苍蝇事件”自然也就在十分幽默风趣又十分得体的氛围中化解了，避免了双方的尴尬和窘迫。

语言暗示，也就是不明说，而用含蓄的语言使人领会。在日常生活中，很多时候我们都无法直接表达自己的想法，这时候就需要暗示来表达，于是就出现了一语双关、含沙射影、指桑骂槐等旁敲侧击的艺术性语言。既然可以用暗示的语言来表达自己的厌恶，当然，我们也同样可以用暗示的语言来表达喜欢。

1.含蓄表达爱情

通过话语暗示来表达爱情，这可以使话语本身具有一定的弹性，不至于对方一拒绝就没有挽回的余地，而且，这也符合恋爱时的羞怯心理。

琪琪在相亲派对上认识了一个男士，开始两人相处的还不错，但很快的，琪琪就发觉两人性格不合，打算找一些借口断绝和对方往来。“下周末我们还去郊外钓鱼怎么样?”临分别的时候，那个男士又邀请琪琪。“下周我们一直都要上班，周末也是。”“那就再下周了。”“那就再说吧，最近总是在周末出去玩，我周一上班都没什么精神，我要回去休息了。”说着，琪琪还适时打了一个“哈欠”。对方马上意识到了琪琪的意思，从那天起就几乎不和琪琪联系了。

这里，琪琪拒绝此男人邀请的方式就是委婉暗示的方法，巧妙地利用暗示的方法让对方知道，你对他提出的意见不感兴趣，他就会知趣而退。比如，你这个周末与某个朋友在一起玩，他希望你下个周末还陪他出去，而你则另有自己的安排，不如就说：“今天时间不早了，周末玩得太累会影响工作的，我该回去休息了”。这样说，你就给对方一个暗示，你并不打算再在周末的时候和他一起出去，对方就会明白你话里的拒绝意思了。

2.委婉表达讥讽之意

在日常交际中，直接辱骂别人，听者当然很容易就能听出来。但如果对方是利用暗示语言来侮辱人，我们就更应该注意了。这时不仅要善于听出别人的恶意，还应该"以其人之道还治其人之身"。比如，安徒生戴了一顶破帽子，过路人取笑"你脑袋上边那个玩意是什么？能算是帽子吗？"安徒生随即回道："你帽子下面那个玩意是什么？能算是脑袋吗？"

3.暗示拒绝

有的人喜欢用暗示来投石问路，这时你也可以用暗示来拒绝对方。比如，面对老乡借宿的请求，李先生这样暗示拒绝"城里比不了咱们乡下，住房可紧了。就拿我来说吧，这么小的屋子居然住着三代人……你们大老远地来看我，本该留你们在我家好好地住上几天的，可是没有办法啊！"老乡只好知趣地走了。

4.暗示自己的不满

有时候，面对他人的错误，我们也最好以双关影射之言来暗示他，迫使对方意识到自己的错误。比如，顾客发现汤里有一只苍蝇，巧妙暗示老板："对不起，请您告诉我，我该怎样对这只苍蝇的侵权行为进行起诉呢？"

心理启示

在人际关系中，出于各种原因，有时我们会驳别人的面子。这种事情如处理不当，轻则伤害对方，让对方难以接受，疏远彼此间的关系；重则得罪人，结仇家。对此，暗示，既表达了自己的意思，又让对方轻松接受。利用话里藏话暗示他人，是每个人必备的口才技巧。

通过暗示语消除对方的戒备心

相信每个女人在人际交往中，都希望获得他人的信任，因为出于任何目的的沟通都是建立在互信的基础上的，否则交流就无法进行下去。然而，现实的沟通中，不少女人却遇到了这样的困惑，怎样才能打消对方的疑虑呢？有时候，直接劝说未必有效果，甚至可能适得其反。此时，你可以通过言语暗示把自己的想法传递给对方，使对方能够打消心中的疑虑。

一般而言，每个人对于自己心中的想法有保密的冲动，他们不希望自己的心思被别人看穿。鉴于对方这样一种心理，即便我们猜中了对方正在焦虑的事情，也不能直接说出来，而是巧用话语暗示，正所谓“曲径能通幽”。

张娜小姐因公出差，在火车上与一位男士坐在了一起。火车开了没多久，男士就主动打招呼，觉得自己一个人挺闷，于是就和他攀谈了起来。两人就一些话题聊了起来。

可是，聊着聊着，那位男士竟然将话题一转，贸然发问：“你结婚了吗？”张娜顿时心生厌恶，迟迟不回答，男士见张娜突然变得不高兴，显得有点不知所措。

为了打消男士心中的疑虑，张娜解释说：“先生，我听人说过这样的话‘对男人不能问收入’，所以刚才我并没有问你的收入；‘对女人不能问婚否’，所以你这个问题我不能回答了。请你谅解。”那位男士听张娜这样一说，尴尬地笑了笑，就不再说话了。

面对男士的唐突问题，如果张娜保持沉默，就会显得不太礼貌。为了打消对方心中的疑虑，也为了给对方一个台阶下，张娜巧妙地用语言暗示出自己拒绝回答问题的真实原因，同时，这也使男士意识到自己言语的失礼之处。

这天，李大娘去商店买布料，导购员王小姐迎上去打招呼：“大娘，您买布吗？您看这布多结实，颜色又好。”不料，李大娘听了并不高兴，反而嘀咕起来：“要这么结实的布有啥用，穿不坏就该进火葬场了。”对大娘这番话，王小姐不能随声附和，但不吭声又等于默认了。她想了想，便笑眯眯地说：“大娘，看您说到哪儿去了。您身子骨这么结实，再穿几百件也没问题。”一句话说得李大娘心头发热，不但高高兴兴买了布，还直夸王小姐心眼好。

刚开始，王小姐一个劲地介绍产品，而这些正切中了李大娘的要害之处——李大娘担心自己的身体状况。当王小姐说“结实”的时候，李大娘心里肯定不好受。为了打消李大娘心中的疑虑，王小姐说“身子骨这么结实”，暗示出大娘身体好的事实，消除了李大娘的自卑心理。话说到了点子上，简单的几句话就说得大娘眉开眼笑。在与大娘的整个谈话过程中，王小姐通过试探、话语暗示操控了对方的心理，也达到了自己的目的。

那么，在日常交际中，女人们，你该如何巧妙运用话语暗示来达到自己的目的呢？

1.语言随和，努力营造一种轻松愉快的气氛

要想打消对方的疑虑，在交流前就要努力做到使对方放松。这需要你做到：首先，我们要从自我做起，谈话要直率而坦诚，使对方不感到拘谨。其次，我们要多听少说，多给对方表达的机会，你的眼神要随时表现出你对他的理解和认同。

2.暗示对方的疑虑是没有必要的

以销售活动为例，如果你是一名保险推销员，那么，对方很有可能反驳你：“保险是骗人”，此时，你可以这样为客户分析保险带来的利益：“即使物价会有所上涨，有保险总比没有保险好。而且我们公司早已考虑了这些因素，顾客的保险金是有利息的。当然！我这么年轻在您面前讲这些，实在有点班门弄斧，还望您多多指教……”通过语言暗示对方的疑虑是没有必要的，影响他人的心理变化，达到说服他人的目的。

3.巧妙引用第三方的话

“王婆卖瓜，自卖自夸”，我们一味地正面陈述事实的时候，对方未必相信，此时，你不妨换一种方式来说这件事情，就可以大大消除对方的疑虑。巧妙引用第三方的话，向对方证明你的观点，这就是打消对方疑虑的好方法。比如，你可以这样说“我的邻居已经用了三四年了，仍然好好的”。这句话暗示出产品质量绝对过关，虽然邻居并不在旁边，但这会有效地打消对方心中的疑虑。

心理启示

要慢慢打开他人的心扉，就需要我们学会巧妙暗示，只有这样，才能拉近彼此的距离，消除对方的戒心。

不要直接开口拒绝，照顾朋友的面子

人生在世，谁都不是独立存活于世的，任何人，不论地位高低，身份贵贱，总会碰到一些求人的事。帮助朋友解决问题是我们理所应当的责任，但对于自己无能为力的事或对方的无理要求，我们应当拒绝，但在拒绝朋友时，无论如何，不能伤及对方的面子。

在我们的身边，总会有一些好朋友，他们会遇到一些自己难以办到的事，自然要求人帮点忙，如果我们能办到的话应尽最大的努力去办，假若朋友提出的某些要求过分，不是我们个人力所能及的，这就出现了要拒绝他人的问题。

一般来说，和男性比起来，女人的心更柔软，她们多半是不善于拒绝他人的，当然，也有一些女人认为，既然是拒绝，有什么难的，直接说“不”即可。其实不然，如果你全凭自己的兴致，不顾他人面子直接开口拒绝，那么，对方可能会因为尊严而与我们断交，那样，就得不偿失了。

“不论什么事情只要交给小安，我就放心了。”小安进入公司两年，这是领导经常挂在嘴边的一句话。刚开始小安很高兴，但时间一天天过去了，领导交给自己的工作任务越来越多，小安经常听到这样的吩咐“小安，这个方案你负责一下”、“小安，这个客户你去接待一下”、“小安，这个项目人手不够，你也参与进来”。

小安手里的事情多得做不完，但身边的同事却有时间发呆，薪水也并不比自己少多少。小安心想，也许自己再忍忍就会有升职加薪的机会。

但是，每次到了升职加薪的时候，机会总是从小安眼前溜过，到了别人的口袋里。后来，小安通过人事部的老同事嘴里得知，关于自己的升职的事情，中层主管会已经讨论过很多次了，每次都被领导否决了，说小安虽然业务能力不错，但管理能力不足，需要再锻炼锻炼。这时老同事就会说：“你想想，如果你升职了，他上哪儿去找这么任劳任怨的下属呢？”

小安觉得，自己一定要想办法拒绝领导了，可是，该如何拒绝呢？这天，领导又开始吩咐：“小安，下班后先别急着走，有一个案子还需要你负责一下。”小安脱口而出：“不好意思，领导，今天我妈妈从老家过来了，五点半的火车，我得去接一下，您也知道，老年人嘛，手脚不太方便，我可不放心她跟那些身强力壮的人在火车站拥挤，而且我妈妈她也不认识路，我必须得去接她。”领导似乎很理解，挥挥手，说道：“行，那你早点回去吧，案子的事情我让别的同事负责。”

在案例中，小安找了一个老掉牙的理由——接人，虽然，这算是一个好“台阶”，暂时不会被领导看出来，但下一次再接到领导“加班”的要求怎么办呢？如果领导意识到自己被下属欺骗了，那结果会更糟糕。对此，作为下属，一定要在拒绝领导时，找一个最恰当的理由，给领导一个更好的台阶下。

我们不妨先来看看下面这位深谙拒绝艺术的女经理是如何巧妙地说出“不”字的：

某公司的销售部经理刘红是个很善于与人沟通的人，在她的手下工作，很多员工都觉得干劲十足。公司其他领导都羡慕刘红的工作模式——上班只是喝喝茶，发发工作指令，员工们心甘情愿地为其卖命，毫无怨言。其实，这都是因为刘红很善于调动员工们的积极性。

一天，市场专员小王拿着一叠厚厚的资料，来到刘红的办公室，对她说：“刘总，这是这个月的市场调查报告，您有时间整理一下吧。”

刘红最近手头事情太多，而且，整理资料的工作本身就是下属应该做的。于是，她巧妙地拒绝道：“小王啊，你可一直是我最得力的助手啊，你看我桌上的文件，哎呀，你难道要看着我累趴下吗？算姐求你了，帮个忙吧，回头我请你吃饭。”

听到刘红这么说，小王扑哧一声笑了，不到几个小时的时间，他便把整理好的资料送到了刘红的办公室。

案例中的经理刘红拒绝下属的方法就是撒娇法，一句“哎呀，你难道要看着我累趴下吗？算姐求你了，帮个忙吧，回头我请你吃饭。”让下属看到了领导的可爱，这样一个可爱的领导，有哪个下属还会再好意思进一步要求呢？

生活中的女人们，你是否曾经有这样的体验，你似乎总是不愿意拒绝那些对我们示弱的人的请求，因为他们让你感到弱小，从而激发起自己内心的同情和保护的欲望，这是人们的普遍心理。而事后，你又发现，你根本无能为力。这是很多人惹火上身的理由。实际上，反过来，你可以充分发挥自己性别的优势——适当示弱，比如，你可以这样拒绝：“你为我想想，我怎么能去做没把握的事？你让我出洋相啊。”这样说，相信对方一定会“收回成命”，另寻他法。

委婉拒绝别人，女人们，你还必须掌握三个基本功：

一是要会把握局势。

首先是会听出对方的话中话，然后加以揣摩，这其中观察的能力很重要。毕竟，交际生活中，很多人都喜欢用隐晦的语言，即便连求人办事也是用弦外之音。再者，你要想成功拒绝别人，就要掌控交际局势，就必须得站在有理的一边。

二是要委婉含蓄地表达。

话要说得有艺术，又不能过于直白，要让听话之人心领神会，明白你话中的锋芒所在，听出你的弦外之音。

三是尽量在善意的氛围中旁敲侧击。

有些人虽然接受了你的拒绝，但却是在逼不得已的情况下接受的，这种人一般会和我们“老死不相往来”，这不是我们社交的最终目的。为此，我们要懂得不伤感情地、在善意的氛围中暗示对方，让他既能接受，还感激我们“口下留情”。

心理启示

与朋友的交际应酬中，学会拒绝是我们必备的技能，要让朋友了解我们的难处和爱莫能助，在不伤及友情的情况下加以拒绝，这是最高境界的拒绝，这样，我们彼此之间的友谊便不会因此受损，真心朋友便会互助一生！

用点语言技巧，不伤和气地指出对方错误

沟通是一种复杂的心理交往，而每个人的微妙心理、自尊心往往会在里面起重要的控制作用，稍微触及它，就有可能产生不愉快。所以，对一些只可意会不可言传的事情、可能引起对方不快的事情，比如指出对方的错误，对方的不足之处，这时候就不能直言相告，只能通过语言暗示来达到目的。那么，该怎么暗示他人的错误呢？心理学家指出，人们从不拒绝幽默的语言，因此，生活中的女人，如果你也能运用幽默的语言，以开玩笑的方式说点俏皮话，那么，便能起到暗示对方、让对方认识错误的效果。

从前，有个人请客，酒席间有一客人，刚一举杯就放声大哭。

主人忙问："老兄为何临饮而哭？"客人回答说："我平生爱的是酒，如今酒已死了，为何不悲不哭？"

主人笑道："老兄差矣，酒怎么会死呢？"

客人故作沉痛的样子说："既然没死，为啥没有一点酒气？"于是满座哗然。

这则故事中，客人发现主人吝啬，没有用好酒待客，但他并没有直说，而以故意放声大哭诱发主人的疑问：为何临饮而哭？接下来，他依然不回答主人的问题，将主人的胃口吊高，最后才表明没有"酒气"，这样

旁敲侧击，真可谓迷离藏趣，令人会心而笑。

不得不说，幽默是一种难得的口才，而懂幽默的女人更有魅力，即便是难以直接表达、可能伤及他人的话，她们都能以开玩笑的方式让对方巧妙接受。的确，幽默也是一种暗示的方法，能让对方听出你的言外之意，自己认识到错误，从而加以改正。

具体来说，女人们，你还应掌握一下分解出来的几种方法：

1.影射

19世纪，意大利有个作曲家叫罗西尼。

有一次，一个作曲家带了份七拼八凑的乐曲手稿来向他请教。演奏过程中，罗西尼不住地脱帽。

作曲家问："是不是屋里太热了？"

罗西尼回答说："不，我有见到熟人脱帽的习惯，在阁下的曲子里，我碰到那么多熟人，不得不连连脱帽。"

很明显，面对这份七拼八凑的乐曲手稿，罗西尼很想指出他的过错，但他没有点破对方"抄袭""拼凑"，而是用富于幽默的"不住地脱帽"的动作和"碰到那么多熟人"的解释，委婉含蓄地暗示了自己尖锐的批评意见，这种批评虽不如直说那般鲜明尖锐，但它不仅生动形象，而且幽默、含蓄，更富于讽刺意味而耐人寻味。

2.设疑

一位吝啬鬼，小气得出奇。他在大杯子里仅仅倒上一丁点儿酒，刚好盖过杯底，一位客人向他要一把锯子。

"你要锯子做什么用？"

"为了把杯子的无用部分全部锯掉。"

这几个富有讽刺意味的幽默，用的正是设疑的暗示之法。

3.讳言婉语

人们在日常说话中，由于某些原因，需要避讳，于是出现了讳言婉语。从某种角度看，讳言婉语实际上是一种巧妙的暗示，有时更会产生幽默的效果。

一个泥瓦匠，因为他在喝得酩酊大醉时，说了一句“沙皇陛下在我的屁股底下”，被告到法院。

法院经过认真审理，确认他有罪。记者们要报道此事时，又不能重复那句侮辱皇上的话，真是费尽了心思。

后来一个聪明的记者写的消息被各报采用。那位记者是这样写的：“泥瓦匠安德烈被法庭判处有期徒刑三年，因为他泄漏了一些有关沙皇住处的令人不安的消息。”

经过记者的一番处理，实言与讳言之间形成了夸张性的距离，令人忍俊不禁。

4.弦外之音

吃饭时，丈夫尝了尝汤，问道：“家里还有盐吗？”

“当然有，”妻子说，“我就去给你拿来。”

“不用了，亲爱的，我以为你把所有的盐都放在汤里了呢？”

这句话暗示妻子做的汤太咸，婉转道来，既亲切，又幽默。

总之，女人们，说点俏皮话，开开玩笑，远比一本正经地指出他人的过失和不足更委婉含蓄，更易让人接受！

心理启示

生活中，有时候，我们在需要指出他人的错误的时候却发现，如果直接指出，可能会带来一些负面结果，比如，伤害对方自尊心、伤害彼此间的友谊，或者让对方没面子等。

利用大多数人的观点影响对方

在日常生活中，我们习惯于这样说“大家都这么认为的”、“他们都说”、“咱们都认为是这么回事”等。于是，当大家的意见无法统一，在绝大多数时候都会遵循“少数服从多数”的游戏规则。虽然，某些人心里还想着“真理掌握在少数人的手里”，但是他们的语言或行为还是挡不住随大流的趋势，这就是典型的“从众心理”。当大家都认为是这么回事的时候，即便他有什么反对的意见，也会不自觉地隐藏起来，主动表示“赞同”。

生活中的女人们，也可以将这一心理效应运用到人际交流中，以此来影响对方的观点或意见，也就是在说话时表现这是大众观点，令其从众。

一位石油大亨到天堂去参加会议，当他踏进了会议室，却发现里面已经座无虚席，自己根本没有地方落座，于是他灵机一动，喊了一声：“刚才听大家说，地狱里发现石油了！”这一喊不要紧，天堂里的石油大亨们纷纷向地狱跑去，很快，天堂里就只剩下自己了。

这时，这位大亨心想，大家都跑了过去，莫非地狱里真的发现石油了？于是，他也急匆匆地向地狱跑去。

这虽然是一个笑话，却是深刻地反映了从众心理的现象。当听到对方的话里带着“他们都说”、“大家说”等这样的字眼，就会自然地认为这个消息是正确的，而自己没有任何理由来拒绝相信这样的事情。他们并没有把自己的看法作为判断标准之一，而是以“大家”、“他们”来判断这件事是否值得相信。

小李是一名化妆品推销员，她销售的品牌并不是什么名牌，但却一直销量很好，这是因为她有一个销售秘诀：每当客户对自己的推销产生质疑时，她都会拿出其他客户所填的意见表以及销售业绩表，她知道，这才是最有力的证据。

有一次，公司来了一位女士，要购买一套护肤品，小李劝了半天，对方还是担心产品的质量：“现在的化妆品质量太没有保障了，化学成分太多。”此时，小李明白，要想说服这位客户，就要拿出最有力的证据。于是，她一边从包中拿出客户意见表，一边说：“您担心产品质量，是可以理解的，毕竟，我一个人的话可能显得空洞，但众多姐妹都这么说，现在，每天都有一些女性朋友结伴来我们店购买这套护肤品。”

“嗯，你说得没错，我看你的皮肤也很好，我相信你，一个喜爱并相信自己产品的销售员，我又有什么理由不相信你呢？”

案例中，销售员小李之所以能打消客户的顾虑，将产品推销出去，就在于她的巧妙暗示，用客户都这么说来打动了客户。在购买产品这个问题上，人们都有一个心理，因为在购买心理上，人们都害怕吃亏，而只有当周围的人都已经购买并反应良好时，他们的这种危机意识才会有所消减，这就是人们所说的从众心理。这也就是为什么顾客对产品的反馈情况常常被作为一种证明产品信誉、口碑、质量的事实依据的原因。

在社会中，总会有一些大规模从众行为，似乎每一个人都是凭着“他们都说”、“大家都这么认为”来决定自己应该相信哪些是真实的，这时候他们就放弃了自己的主见。从众心理的作用，就在于会让人不由自主地选择身边人的言行作为参照物，不断地寻找出人们一致的社会认同。由于它本身的神奇作用，它常常被人们加以利用，比如在管理、营销等行业，一些商家会利用从众效应来谋取利益，推销者也会利用从众心理来吸引顾客购买产品。

所以，明白了从众心理的特性，女人们，也可以通过话语来引导对方的行为，从而操控其心理，比如在说话时表示这是大众观点，令其从众。

1.“大家都这么认为”

当自己在陈述某件事情的时候，为了表示自己的所见所闻是真实的，同时也为了增强说服力，很有必要说明“这件事是大家都看到了的，并且我们都认为是真的”。

2.“很多人都这么说”

有时候，当我们在阐述一些信息或事实的时候，对方有可能会表示出怀疑，甚至不愿意相信这是真实的。这时候，我们可以表示这是大众观点，“很多人都这么说”。比如，小王为了表示“生肖龙和兔确实不和”，不惜说“很多人都这么说的，我朋友身边还发生了这样的真实案例”。

3.依靠强有力的第三方“他们”、“亲戚们”

有的推销员为了说明自己产品的质量，他们搬出来强有力的第三方，比如“邻居们”、“亲戚们”、“他们”，等等。比如“这个吸尘器真的很好用，我的邻居、亲戚都向我反映说‘十分方便’，特别适合你们这样的家庭主妇”。

心理启示

在实际生活中，每个人都有不同程度的从众倾向，总是倾向于大多数人的想法或者意见，以此来证明自己不是孤立的。所以，你可以利用人们的这种从众倾向，利用大多数人的观点和意见来影响对方，以此达到自己的目的。

用讲故事的办法表达自己的观点

生活中的女人们，可能你有过这样的经验：有时候，直接表达自己的想法或意见，对方可能会拒绝接受。此时，就需要女人们掌握婉转表达的方法。这种表达方法很多，其中就有讲故事和举例子。无论是讲故事，还是举例子，我们都是通过一些事例来传达自己的观点。我们先来看看下面故事中的夏女士是如何让儿子接受自己的教育的：

夏女士的儿子小小今年5岁，很可爱，周围的朋友和家人都对小小呵护有加。

一次，朋友小张带着女儿过来玩，夏女士和小张在厨房做饭，当她们聊得正开心时，突然哇的一声，夏女士听到朋友女儿哭了，赶紧跑到客厅，此时的小女孩正趴在地上，夏女士赶紧问小女孩怎么回事，原来是小小为了一个玩具将小女孩推倒了。夏女士立即意识到，应该对儿子进行礼让教育了。

于是，这天晚上，和往常一样，在儿子入睡前，她来到儿子床边，给他讲故事。

“小小，今天我们来讲孔融让梨的故事吧。那么，谁是孔融呢？孔融是孔子的第二十世孙，他是泰山都尉孔宙的第二个儿子。

在孔融7岁的时候，有一次，正好是他祖父的寿辰，来访的客人很多。宾客来齐后，便开始上菜，这时，端上来一盘酢梨，放在寿台上面，母亲叫孔融把它分了。于是，孔融就开始只按照长幼的次序来分，而轮到自己的时候，他给自己挑了一个最小的。父亲很奇怪地问：‘为什么你给其他小孩分的都是大的，却独独给自己留了个小的？’

孔融从容答道：‘人们都说，树有高低，人有老小。我们晚辈，自然要尊敬长辈，这是做人的道理。’父亲听到这一番话很欣慰。

有一次，父亲的朋友来看望父亲，顺道带了一盒梨子，便叫孔融跟兄弟们分了吃。孔融又挑了个最小的梨子，其余按照长幼顺序分给兄弟。父亲问，这又是为什么呢？

孔融说：‘我年纪小，应该吃小的梨，大梨该给哥哥们。’父亲听后十分惊喜，又问：‘那弟弟也比你小啊？’孔融说：‘因为弟弟比我小，所以我也应该让着他。’”

听完夏女士的故事，儿子小小羞愧地说：“妈妈，我错了，我不该和妹妹抢玩具，我以后也会和孔融一样懂事的。”

这则故事中，很明显，夏女士对儿子的教育起到了作用，这里，她运用的就是讲故事的方法，让儿子明白了做人应该礼让的道理。

事实上，自古以来，那些颇具智慧的大臣在向君王进谏的时候，都会采用这样的表达方式。比如，在“邹忌讽齐王纳谏”中，邹忌并没有直接说出自己的建议，而是通过举例子来表达自己的想法“臣诚知不如徐公美。臣之妻私臣，臣之妾畏臣，臣之客欲有求于臣，皆以美于徐公。今齐地方千里，百二十城，宫妇左右莫不私王，朝廷之臣莫不畏王，四境之内莫不有求于王：由此观之，王之蔽甚矣”。所以，女人们，在交谈过程中，若是遇到不好说的话或者不好表达的意见，你也可以巧妙地通过讲故事、举例子来传达给对方，让他明白自己的用意。

当然，运用这一方法，你还应注意的是：

1. 选择有代表性的故事或例子

在谈话中讲故事或者举例子，都可以起到使谈话内容具体、增强说服力的作用。但是，我们在选择故事或例子的时候，需要注意其代表性。如果你讲了一个很长的故事，但却因为不具有代表性而使对方不知所云，这样就无法达到沟通的效果。

2. 注意故事或例子的适当性

当我们在讲故事或举例子的时候，还需要注意其量的适当性，不能老是在谈话中讲故事、举例子。偶尔在谈话中穿插一个故事或例子，这样让人感觉很新鲜，但经常使用就会使人心生厌烦。

3. 注意表达的隐晦性

当我们在选择讲故事或者举例子的时候，肯定是想避免直接表达带来的弊端。因此，即便是在讲故事，或者举例子，我们也要适当注意表达的隐晦性，不能直白地在故事中阐明自己的想法。我们所需要表达的想法和意见，完全可以借助于故事或例子去作婉转表达，这样才能更好地影响对方的心理。

心理启示

有时候，如果直接说出自己的意见或想法，对方有可能会拒绝接受，这就需要用具有隐晦性而又有代表性的事例来加以表达，一方面可以省去直接表达带来的弊端；另一方面还可以增强一定的说服力，同时，这样的表达方式也更容易让对方接受，继而影响到对方的心理。

第5章

慧眼识心：女人开口前先了解他人的想法

想必大部分女人都知道，要想在交流中说对话，要想成功打动别人，就要准确把握别人的心思。这就需要我们掌握一定的心理透视技巧。事实上，一个人的表情、动作，言谈举止都可以成为我们透视他人心理的窗户。掌握这些，我们就能够先了解他人的想法，使彼此的交流更加顺畅。

透过双眼看到你想了解的信息

人们常说，眼睛是心灵的窗户。的确，在人类的感觉器官中，眼睛是最重要的器官之一。科学家经过研究证实，人类有80%的知识都是通过眼睛观察得到的。眼睛不仅可以读书认字、看图赏画、欣赏美景、观察人物，还可以辨别不同的色彩和光线，然后将这些视觉、形象转变成神经信号，传送给大脑，从而增强人类的记忆能力。

可以说，眼神毫不掩饰地展现了一个人的学识、品性、情操、性格等。戏剧表演家、舞蹈演员、画家、文学家、诗人都着意地研究人们的眼睛，认为它是灵魂的一面真实的镜子。

因此，生活中的女人们，如果你想更好地掌握他人的心理，从而找到与之交流的最佳方式，那么，你就应该了解别人眼神里表达的意思。

崔红是刚毕业的一名学生，有幸的是，她应征上了一家大型公关公司的策划人职位，成为人们羡慕的白领一族。

上班第一天，她心怀不安来到公司，如她所料，办公室果然是美女如云，站在人群中，崔红突然有一种"丑小鸭"的感觉。正在想时，一个美女走过来，热情地冲崔红打招呼，崔红自然也是热情地回应。然后崔红也打量了这位同事，颇有王熙凤的风范：一身很惹眼的名牌，而正当这位同事和自己说话时，她看到其他好几个同事都投来一个鄙夷的眼神，崔红认识到这应该是一个不受欢迎并且爱表现的同事，然后她给自己敲了一个警钟：以后不要和这个同事深交，否则不仅在职业上没有上升的空间，还会得罪所有人。

上班的第一天，根据自己的观察，崔红把办公室的同事以及领导划归为几个类型，并用不同的方式与他们每个人相处，果然，不到半年，她就在一片支持声中升职了。

故事中的职场女孩崔红的聪明之处，就是在上班的第一天，通过同事们的眼神了解到了办公室的同事关系，给自己打了预防针。

每个女人都希望自己在人际交往中能谈笑风生。谈笑自若的女人往往很容易展开自己的事业，成就自己的蓝图。其实，想要成为一个口若悬河的谈话高手并不难，首先，你就要懂得分析交谈对象的内心世界，而眼睛，就是你了解对方的一扇窗户。

在交谈过程中，眼睛是仅次于语言的重要工具。人与人之间除了需要语言的交流外，眼神的交流也必不可少的。在人类的面部表情中，眼神是最为微妙复杂的，不管是用眼神表达信息，还是准确地理解别人的眼神所表达出来的信息，都非常困难。很多时候，眼神是无法掩饰的，因为往往更能真实地表达出一个人的品质、修养以及心理状态。

那么，不同的眼神有什么不同的含义呢？下面，让我们一起来学习学习。

1.眼神能反映一个人的自信程度

一般来说，自卑的人，眼神往往躲躲闪闪，很难长久地注视别人，一旦发现别人在注视他，就会将视线突然移开；性格内向的人，无法将视线集中在对方身上，即使偶尔看对方一眼，也是一闪而过，这种人往往不善交际；相反，那些自信的人，他们的眼神是笃定的、坚定不移的。

2.眼神能反映一个人的专心程度

三心二意的人，听别人讲话时一边点头，一边左顾右盼，从来不把视线集中在谈话者身上，这说明听话的人对说话的人以及说话人所说的话题不感兴趣。凝神倾听的人，总是将视线集中在对方的眼部和面部，以表示对对方的尊重和理解；心不在焉的人，注意力集中在自己正在干的事情上，非但不看对方说话，而且反应冷淡。

3.眼神能反映一个人的情感

如果两个人彼此心存好感，那么说话的时候往往喜欢注视对方的眼睛，以达到眼神的沟通、心灵的交流；相反，如果两个人话不投机，就会尽量避免注视对方的目光，以消除不快。此外，漠视的眼神给人一种拒人于千里之外的感觉，还有一种轻蔑的意思在里面；眯视也是不太友好的语言，给人一种睥睨和傲视的感觉。

4.眼神能透露出对方的精神状态

一个健康、精力充沛的人的眼睛通常明亮有力，眼睛转动灵活机警，眼光清晰、水分充足；

一个疲劳的人的眼睛就会显得乏力无味、目光呆滞、眼光混浊；

一个乐观的人的眼睛通常会充满笑容，善意十足；

一个消极的人往往眼睛下拉，不敢正视别人的眼光。

心理启示

在人际交往中，眼神的交流作用非常重要。很多时候，眼神是无法掩饰的，因为往往更能真实地表达出一个人的品质、修养以及心理状态。如果能够充分地理解别人的眼神所表达的意思，那么你就能够觉察到对方真实的内心世界，从而更好地与之交流。

说话时手势暗藏的玄机

在人类的各种肢体语言中，手势的动作幅度是最大的，同时，方式也更加多样和灵活。在人类的进化过程中，双手是劳动不可或缺的关键部位，因此发挥了至关重要的作用，推动了人类的进化历程。我们都知道，一个人的语言可能会欺骗你，但是他的身体语言不会。人们可以在语言上伪装自己，但身体语言却经常会“出卖”他们。因此，生活中的女人们，解译人们的手部语言密码，可以帮助你更准确地认识他人。

我们来看下面一个故事：

青青在一家民营企业工作，她在大学学的是心理学，对人的心理颇有研究，为此，公司让她全权负责对外谈判业务。

最近，公司正在与一家大型外企接洽，能否做成这单生意关系到公司全年的经济效益，为此，老总给青青下了死命令，务必要顺利拿下订单。

经过一系列的准备后，青青带着项目书亲自到外企拜访，进行深入沟通，以使项目设计更加完美。在交谈的过程中，青青看到对方负责人拿出了一张A4纸，上面密密麻麻地写满了对项目的意见、建议以及不满意的地方。不知不觉之间，对方负责人还把双手交叉放在了胸前，脸上写满了质疑。见此情景，虽然对方负责人并没有明确说什么，但是青青马上拿出了十二分的精神，停止了解释，而是一项一项地开始按照客户的意见完善方案，即使觉得客户的方案不好，她也没有反驳，而是有理有据地把自己的设计方案为客户演示了一遍。在青青专业、敬业、耐心、真诚的演示下，客户的双臂渐渐地放了下来，投入了与青青的讨论之中。至此，青青才松了一口气。最终，她顺利地为公司签下了这个大订单。

在这则职场故事中，我们发现，青青是聪明的，在她看到客户把双手交叉放在胸前时，就立即意识到这是客户想拒绝和否定的意思，于是，她及时调整策略，成功地打开了客户的心扉，最终顺利签约。相反，假使她看不懂客户的手势语言，而是选择一味地解释，那么，客户肯定会认为她是在强词夺理，从而更加反感她。由此可见，小小的手势也暗藏着玄机。

从这里，女人们，你可以发现，手势语言能够生动地反映人类的内心世界。如果你能够详细了解这些手势的含义，就能帮助你更加顺利地洞悉他人的内心。比如，在现实生活中，很多时候，人们都会摩擦手掌，因为摩擦手掌代表着丰富的含义，适用于各种情境。摩擦手掌的时候，速度不同，反映的心理状态也不同。摩擦得慢，表明犹豫不决；摩擦得快，表明满怀期待。

如果你能掌握这些，那么，在与人交流沟通时，即使不说话，也可以凭借对方的手势来探索他内心的秘密，对此，我们可以作出以下总结：

（1）如果对方有以下动作，表明他可能在说谎：

①当你与对方交谈的时候，你发现他有这样的动作：不时地拉衣领，说明其心虚。此时，你可以这样试探他："请你再说一遍，好吗？"如果对方支支吾吾，前言不搭后语，则对方极有可能在说谎；

②如果一个人说话时下意识地用手遮嘴或摸鼻子，则代表其有说谎的嫌疑。

（2）如果说话时对方出现以下动作，表明他对你所说之话抱有消极的态度：

①当你兴致勃勃地表达自己的观点时，对方却不时地抓耳朵，表明他对你的话已经不耐烦了，他希望你打住话题，也可能希望你能给他一个表达的机会。

②如果与你交谈的是一个群体，当你说话时，他们多数人出现了交叉双臂或用手遮嘴的动作，则表示他们根本不相信你的话。

③说话时用手搔脖子表示人们对所面对的事情有所怀疑或不肯定。

（3）为了获得他人的信任，产生积极的谈话效应，我们可以尽量做出以下动作：

①说话时，尽量手心朝上，因为这一动作所传达的信息是：我是坦诚的、不说谎的。

②摊开手掌以赢得他人的信任，但如果这是你的习惯性动作，那么，就不灵了。

③握手时掌心向上，并垂直与对方握手，表明你性格温顺，为人谦虚恭顺，愿以彼此平等的地位相交。

心理启示

我们在与人交往的过程中，如果能掌握一些手势信号的话，就可以看出对方的内心活动，从而来判断他的用意、心思，这远比语言更具真实性。

沟通时嘴巴的细节不可忽视

生活中，可能有不少人会用伶牙俐齿来形容那些喜欢说话的女人，她们的嘴似乎总是说不停，而作为女人自身，你是否发现一点，不同的人，在不同的心理状态下，他的嘴部动态是不同的。曾经，在美国的一所研究院内，有两个研究院就人的鼻子做了这样一个研究：

他们通过研究著名的“蒙娜丽莎”画像，发现嘴巴能够表达喜悦和悲哀，而眼睛却不能反映真正的表情，只能反映情绪的紧张程度。第一步，他们在数码化的画像上增加干扰图案，这样，画像看上就像一幅模糊不清的电视画面。接下来，为了要达到测试的效果，他们继续改变干扰图案。然而，改变的画像的一半：要么是上半部分，要么是下半部分，这样做的效果有利于他们看出改变人物心情的到底是眼睛还是嘴。

最终的结果很明显，最能体现蒙娜丽莎情绪变化的是她的嘴而不是眼睛。为了验证试验的准确性，泰勒和唐塞维奇还使用了其他女性的照片进行了相同的测试，结果完全一样。

通过这个试验，虽然我们无法否定眼睛的表情达意功能，但是最起码证实了嘴巴的动态也具有非常重要的表达功能。

嘴巴的动态有很多种，生活中的女人们，在人际交往的过程中，如果能够细致地观察对方的嘴巴的动态，就可以洞察对方的内心世界，使交往更加顺利。

小英在现在这家广告公司工作已经三年了，她担任的是经理秘书这一职务，但她现在拿的还是三年前的工资。为此，她很想跟经理提提加薪的事，毕竟，公司里比她来得晚的新职员都加薪了，她终于忍不住想找老板提出加薪的请求。然而，怎样才能找到合适的时机呢？作为老板，当然不会喜怒形于色，因此职员很难判断老板的心情如何。不过，小英平时对心理学书籍比较感兴趣，她曾在一本书里看到，可以通过一个人说话时嘴巴的动态来了解对方的心情。就这样，小英整整观察了十几天，突然有一天，她发现老板看起来与往日不同，他的嘴角微微上翘，虽然几乎不易觉察，但还是被小英捕捉到了，由此，小英断定老板的心情很好。所以，处理完手里的工作后，小英来到了老板的办公室，以即将结婚为由，委婉地提出了加薪的请求。果不其然，老板的心情真得很好，他不仅痛痛快快地承诺从本月起给小英加薪20%，还说等小英结婚时一定要通知他，就这样，仅凭着一丝不易觉察的微笑，小英顺利地实现了自己的心愿。

由此可见，人际沟通中，女人们，无论你的沟通对象是谁，都可以通过观察对方的嘴巴动态来了解对方的内心，从而更加顺利地实现良好的沟通。

那么，我们从人的嘴巴的动态到底能看出什么呢？

1.嘴角的弧度也能判断一个人的性格

喜欢把嘴巴缩起的人，做事认真细致，很难敞开自己的心扉，疑心病重；嘴抿成“一”字形的人是实干家，性格坚强，能够圆满地完成上司交代的任务，事业发展相对顺利；嘴角微微上翘的人活泼外向，心胸开阔，灵活机智，为人随和，很好相处；嘴角向下撇的人固执己见，很难被说服。

2.交谈时嘴角的动态能够反映出说话人的内心世界

说话时以手掩口的人性格内向、故步自封，生怕被别人看穿心思；交谈时下嘴唇向前撇，表明不仅怀疑你所说的话，而且还想反驳你；上下嘴唇一起往前撅，表明此人处于防御状态；嘴唇的两端略微向后的人注意力比较集中，但是缺乏坚持的毅力，很容易受到他人的影响；在交谈时咬嘴唇或者双唇紧闭的人，可能是在反省自己，也可能是在用心地倾听或者分析对方所说的话；交谈时经常舔嘴唇的人正在压抑着自己紧张或者兴奋的心情。

3.可以根据对方的笑容判断其性格

真笑时，嘴角会向眼睛的方向上扬、眼睛微眯；而假笑或“礼貌的笑”时，嘴角则被平拉向耳朵的方向，眼中没有任何感情。谈话时，如果遇到对方真笑，你正说的内容可以趁势追击，而得到假笑反馈时则应重新审视自己的观点，或暂时搁置、转开话题。

开口大笑的人嘴巴大张，性格豪放，做事不拘小节，光明磊落，缺点是没有耐心，总是知难而退；

狂笑的人嘴巴近似于圆形，擅长社交，洒脱不羁，给人一种亲切感，喜欢冒险，乐于助人，适合做与人打交道的工作，很容易获得成功；

微笑的人嘴角微微上翘，看起来很和善，性格内敛，沉默寡言，不善于与人交流，比较关注内心世界，心思细腻，擅长分析对方的言语。

心理启示

用嘴说话是传递信息最主要的手段，正因为如此，人们容易忽略嘴也有无声胜有声的时候。事实上，人的嘴巴是相对比较灵活的，能够做出不同弧度的动作。透过这些丰富的嘴部动态，我们可以掌握一个人内心的情绪波动。

握手方式透露出对方性格特点

我们知道，人是这个世界上最具智慧的一种动物，人能了解许多事物，但却难于了解人本身。难于捉摸的是人的心理、人的需求、欲望和人的个体特征。但也并不是无从了解。

生活中的女人们，现在回想一下，与人见面，你做的最多的动作是什么？应该是握手吧！其实，握手这个简单的动作，也暗藏玄机。美国心理学家伊莲嘉兰曾对握手的含义进行了分类，分析认为：握手有八种类型，每种类型代表着不同的含义，显示出不同的性格。

握手是社交活动和商务礼仪中不可或缺的一部分内容，很多参与人际交往的女性也必须懂得这一利益，握手虽然包含了很多礼仪规则，但是，人们还是喜欢按照自己的方式来进行这个“仪式”，从人们不同的握手方式中，我们可以看出一个人内心的一些想法。我们先来看下面一个故事：

杨蓉是一名刚从学校毕业的大学生，娇生惯养的她选择去农村锻炼，尽管她的父母都不同意，但她还是踏上了去基层的车。

杨蓉听学校的老师说，她要去的那个农村的村民都很热情。果然，还没下车的她就看到了村民和孩子们在村口拉起了横幅迎接她，等她从车上下来，村长就凑过来，用双手紧握杨蓉的手，接下来，村民们挨个用同样的方式跟杨蓉握手，杨蓉都不知道怎么回应了，就只好和他们拥抱，不到一会儿工夫，大家就都熟悉了。杨蓉心想，只有农村这样一片热土才能养出这一方热情的人。

这则故事中，迎接杨蓉的村民们都是热情十足的人，从他们握手的方式就能看出——用双手握手。

生活中，女人们，当你进入某种场合，你的熟人把你介绍给某人时，你实在很高兴认识对方。你用双手握着对方的手，无论对方是男性或女性，你都会随兴亲吻和拥抱对方，这是因为你不遵守传统习俗或社交礼仪。有些人不太习惯你的开放作风，可能会抱怨你太过热情。握手方式与性格有着密切的联系，以下是八种握手方式，不知道你是哪一种呢？

1.蜻蜓点水型

握手的时候力度非常的轻，只是轻柔地接触握着。这一类型的人随和豁达，不是一个偏执的人，非常洒脱地游戏人间，非常的谦和。

2.摧筋裂骨式

在握手的时候会紧紧抓着对方的手掌，力度很大地紧握，对方会感觉很疼。这一类型的人精力充沛，自信心很强，会是一个独断专行的人，但是在领导和组织方面才能出众，是个适合做领袖的人。

通常来说，那些喜欢使劲捏别人手的人，大多做起事来风风火火，很少听从别人的意见。但是这种毫不压抑自己真实感受的做法释放了他们心中的压力。

3.双手并用型

在和人握手的时候喜欢两只手一起握住对方。这一类型的人非常的热忱温厚，心地很善良，会对朋友推心置腹，个性爱憎分明。

4.规避握手型

这一类型的人会不愿意和别人握手，他们的个性比较内向，胆怯。虽然保守，但是很真挚，不会轻易地将感情付出，但是一旦有了情谊之后，这份情会比金坚，不论是对朋友还是爱人。

5.用指抓握型

在握手的时候，只用手指的部位握住对方的手掌心，不和对方有过多的接触。这一类人一般比较敏感，情绪很容易激动，但其实个性平和，心底也是善良的，有同情心。

6.持续作战型

如果对方握着你的手，很长时间没有收回，即“持续作战型”。则表明他对你很感兴趣，想大胆直白地与你更深入地交流。但是，如果在谈判前，对方握着你的手不放，则可能是他在测验两个人之间的支配权，此时如果你先收回手，说明你没有对方有耐力，交涉时胜算不太大。

7.上下摇摆型

在握手的时候，紧紧握住对方并且会不断地上下摇动。这一类型的人是很乐观的人，他们对人生充满希望，因为积极热诚，所以经常会成为焦点、中心人物，受到他人仰赖。

8.沉稳专注型

在握手的时候力度适中，动作都很沉稳，而且两眼会看着对方，这一类人的个性都比较坦率，很有责任感，给人很可靠的感觉。他们心思缜密，对于腿力非常擅长，会经常提出一些有建设性的意见，会受到很多人信赖。

总之，握手是对人友好的表现。但事实上，握手的方式不仅能影响双方下一步的关系的发展成败，还能看出一个人的心理及性格特征。

心理启示

看清一个人的性格，在社交生活中尤为重要。人是社会的人，处于复杂的人际网络中，只有知道如何洞察他人的性格并善加研究各色各样的人物，才能在人的海洋中左右逢源、游刃有余。而从人际交往最常有的动作握手中，也能帮助我们窥探出对方的性格特征和内心活动。

鼻子动态的意义帮你了解对方真心

我们都知道，人的面部五官包括眼睛、鼻子、耳朵、嘴、眉毛。眼睛是心灵的窗户，眉毛很灵活，嘴巴很灵巧，而鼻子呢？相比之下，除了耳朵之外，鼻子的表情是最少的。

谈到鼻子，可能有些女人能不假思索地道出鼻子的生理功能：鼻子，长在面部的中间位置，是面部的制高点。鼻子有两个鼻孔，鼻孔中还有许多鼻毛，不仅守卫着人体的呼吸道，用鼻毛阻止灰尘的入侵，保证气管和肺部的清洁，而且能对吸入的冷空气加温，以减轻冷空气对气管的刺激。

不过，鼻子还能表情达意，这就鲜为人知了。大家肯定会问：鼻子既不像眼睛那样能够灵活转动，也不像嘴巴那样能言善辩，怎么可能会表情达意呢？的确，一般来说，鼻子除了一张一翕和蹙起来之外，很少能够主动地做出动作，而只能被动地被手捏来捏去，或者摸一摸。但是，虽然鼻子所传递的信息远远不如眼睛和嘴巴丰富，但是，即使这样，鼻子也能给我们提供很多的身体语言信息，是面部表情中不可忽视的微表情。有的时候，鼻子做出的微表情也能够泄露一个人的内心。

心理学家指出：当人们在紧张的时候，鼻子便会出汗。我们先来看下面一个故事：

明天上午，明明就要和所有参加中考的学生一样上战场了。为此，晚上妈妈为他做了一顿丰盛的晚饭，其中还包括明明最爱吃的糖醋鱼。明明原本吃得好好的，但妈妈为了给明明加油，就一个劲儿地说中考的事，她一再叮嘱明明明天一定要好好答题，争取考出好成绩，以便进入梦想中的重点高中。

突然，明明的脸色变得很难看，鼻子上淌下了豆大的汗滴。看到这情形，妈妈紧张地问："儿子，你是不是病了？"明明马上放下筷子："妈，我吃饱了。"于是，他就进了房间。

妈妈很不解，儿子到底怎么了，准备敲开儿子的房门问问，结果明明爸爸对她说："你还是不要问他中考的事了，他本来压力就大。"妈妈一听，才知道自己做错了。

生活中的女人，你是否也和故事中的明明妈妈一样粗心呢？当对方鼻头冒汗你却不明就里而继续发表自己的观点呢？此时，正确的做法应该是帮助对方舒缓情绪排解压力。

那么，可能有些女人会问，为什么人在紧张情绪下鼻头会冒汗呢？因为人们在压力和紧张之下，身体便会因为荷尔蒙的关系而存储热量，接下来，这些热量会相继被传送给身体的其他部位，比如，大脑和四肢，这时，体温便会升高。然而，人的体温只有在正常的温度下才能进行正常的运转，于是，这些体温便会通过汗液的方法排出体外，从而排解紧张情绪。由于汗腺所在部位不同，其对于感觉、心理刺激及热的刺激的反应也有所不同。在紧张和压力下，神经一般会因为大脑皮质原因最先被传达到鼻子上，从而导致鼻子上小汗腺的分泌排泄活动在短期内迅速增强，从而导致鼻子上汗液增多。

因此，女人们，如果你也能读懂鼻子部位的语言，那么，你必定也能更深入地了解他人的内心，也就能更好地与之交流。

为了便于大家识记，心理学家总结了以下九种鼻子的表情达意的功能。

（1）皱鼻子：表示厌恶。

（2）歪鼻子：表示不信任。

（3）鼻孔一张一翕：表示愤怒。

（4）抖动鼻子：表示紧张。

（5）哼鼻子：表示排斥和蔑视。

（6）抽动鼻子：表示在闻气味。

（7）捏鼻梁：极度疲劳或者思考难题的时候，人们习惯于用手捏鼻梁。

（8）挖鼻孔：这是一个不雅的动作，很多人在公共场合会控制自己不做出这样的举动，不过，仍然有一些人在遇到挫折或者特别无聊的时候，用手指挖鼻孔。

（9）揉鼻子：表示说话人有可能在编造谎言。

考虑难题时，有的人会情不自禁地捏鼻梁，这是因为鼻梁下的鼻窦部位因为紧张会产生轻微的痛感，用手指捏鼻梁是对疼痛的一种反应，能够有效地减轻疼痛。同样的道理，当有人故意刁难我们的时候，为了掩饰内心的混乱，勉强应付，我们会很自然地把手挪到鼻子上，触摸它、揉捏它，甚至还用力地压挤它，似乎鼻子因为内心的冲突而产生了瘙痒感。在不会撒谎的人群中，这种情形尤其常见。

总之，有的时候，诸如鼻子做出的微表情也能够泄露一个人的内心。而有的时候，鼻子的表情未必是真实心理的流露，也有可能是习惯使然。为了避免在与人交往的时候引起误会，如果你的鼻子有表错情的坏习惯，那么就要赶紧改一改了。

心理启示

表面上看，人的五官中，鼻子和耳朵是最缺乏活动的部位。因此，很难从观察静态的鼻子读出对方的心理。但是鼻子也有自己的“语言”，它能给我们提供很多的身体语言信息，是面部表情中不可忽视的微表情。

第6章

聆听真意：女人要能听出弦外音和话中话

我们每个人都有两只耳朵与一张嘴，这就告诉我们要多听少说。生活中，真正做到了多听少说的女人往往是那些最有魅力的女人。仔细倾听别人说话，是对别人的一种尊重、一种赞美。说得多并不是口才好，侃侃而谈、口若悬河只会让别人反感，因此，每个女人在沟通的过程中，都要尽可能多地让对方说，给对方创造说话的机会，把自己变成以听为主的听众，这样才能真正地把握话语主动权，也才能听出真心，进而有助于我们达到沟通目的。

先让自己会听，别人才肯多说

古人云："听君一席话，胜读十年书。"在现代交际中，倾听的作用尤为重要，倾听，是人们建立和保持关系的一项最基本的沟通技巧，也是一种心理策略，英国管理学家威尔德说："人际沟通始于聆听，终于回答。"没有积极的倾听，就没有有效的沟通。

然而，现代社会中的大多数女人依然只顾发挥自己的优势——说话，而不在意听别人说，她们更喜欢谈论自己的事情，而没有耐心听别人谈论他们的事情，或总在没有完全"听懂"别人的前提下，就对别人盲目下判断这样就造成了人际交往中难以沟通的情况，形成交流的障碍和困难。

实际上，任何一个女人，要想获得良好的人际关系，首先就要学会倾听他人的声音。

唐薇是部门新上任的主管。公司按惯例每月要开个中高层会议，商议一些事宜，可能这样的会议早已经屡见不鲜，大多数领导人已经把这种会议当成一种走形式，都无所谓有无所谓无的。唐薇第一次参加这样的会议，不免准备充分，带上了纸笔，和她一起参加的，也有一些和她一起上任的新主管，看着唐薇正襟危坐的样子，不禁都笑了。

这次主持会议的是董事长的得力助手。商讨的是公司的一些人事变动问题，其实，这类问题也已经不是第一次讨论了，无非是各个部门之间的一些主管、小领导之间职位的变更，大家都听厌了，只等通知就是。可是唐薇坐在后排，居然把这些人事变更的名字都记了下来，而这些都被主持会议的董事长助手看在眼里，散会后，他把唐薇留了下来。

"为什么会上大家都无所谓，你却记下了这些名字呢？"

"因为，我觉得工作中一定要细心，我刚上任，以后肯定会麻烦这些前辈和领导，记下他们的名字才不会出错。”唐薇如实回答。

“小姑娘真的很细心啊，我们现在工作的状况是，很多人都倚老卖老，董事长每次让我开会，我都是硬着头皮去的，那帮人不把我放在眼里啊，我是有苦说不出啊。”说完，他长叹了一口气。

“这种会议的确不好开啊，毕竟与会的都是一些老将，不知当说不当说，其实，如果您尝试一些新的会议模式，倒是能激发大家的兴趣，比如……”董事长助手听完后，觉得十分有理，就采取了唐薇的建议，果然，每月的例会有生机了，而在助手的大力推荐下，唐薇很快升到了部门经理的职位。

的确，任何一个人，都是希望能够得到尊重和支持的，因此对于愿意认真倾听自己说话的人，人们一般都会对其产生好感。唐薇就是这样获得董事长助手的器重的。董事长助手这个职位看似不重要，但却能和董事长直接对上话，这就是为什么他能帮助唐薇成功升职。

因此，女人们，你需要明白，倾听是对别人最好的尊敬，专心地听别人讲话，是你所能给予别人的最有效、也是最好的赞美。不管说话者是上司、下属，倾听的功效都是同样的。当然，你还必须掌握倾听的艺术：

1.注意言行，传达你的兴趣

在对方有意与你进行沟通时，你要做出一副感兴趣的样子，积极配合对方的言论，比如对方与你交流时，你要用积极的目光注视着对方，在他讲述的过程中适时点点头，做出适当的面部表情，不要看表，翻阅文件，更不要拿着笔乱画乱写，并且对他言语中不明白的地方及时向他提问，这样会让他认为你在关注他的话，你在重视他的言论，会增强他的诉说欲，他会乐意向你提供更多的信息，在此沟通过程中也能够准确、完整地掌握他想传播的信息。

2.适时反馈

沟通是双向的，倾听，只是满足了对方倾诉的愿望，而他还有被回馈的愿望，这才表明你用心了，真正考虑到了他的感受。你可以做到：

对方发表演讲，你应该积极鼓掌，大声喝彩；如果对方相邀去吃饭，你要主动地相陪。在茶饭间的闲聊，你不妨使用这样的话语：“能够听到您的人生经验是我最大的幸福！”这些话会成为和对方沟通的最好的润滑剂。

3.适时进行鼓励和表示理解

谈话者往往都是希望自己的经历得到理解和支持，因此在谈话中加入一些简短的语言，如“对的”、“是这样”、“你说得对”等或点头微笑表示理解，都能鼓励谈话者继续说下去，并引起共鸣。当然，仍然要以聆听为主，要面向说话者，用眼睛与谈话人的眼睛做沟通，或者用手势来了解谈话者的身体辅助语言。

4.肯定对方的感受和想法

无论在倾听的时候，还是反馈意见的时候，你都要肯定对方的感受，这是互赠情谊的基础。如果领导性情不好，并把缘由告知与你，却遭到你的反驳，那无异于火上浇油，一发不可收拾。

即使对方谈的都是一些老调，也要做倾听状，时而给予共鸣或由衷的赞美，而不应有一丝不耐烦的神态。

心理启示

人人都渴望被尊重和认同，人际交往中，你只有学会做他人忠实的听众，才是真正的会说之人，才能实现有效地沟通，拉近彼此间的距离。

女人学会聆听他人话中的深意

对于现代社会的女性来说，是否会说话、能否掌握语言的艺术，无论是在其个人发展还是在日常交际中，都显示出了无可替代的重要性。正如戴尔·卡耐基所说：“一个人的成功约有15%取决于技术知识，85%取决于口才艺术。”然而，听话和说话同样重要，但真正的听，并不是傻听，会“听”话的人既能很好地领会、理解别人说话的意思，又能仔细地欣赏、揣摸别人说话的技巧，更能从别人的言谈中听出言下之意和弦外之音，然后才能“以牙还牙”，做出相应的应酬对策。

因此，女人在听人谈话的时候，不仅应该做一个认真的倾诉者，同时还应该做一个谨慎的倾诉者，要能听得出对方话中的真实意思。只有这样，才能领会说话者的意图。

有一个年轻人去拜访苏格拉底，向他求教演讲的技术。苏格拉底刚开口没说几句话，这位年轻人就不认真听了，反而打断老师的话，自己滔滔不绝讲了许多，以显示自己的才能。苏格拉底说：“我可以教你演讲，但必须收双倍的学费。”年轻人问：“为什么要双倍呢？”苏格拉底说“要教你两门课，除演讲外，还要上一门课——怎样闭住嘴听别人说话。”

苏格拉底这段话透露了两层意思，在诉说之前一定要倾听，倾听是诉说的前提。同时，苏格拉底在表达自己观点的时候，并没有直接指出，而是采取委婉暗示的方法。这样，既指出了青年人应该改正的缺点，又不至于让青年人失了面子。在此，作为这名青年人，应当能正确会意、了解苏格拉底的“苦心”。

的确，现在人们在交往的时候经常会说一些富含深意的话，有时是因为场合不合适，只能说一些模棱两可的话，女人在和人交谈的时候，应该会听话听音，有些话是有弦外之音的，如果不加以分析，有时就会领会错说话者的意思。

然而，在现实的交流过程中，一些女人不会听别人的弦外之音，经常会闹一些笑话，比如有个女人的品位不怎样，但还老是喜欢四处招摇，有人就说她：“这件衣服真是适合你穿着去外交啊！”她以为别人是在夸她，还在心中沾沾自喜，这样的人就是不会听话音的人。

因此，在观察他人的过程中，你不仅要学会观察他人的举止、表情，还要懂得倾听，因为很多时候，对方传达的信息并不是直接陈述的。

那么，具体来说，我们该怎样从倾听中听出弦外之音呢？

1.听出对方的情绪和意图

在各个场合，“听话听音”，一个人即使不和你说真话，他的语气同样可能暴露出他的性格、愿望、生活状况甚至他的意图。潜藏在人内心的冲动、欲望等，总是会通过某个方面体现出来，所以要了解对方意图，可借语气来读懂他的心思。因此只要你能准确地抓住他的心，才能更准确地分析他的心理，也才能看准他人的本质。

生活中，我们能从别人的语气来感觉出一个人与你交谈的时候的情绪，而留意了他的语调语速变化，你就会体察到他的内心变化。有些语调变化是他故意想向你传达某些信息。而某些语调变化是潜意识的，你则可以发现他的情绪变化，以便随时调整你的说话内容。

2.鼓励对方多说

任何人在谈话的时候，都希望自己的意见和观点得到认同、理解。因此，如果你能表示出对对方理解的话，那么，他是很愿意继续说下去的。对此，你可以在倾听后适当地加入一些简短的词汇，比如，“对的”、“是这样”、“你说得对”等。也可以点头微笑表示理解。当然，你还需要做到专心倾听，并与对方偶尔进行眼神交流，切不可心不在焉。

总之，在与人打交道的过程中，女人们，你必须学会看穿他人心思的本领、懂得一些“读心术”，看人不能看表面，也不要凭三言两语无端地断定一个人，只有多方观察，从举手投足、眼神、表情等各个方面综合判断才能真正判断出他的心思、用意。而学会倾听，训练自己破译他人的心态，可以说是帮助自己圆满处理人际关系的重要条件。

心理启示

听是说的前提，你要想更好地表达观点，就要建立在听清别人内心真实意图的基础上。但真正的倾听应该是有效的。相反，如果你没能听出别人的言外之意，就会作出错误的决定，甚至造成无法挽回的恶果。

女人不要傻听，时常给予对方回应

任何一个善于沟通的女人都知道，沟通有三要素——倾听、反馈、表达。科学研究证明耳朵所收集到的信息比眼睛要多得多，“万言万当，不如一默”，意思是人说一万句话，哪怕全部是正确的，也不如沉默不说一句。可见倾听的重要性。但你还要明白一点，无论什么情况下的沟通，都是有一定的沟通目的的。因此，要做到高效的沟通，你就必须在倾听中抓住问题的关键点，并适时做出反馈。

一次，张婷去拜访一个客户。据说这个客户非常难缠，很多销售员都在他面前灰溜溜地被赶出来了。

所以，张婷这次去也没有抱太大的希望。当她敲开了这位客户的办公室的大门之后，客户对她非常的热情，又是端茶倒水，又是嘘寒问暖。这反倒让张婷有些不习惯。但是毕竟客户是真心地关心她，因此张婷内心还是非常的感动。

坐定之后，还没等张婷介绍产品呢，客户就开始说了，说自己的家庭生活，妻子多么贤惠，孩子多么懂事。说到高兴处，客户眉飞色舞，手舞足蹈。而张婷只是静静地听着，而当对方谈及孩子和妻子的时候，她就会点头微笑一下表示认可和肯定。

一个小时过去了，两个小时过去了，客户说完了家庭说事业。说这些年自己如何一步步地走来，经历了多少的艰难和困苦，是如何将公司一步步地做起来的。说到难过处，客户黯然泪下，面对客户情绪的波动，此时的张婷也适当地说了几句安慰话。

整整三个多小时，客户一直都在不停地说，张婷只是静静地听着，偶尔问几个简单的问题。最后，客户说不动了，该倾诉的都倾诉了。转过头来问张婷：“你这次来的目的是什么啊？”

张婷将产品的介绍放到了桌子上，客户看了，二话没说，就下了订单。

从这个故事中，我们不但可以了解到认真倾听的重要性，更明白适度反馈在倾听中的重要性。

事实上，生活在这个世界上的人，谁没有故事呢？遭遇了太多生活的磨难，总希望能够说出来，有人分担；获得了成功的喜悦，总希望有人来分享。任何人都有想要表达的欲望。要想满足对方的这种心理，你不能让其一个人唱独角戏，还应该在关键处给予反馈。这样，别人就会觉得你善解人意，在交往当中，无疑将赢得对方的心，占据主动。

这个故事同样给那些不懂如何倾听的女人们一个心理启示：倾听不能“傻听”，要听出关键点，听出问题的实质，才能在反馈时做到对症下药，否则就会本末倒置。而且，倾听是有效沟通的重要基础。善于倾听的女人总会注意分析哪些内容是主要的，哪些是次要的，以便抓住事实背后的主要意思。我们倾听客户说话，也要抓住有利于沟通的关键点，不要被个别枝节所吸引。

相反，不予反馈是沟通中常见的问题。许多女人误认为沟通就是我听他说或者他听我说，常常忽视沟通中的反馈环节，不反馈往往会直接导致两种结果。

（1）信息发送方（表达者）不了解信息接收方（倾听方）是否准确接收到了信息。

（2）信息接收方无法证明和确认是否准确地接受了信息。

那么，具体来说，在沟通过程中，我们应该如何反馈呢？

第一步，倾听。

不管是自己的朋友、同事、领导，还是客户，在沟通的时候，倾听对方表达的内容和目的都非常重要。

这里，有几个关键点：

①对方的问题点。

这也是倾听的主要任务，有时候，对方的某些问题是不会真正向你坦白的。

②情绪性字眼。

当人们感觉到痛苦或兴奋时，通常会通过一些对话中的字眼来体现，比如“太好了”、“真棒”、“怎么可能”、“非常不满意”，等等。这些字眼都表现了他们的潜意识导向，表明了他们的深层次看法，我们在倾听时要格外注意。

第二步，反馈。

对方表达完后，要在适当的时候去给予回应，也就是反馈。要及时、明朗、不含糊地给予认同或肯定。“是的、对、嗯、是啊”等，都是必不可少的。

第三步，表达自己的观点。

对方的观点跟自己的如有冲突或者自己认为有异议，也要先给予肯定，再说出自己的想法观点。但是也要有度，恰如其分，这点很重要！

心理启示

反馈是沟通过程中的一部分，是指在沟通过程中信息的接收者向信息的发送者做出回应的行为。一个完整的沟通过程既包括信息发送者的表达和信息接收者的倾听，也包括信息接收者对信息发送者的反馈。

从口头语看出一个人的性格

生活中，相信每个女人在说话时都会有意无意地提到某个词语或句子，这就是口头禅。口头禅的原意是指有些禅宗和尚只是将禅理放在口头上，而不实行的行为。也就是说用禅宗勇于作为自己说话的点缀，而现在则是指人们常常挂在嘴边的话语。按照现代心理学的观点，口头禅其实也不是完全不“用心”的，它背后隐含着一些心理活动和心理作用。

因此，聪明的女人们，在倾听他人说话时，一定要留意对方的口头禅，进而从中了解对方的个性特征。

使用不同口头禅的人，在性格特征上是不同的，为此，我们不妨根据口头禅的不同来对我们身边的人进行划分：

1.“据说，听说”

常使用这一类口头禅的人，往往有这样一些特点：他们阅历比较广，但往往不够果断，因此，为了让自己的话不至于太过绝对，给自己留点退路，他们便常使用此类口头禅。

2.“真的，不骗你，说实话”

这种人在说话时担心听者会误解或者怀疑自己，因此，他们便急于表明自己的立场。

3.“但是，不过”

这些人说话时滴水不漏，即使发现自己说错了话，他们也能立即找出一个例外，并用但是加以转折，但这也表明他们说话懂得留有余地。从事公共关系的人常有这类口头语，因为它的委婉意味，不致令人有冷落感。

4.“肯定嘛，必须的”

这类人往往信心十足，理智、果断，有足够的说服力，常令人信服。

5.“嗯，这个嘛，啊”

很明显，这是一些用于语言间歇中的词语，常使用这类口头禅的人，往往思维反应较慢。当然，一些说话傲慢者也喜欢使用这类口头语。

6.“可能是吧、或许是吧、大概是吧”

这类人为人谨慎，行事周密，不容易得罪人，因此，人缘不错，但他们一般不会将内心的真实想法告诉别人。

著名心理学家威廉·詹姆斯说过：“播下一个行动，收获一种习惯；播下一种习惯，收获一种性格；播下一种性格，收获一种命运。”“口头禅反映了对某一类情形的反应模式。尤其带有消极词汇的口头禅，对认知和情绪都是一种消极暗示，所以，心理治疗师即使肯定别人，也很少说‘不错’等带有双重否定的词汇。”

另外，生活中的女人们，在现实的语言交流中，你还应该尽量避免口头禅为你带来的一些负面效应。

林丹是一名刚参加工作的推销员，现在的她还在接受公司进行的销售新手培训。在培训的过程中，培训老师张老师发现，林丹很喜欢把“说真的”挂在嘴边。

这天课后，张老师单独找来林丹。

“你对自己满意吗？”

“挺好的啊，您为什么这么问？”林丹很好奇。

“那也就是你认为自己很自信喽？那为什么你很喜欢说‘说真的’这个词呢？”

“口头禅而已，这应该不能说明问题吧？”

“这你就错了，一个人的口头禅是能泄露一个人的性格特征的，我们千万不能低估客户的观察能力，一个人喜欢说‘说真的’，其实是不自信的人，他这样强调，就是为了让对方相信自己。我想，你应该知道自信对于一个销售人员来说有多重要吧，你自己底气不足，又怎么能说服客户呢？”

“我知道了，谢谢您，张老师，我会尽量改掉这一口头禅的……”

和故事中的林丹一样，相信很多女人都有自己的口头禅，这看似是一种语言习惯，其实是一个人个性的显现。据有关专业人士介绍，三类对人心理健康不利的口头禅需要注意：

第一类，“我不行的”“我怯场的”。在生活中，尤其是在一些特殊场合，我们常常听到这样的口头禅，表面上，这只是简简单单的一两句口头禅，但却对我们的心理起到极强的负面强化作用，会导致我们形成自卑感进而不利于目的的达成，更对我们的心理健康有害。

第二类，摒弃那些能使人产生刻板印象的口头禅。从心理学角度而言，所谓刻板印象，顾名思义就是人们在社会生活中，随着某些社会经验的积累，会过多地依据这些经验为人处世、判定他人。这类口头禅很多，比如，“帅气的男人一定花心”“十商九奸！”这些带有刻板印象的口头禅会给人带来偏见，既不利于人际交往的和谐，也不利于身心的健康。

第三类，则是诸如“凑合着吧”“没劲透了”“活着真没意思”这些会传染给他人消极情绪的口头禅。不抛弃那些口头禅，则会让你在社会生活中成为不受欢迎的人。

心理启示

不可避免的，每个人都会有自己常用的口头禅。也许大家没有意识到，这些自己根本没注意到的习惯，已经悄悄地“出卖”了我们。为此，你不妨也从这个角度来好好分析。

引导对方多说，自己甘当陪衬角色

在人与人的交流沟通中，语言是人与人交流的最直接的方式。说话是表达自我、宣泄内心的一个途径，可能大多数人都喜欢说而不是倾听。和他人交往，我们往往注重诉说而忽略了倾听，懂得倾听的人才会获得朋友。一位心理学家曾说过一个现象：人们之间的交谈，表面上看是一个人在说，另一个人在听，实际上，这个听的人并不是真的在听，而是在想，他应该如何接过话茬。可见，如果我们只把心思用到自己如何去表达，那么我们就不懂倾听。要让对方感受到我们用心在听，我们就要学会鼓励对方多说。

不得不说，在我们生活的周围，有这样一些女人，她们喜欢以自我为中心，一旦与人交流，就开始变得喋喋不休，喜欢把自己的优点在别人面前展示得一览无余，喜欢逞一时口舌之快，喜欢看到别人被自己说得张口结舌和不知所措的表情。于是，她和别人之间就多了一层隔膜，少了一些相互欣赏和理解。虽然她暂时获得了心理上的满足，可是却也为此失去了一次结交友谊的机会。而那些真正口才好的女人，她们更懂得把握他人的心理，她们不但懂得倾听，更会鼓励对方多说话，在交谈中，她们更懂得当配角的重要性，这样的女人无疑是被人们接受并喜欢的。

刘芸是某公司的员工，她所在的部门就有一个大姐经常向她诉说自己工作和生活中的事。而且一般都是祥林嫂那样的重复式诉说，但是，刘芸从来没有烦过，都是仔细地倾听，并且帮她分析造成这种局面的原因，这让那位大姐非常感激，同时也让别的同事非常不解。他们问刘芸："她每次说来说去都是那几句话，你怎么还听得下去，还帮她分析？"刘芸却说，她这样做是对大姐的尊重，如果谁都嫌她烦，不理她，那么大姐就会觉得自己只是别人的累赘，觉得自己没有受到他人的欢迎。

生活中的女性，应该像刘芸那样，不仅善于倾听，还应该听而不厌，更应该鼓励对方说，并帮助其分析问题。这样是对他人的尊重，在这个过程中，也会给予对方一份自信，真正做到了仔细聆听他人说话，他人就会在以后回报你的真诚。

可见，善于倾听并不仅仅是用耳朵去听，更要用心去听、去感受，并用语言鼓励语言反馈，只有这样，才能让你交到真正的朋友。那么，女人们，我们该如何鼓励对方多说话，而让自己充当配角呢？

1.摆脱陌生人情结

如果对方不爱说话，且是陌生人，那么，你不需要特意装模作样，不过也要表现出你的诚意。其实每个人跟陌生人交谈时内心都会不安，自己一定要先放下陌生人情结。这样，与之交谈的时候，才会显得随意轻松。在谈话时要关注对方的表现，如果对方不感兴趣，就得停住你正在谈的话题了。

2.拉近关系，更易打开话匣

你可以和对方套套关系，拉近彼此间的关系，交流起来就会顺利得多。这里"套"的"关系"，可以是朋友，可以是同学，可以是共同参加过某个会议，也可以是都曾去过某个地方……总之，只要是可以拉近与对方关系的内容都可以。但是，你还需要注意的是，千万不能提及对方不想提及的内容或者是对方不感兴趣的话题。

3.重视对方说的每一句话

那些说话妄自尊大、小看别人的人总会引起别人的反感，最终在交往中使自己走到孤立无援的地步。与人沟通，目的在于交流意见、达成共识，只有重视对方说的每一句话，才能同样赢得尊重。

4.懂得倾听，并适时反馈

沟通的过程，并不完全是说的过程。我们有说的权利，但每个人都希望被倾听，这是一种自我价值的认定，而我们的反馈则是倾听的最好证明。因此，只有满足对方说的欲望，才会让人对你产生亲近的愿望。

5.赞美对方，巧化心防

人与人交往，谁都有一定的防备心理。你若想在初次见面就成功化解他人的戒备心，并且成功赢得他人的欢迎，可以尝试一下打开人际交往局面的通行证——赞美他人，赞美越是贴切、自然，越是能说到对方心坎里，就越能消除几分与对方的陌生感。

的确，在交流中，任何人都希望能得到别人的肯定性评价，都在不自觉地维护着自己的形象和尊严。如果他的谈话对手过分地显示出高人一等的优越感，那么无形之中是对他的自尊和自信的一种挑战与轻视。可见，从心理学的角度看，生活中的女人们吗，如果你能鼓励对方多说话，就能让他感觉优越，他会与你更亲近。

心理启示

谈话不是演讲，不是个人表演的独角戏，而是双方交流的活动。在谈话中，只以自己为中心，好像他人都不存在，长久下去，必然会令人生厌。所以在与他人交谈时，给对方创造说话的机会，要比我们自己说好得多。

挖掘对方真心，找到沟通契机

相信任何一个女人都已明白，与人谈话，不光要有说的技巧，还要有听的技巧，不可能光说不听，要达到说与听的和谐，要达到彼此愉悦。当然，口才是建立在“说”的基础上的。让对方多说，并不是指你一句话也不说，因为从心理学的角度看，谈话一方过分的沉默也会使对方难以继续说下去。我们的目的在于让对方痛痛快快地把话说出来，从而了解对方的真心。因此，必要时应想办法诱导对方多说，不要使对方因为你过分沉默而不愿意接着说下去。

的确，女人们，无论出于什么目的的沟通，对方如果隐瞒真心，那么，是起不到任何沟通目的的。因此，鼓励每个人说真心话，应当是我们沟通过程中需要首要考虑的问题。

刘华在一家大型图书卖场工作，她很热爱自己的工作，不仅因为她在没事的时候可以看各种图书，还因为她为很多读者推荐了适合他们的书籍。

有一天，卖场来了一位30岁左右的男人，他的脚步停留在一堆心理学书籍旁。这时候刘华走了过去，打招呼说：“你好，先生，您是要购买关于心理学的书啊？”

客户回答说：“我随便看看。”刘华知道客户不愿意跟自己说话，于是，她站在一旁，并没有多说什么。这位先生又在心理学书籍书架旁翻阅了很久，不知道究竟买哪一本好，显得左右为难的样子。此时，刘华觉得时机已经成熟，于是，她再次走过去，对那位先生说：“先生，请问你想购买什么样的书呢？”

客户：“我想买一些心理学的书看看，但是我不知道该买哪一本好。”

刘华："是啊，现在的心理学方面的书太多了，不知道您购买心理学书籍是出于爱好，还是其他原因呢？"

客户："其实，我购买心理学书籍有很多因素。一是我本来就比较喜欢这类书，以前读书的时候错过了很多好书，现在想再买点这方面的书看。另外，我现在的工作也需要掌握一些心理学基础知识。但我对心理学知识却是一窍不通。"

刘华："要是这样的话，我建议你买一些心理学基础知识，先了解一下，这本《心理学基础》就很不错。等你了解了基础再买别的吧，因为心理学非常的难，买的太难了，根本看不懂，还会给自己造成心理阴影。"

最终，客户选了一本《心理学基础》，高兴地离开了。

我们发现，案例中的图书销售员刘华是个善于倾听、把握客户心理的女人。刚开始，在客户刚刚光临的时候，她热情的帮助被客户拒绝后，她并没有继续"纠缠"客户，而是等客户真正需要帮助的时候再"出现"，在得到客户肯定的回答后，她开始一边倾听，一边引导客户继续说，进而逐渐让客户主动说出自己想购买的书籍类型，从而很好地帮助顾客做了决定，完成了销售目的。

那么，具体来说，女人们应该如何从倾听中挖掘出对方的真心，进而找到沟通的契机呢？

1.集中精力，专心倾听

这是要达到良好的沟通效果的基础，当然，要做到这一点，你就应该做好充分的准备，这不仅包括身体上的，还包括心理上的，在交谈中表现得无精打采、情绪消极都会使得倾听收效甚微。

2.不随意打断对方谈话

任何一个人，都不希望自己说话情绪正高的时候被人打断。一旦打断对方说话的积极性，沟通就可能陷入瘫痪状态，无论你说什么，对方也很难再听进去了。

3.注意对方的反馈

对方的反馈指的是对方做出的、可以识别的反应，比如，对方做出的某些动作，“摇一下头”、“皱一下眉”或是想要说些什么，这些对我们来说，都是对方发出的信号。

通过自己敏锐的观察和感觉，你可以调整自己的说话速度或者话题。如果你没能注意到这些信号，或是未做出反应，这意味着错误的或者不完全的沟通。

4.以提问的方式回应对方

变换使用开放式提问：让对方可以自由地用自己的语言来回答和解释的提问形式，简单的“是”或者“不是”就回答了大多数的封闭式提问，是一种很好地获取对方反馈的办法。

5.澄清对方的谈话

在倾听完对方的谈话后，我们要加以反馈，向对方阐明你是如何理解他的意图的。你可以使用这些话语：“我刚才听你说……”、“我理解你主要关心的是……”或者“……我说的对吗？”

另外，我们发现，一些谈判经验丰富的老手们，还善于利用非语言反馈，比如，他们甚至能利用一个小小的眼神，就能起到鼓励对方继续诉说的作用。

虽然大多数人认为谈判者应拥有一副三寸不烂之舌，但忽视了他们更是一名最佳的听众。如果我们不善于倾听，就容易造成误解。更为严重的是会造成无法把握对方的真实需求，而与对方的真实意图背道而驰！

当然，除了倾听与询问等方式外，你还可以在与对方进行销售沟通之前花费一定的时间和精力对对方的具体情况进行研究，这样在沟通过程中才能有的放矢。

心理启示

当今社会，说话的技巧已经影响到我们的人际关系、事业和前途等方面，所以我们要学会的就是找机会诱导别人说话、说真心话，这样才更有利于沟通目的的实现。

第7章

言语探路：女人巧用话语探出对方真心

语言是人与人之间交流的桥梁，没有语言就没有相互交流的平台。然而，现实生活中，一些“能说会道”的女人误认为，真正的口才就是在语言上胜出，以此来让对方接受自己的想法和观点，而实际情况往往并非如此，究其原因，是因为她们不清楚真正打入人心的沟通是要从心理的角度入手的。也就是说，生活中的女人们，如果你懂得从抓住对方的心理开始，用一番别具特色的语言，相信是能成功把握对方心理的！

得到对方认同，对方才肯向你倾诉

生活中，有这样一些女人，她们对于别人所提出的方式、方法或是大大小小的解决方案，还没有弄懂人家的真实想法，就这也批评那也指责，甚至进行人身攻击式的全面否定。很明显，这些女人是被排除在“人际关系良好者”之外的，甚至招人厌恶，因为人人都有渴望被认同的心理，否定他人，无疑也就是否定了自己，因为不得人心的人际关系就是失败的。

事实上，在这个强竞争、高压力的社会中，很多人认为自己不被他人理解，最重要的一点就是找不到属于自己的听众，也就不愿意倾诉。如果你希望对方向你敞开心扉，那么，与他人沟通中，你就要做个贴心的女人，多给予对方认同，使对方心情愉快，自然会换来对方的理解和信任。

小李和小张都在一家软件公司工作，她们的实力一直旗鼓相当。

一次，在公司召开的销售大会上，小李谈了一些自己对当前软件销售前景的看法，并提了一些具体的建议，而这些建议与小张一向采取的销售策略和主张是截然不同的，小张自然很生气。心直口快的小张丝毫不隐瞒自己的观点，在会上慷慨激昂地进行反驳，以她对市场调查得来的第一手资料，说得小李面红耳赤，哑口无言。

事后，小李一直怀恨在心，慢慢地，她和小张由以前的好朋友变成了敌人。奇怪的是，小李也真神通广大，后来领导一纸调令，小张被“流放”到仓库去当管理员了。

这次会上，小张为逞一时之快，实话实说，否定了小李的观点，让小李丢了颜面，导致的结果是小李经常在领导面前说她心高气傲，目中无人，小张被流放的“命运”也就不足为奇了。

的确，人们都有这样的感觉：与志趣相投的人谈话其乐无穷，与志趣相异的人谈话，会感到“话不投机半句多”。也就是说，人们都喜欢交谈时对方能认同自己。掌握人们的这一心理，生活中的女人们，在交谈时，你就要多肯定对方，让对方感到你与他志趣相投，对方一定乐意向你倾诉。

可见，巧妙地处理人际关系，最重要的一点就是掌握“认同别人”这一说话艺术。事实上，这也是我们这一时代智慧的结晶之一。也许，在你的生活中再也找不出像“赞同别人”这样一个简单技巧了。

那么，女人们在与他人说话时，怎样运用“认同别人”这一艺术呢?

1.要有认同的态度

如果你根本不认同对方的观点，那么，切不可虚伪作态。因为这样，你的一言一行都是假惺惺的，你自己都无法说服自己，又怎么能说服别人呢?

2.当你认同别人时，一定要表达出来

不要指望你对对方的暗示能让他感受得到，要让他们知道你赞同他们的意见，不妨直接说出来，“我同意您的说法”或“您说得很对，我完全赞同”、“我认为您的看法很好”。

3.不认同也不要直接表示反对

直接反对只会导致双方的争执，这样你会很快与人产生矛盾，你会失去很多，所以，请不要轻易否定别人，除非不得不这样做。

4.避免与人争论

人际关系中最忌讳的就是与人争论。因为没有人能从争论中获胜，也没有人会从争论中赢得朋友。即使你是对的，也不要争论，这不是解决问题的最好办法。

5.用点头来表达肯定对方

交流的双方都希望对方能倾听自己，肯定自己。即使在对方表达的同时，也希望能获得你的认可和肯定。尽管对于你来说，可能并不赞同他的一些想法和看法。但是对于他来说，因为你没有反驳和辩解而认定你是支持和肯定他的，因此认为你是自己人。要想获得他人的好感，就要通过不断地点头来肯定对方的说法有一定的合理性。

6.发现对方见解的独到性

盲目地否定别人的意见，许多时候只是因为对别人的排斥。如果能够做到理解别人、体贴别人，那么就能少一分盲目。

为此，我们要善于发现别人的见解的独到性。只有这样，才能多角度地看问题，那么你就不会固定在某一个立场上。因此，无论何时都要注意，别听到不同的观点就怒不可遏。

当然，认同他人并不是毫无原则地、一味地逢迎，那样反倒会引起别人的反感。因此，女人们，要把握好说话的分寸，管住自己的舌头，知道什么该说，什么不该说，该说的时候要说得恰到好处，你的话才不会惹恼他人，你才会有良好的人际关系！

心理启示

认同艺术的根据在于——人们喜欢肯定他们的人；人们不喜欢反对他们的人；人们不喜欢被反对。从今以后，请积极地认同别人吧！只要你懂得并善于运用认同艺术，你就会成为一个受人欢迎的人。

引导暗示对方了解你的真正心意

我们都知道，人与人之间的沟通是建立在了解的基础上的。刻意地隐藏自己的内心，有时候不一定能达到沟通的目的。因此，我们发现，那些口才真正好的女人，她总是懂得适时地“暴露”自己，让对方看出她的心理。当然，这里的“暴露”并不是指直截了当地说出我们的答案，而是要让对方根据我们“口中所说”，而达到“心中所想”，也就是采取逐步引导的方法，丝丝入扣，让对方帮他们说出答案。

一般来说，你可以通过以下方式来让对方了解我们的心理：

1.语言委婉暗示法

周女士是某单位的学术骨干，也是不少年轻人的前辈。最近，她又收了几个“徒弟”。这天晚饭后，几个年轻人因为有个没有解决的问题，敲开了周女士家的门，周女士也是个乐于看到年轻人进步的人，对于他们的问题，她很详细地进行讲解。但时间过得真快，转眼已到午夜了，孩子和丈夫都已经睡着了。而明天，她还有更重要的工作。于是，她赶紧接过其中某个年轻人的话题说：“你们提的这个问题很值得研究，明天我去上海参加一个研讨会，准备就这个问题找几位专家一块聊聊。”几位年轻人一听，知道自己打扰周女士太久了，就赶紧起身告辞：“很抱歉，周老师您明天还要出差，耽误您休息了。”周女士连忙说没关系。

故事中周女士的暗示方法值得我们学习。在这种情况下，周女士若直接告诉他们自己要休息了，虽可以达到辞客的目的，但却显得是在“逐客”，这些年轻人也会陷入尴尬的境地。她隐晦地表达出来，不仅顾及了自己的身份，也保住了对方的面子，可谓一举两得。

这里，周女士使用的就是语言暗示法，这种方法一般可用于批评、拒绝、提意见等沟通场景中，因为如果直言的话，可能会造成不必要的误会。

也就是说，生活中的女人们，在某些情况下，如果你认为直接表达可能会伤害对方的自尊或面子，那么，你不妨换个方法，曲线救国、委婉暗示，给彼此一个台阶，对方应该还会感激你的贴心。

2.做选择题法

学生时代，相信女人们都做过选择题，顾名思义，就是你的答案必须是题目中的某个选项。其实，这一方法同样可以运用到语言沟通中。这是一种误导策略，只要你善于运用，就能收到满意的效果。聪明的发问者总是预先埋下伏笔，让对方不知不觉中陷入自己语言的陷阱。

在某酒店里，来了一对尊贵的夫妇。酒店服务员想为客人推荐酒店的特色菜。于是，她这样问这位客人：“您要不来点我们这儿的清蒸鲍鱼？”但似乎她的问话效果并不明显。于是，酒店经理亲自上去为客人点菜，准备推荐酒店的海鲜。她这样问客人：“您今天是要一份海鲜还是两份？”客人的回答是两份。就这样，服务员们也掌握了经理的问话方式，于是，酒店的海鲜成了最畅销的菜。

面对酒店经理的这种问话方式，大多数顾客都会择一而答。可见，“误导策略”也是一种很有效的促销手段。同样，误导式的问话方式，在人际交往中也可以为我们所用。比如，有位朋友来你家做客，你不知道他是否要留下来吃饭，想明白地问一声又怕为难朋友，此时不妨问：“今天想吃什么？是中菜还是西餐？”

当然，女人们，用这种策略发问时，也有值得注意的地方，因为不是所有人都会掉进我们设置的“语言陷阱中”。你需要看人提问，要注意对方的年龄和身份以及文化修养与性格特征，有人热情爽快，有人性格内向，有的马马虎虎，有的谨慎小心。每个人的性格不同气质必然相异，如果没有考虑这些条件而随便发问，便可能发生意外的状况。

心理启示

在心理沟通中，巧用引导式的心理策略，能更好地传递你想要表达的信息，使对方立即获得情感上的满足。与此同时，对方以“礼”回敬的效果就会产生。

关键时刻一语中的，让对方无话可说

中国人常说：“最后的赢家才是真正的赢家，要笑就要笑到最后。”这句话一点也不假。任何情况下，只有手握底牌，才能出奇制胜。

在生活和工作中，女人们，可能你遇到过这样一些情况：在你明知道事情真相的情况下，与你沟通的对方却矢口否认，此时，你是否有束手无策的感觉？其实，如果你能隐藏好自己，然后逐步引导，关键时刻亮出王牌，那么，即便对方再狡辩，也会无济于事。

我们可能经常看到法官这样审查嫌疑人：刚开始嫌疑人总是否认自己的犯罪事实，但他没想到的是，正当自己为自己的罪行辩护的时候，法官却突然指出他言语间的漏洞或者拿出关键性证据。此时，他只好对自己的罪行供认不讳，和盘托出自己的罪行。同样，女人们，你也可以将这一道理运用到生活中的沟通场景中，如果对方否认某些事实，你不妨在关键时刻一语中的，让对方无言以对。

我们来看一个这样的职场故事：

琳达是某公司的经理秘书，她在这个岗位上已经做了五年。五年来，公司大大小小的事都逃不过她的法眼，很多老员工说，公司可以没有经理，但绝对不能没有琳达。琳达是个能说会道、机智的女孩。

最近，公司新来一个员工小王，他似乎有点儿小偷小摸的坏毛病。

这天，大家都已经下班回家了，但小王还想在公司继续上会儿网。正巧，他看见经理办公室的门还开着，好奇心使他悄悄地进去看了一下。巧的是，办公桌的抽屉也没有上锁，里面放着厚厚的一叠钱。面对金钱的诱惑，小王心动了，于是，他就做了件顺手牵羊的事——拿走了几张百元大钞，并且，他很有自信地认为，没有人会发现。

但实际情况并不是如此。第二天一大早，经理就在办公室嚷嚷起来了："你们谁偷了我办公室的钱？办公室怎么还有这样偷偷摸摸的人啊……"但没有一人承认。

这时候，琳达想出了一个招儿。

她把大家招到会议室，然后说："今天早上，清洁工周大姐来找过我，说昨天有人进了经理的办公室……"后面的话，琳达并没有说，然后她接着说："经理已经答应我，这件事不会追究，但希望这位同事能主动给经理发个邮件，经理不会公开这件事。"

会后，小王主动给经理发了邮件，并将钱转回到了经理的账上。经理一直夸琳达是个"军师"的料子。

故事中的琳达是个擅长打心理战的女人，她让偷钱人小王不打自招的秘诀在于，她编造出了周大姐曾经看到这个嫌疑人的“作案过程”的虚假事实，然后假装一语中的，从而让小王乱了方寸，不打自招。并且，她采取了软硬兼施的措施，她给了对方“不再追究”的保证，在权衡利弊得失后，小王也只好承认偷钱的事实。

可见，在不知对手虚实的情况下，我们可以“使用”证人这张王牌投石问路。而在知晓事实的情况下，“证人”更能让对方心服口服。另外，当他人对我们产生质疑时，我们也可以采用这一心理策略，我们再来看下面故事中的销售员是怎么说服客户的：

晴晴在一家婚纱店工作，最近，她接待了一个客户，这天，客户给她打电话问：“请问我定做的婚纱，什么时候能做好？”

晴晴：“一般情况下，应该能在一个星期内赶完吧。”

客户：“要这么长时间呀，后天去拿行不行？”

晴晴：“如果要求两天的话，那么，裁缝师傅就要赶工，您应该知道慢工出细活，赶工的时候，容易忙中出错，最后影响您婚纱的质量，那就划不来了。”

客户：“噢，是这样呀。那就按正常时间吧。”

案例中的销售员晴晴运用的计策就是让客户晓以利害，给对方施加了心理压力，在权衡之下，客户接受晴晴提出的“不”，同意按时提货。

当然，女人们，在使用这一心理策略说话的时候，我们还需要注意：

1.把握时机，到顺风顺水的时候再说话

比如，在生意场上、在谈判中，有些时候你能清楚地感觉到事情正在越变越糟。你应该采取守势，退后一步，现在的情势不适合马上反击。很多人在自己处于劣势的时候拼命地试图证明自己，其实不妨退守一步。记住，在你处在劣势的时候，不要急着马上反击，等一等机会总会到来，那时你才能出奇制胜。

2.胜者总是笑到最后，最后表态

你还应该在最后说话的时候尽力最大化你的优势，先观察你对手的动作，尽量让对手先表态，然后根据对方的心理变化适时地调整自己的策略。到最后的时候，一语中的，让对方心服口服。

心理启示

“不到黄河心不死。”人际交流中，由于某些原因，我们的交流对象可能会一直否认一些事实，此时，我们要想让自己的想法影响到对方，首先要隐藏好我们的意图，然后引导对方多暴露自己，最终把握好时机，在关键时刻亮出底牌，成功说服对方！

先聊聊自己的私事，拉近双方心理距离

生活中的女人们，想必你肯定有一个或者若干闺密，还记得你们是如何结交友谊的吗？你一定不能否认一点，那就是交换秘密。当彼此互诉衷肠以后，你们就敞开心扉了。当一个人想与另外一个人建立特别亲密的关系时，最直接的办法就是分享秘密。

的确，人与人之间之所以由陌生人成为朋友，就是因为情感的共鸣！从心理学的角度看，人际关系的远近，是与其交谈的话题有一定的关系的。关系越密切，所谈话题越个人化、私密化。但交谈之初，交往双方往往是互存芥蒂之心的，而这对于整个交流无疑是毫无益处的。此时，如果我们能主动跨出交往的第一步，向对方透露自己的一些私事，那么便能给对方一个心理暗示：我们之间关系很好，你可以向我倾诉你的心事。

可见，与人交流的过程中，并不是隐藏得越深越好，它只会让人的心理距离也越来越远。

下班了，办公室里空空荡荡的，只有刘月和陈云还没有走。刘月拿起电话开始打电话：“你在哪儿呢？什么时候回家？啊……可是……我都买

好菜了……好吧……就这样吧！”挂了电话，刘月的眼眶湿润了，心里像办公室一样空落落的。今天是他们结婚七周年的纪念日，可是老公不仅忘记了，而且连晚饭都不回家吃，刘月已经记不清楚有多少夜晚是自己独自一个人度过的了。

“怎么了？”一双温暖而干燥的手搭在刘月的肩膀上，原来是新来的陈云，除了刘月之外，办公室里就只有陈云了。刘月勉强地牵动了一下嘴角，说：“都下班了，你怎么还不回家？”陈云不屑地撇了撇嘴巴，说：“家？要是家里就我自己一个人，还能算家吗？还不如待在办公室心里清静呢！”

刘月看了看面前的这个三十多岁的女人，尽管同事们都说她很难相处，但是，此时此刻，刘月分明从陈云的脸上看到了一种和自己相似的落寞。看到别人也有落寞，刘月反倒放松了，她噌地站起来，大声说：“咱们一起去吃韩国烤肉吧，我请客！”想不到，结婚纪念日居然要和一个刚刚认识的同事一起度过，刘月不禁讽刺地笑了笑。直到酒过三巡，刘月才和陈云说今天是自己结婚七周年的纪念日。想不到，陈云一点儿也不感到惊讶，反而说自己的好几个结婚纪念日也是一个人度过的。

刘月愣住了，泪水突然一串串地滚下来。在一个和自己有着相似经历的人面前，她彻底崩溃了，把自己心里的苦闷一股脑儿地说了出来。

夜深了，陈云把俨然已经喝多了的刘月送回了家。工作这么多年来，刘月从来没有把任何同事带到自己的家里，因为她觉得家是只属于亲人的地方。但是，就是一顿饭的工夫，刘月已经把陈云当成了自己最要好的朋友。

这则故事里，是什么让这两个刚认识不久的女人成为朋友？是相同的经历！交谈之初，刘月并没有打算向陈云交代自己的心事，但一听到陈云有着和自己相同的难处，便敞开了心扉。

随着社会的进步，人们越来越渴望交往，于是，就有了社交，但无论是哪一种社交形式，都需要交谈双方的主动意愿，都要起到传递信息、交流感情的作用。可是，又是什么能带动交谈双方吐露心声呢？很简单，答案就是“秘密的交换”。因此，女人们，在交流中，如果你能主动先透露自己的

“秘密”，就很容易赢得对方的信任，对方也就愿意向你袒露心声。

那么，日常生活中，我们该如何通过讲私事来赢得他人的信任呢?

1.适度自曝短处

比如，闲暇时候，你可以和同事闲聊自己曾经失败的事，这比谈自己成功的事，更易拉近彼此间的距离。因为老是炫耀自己成功的光荣事情，容易让人产生反感，而留下不好的印象。而说说自己的短处，这样，我们就避免了故意犯错，因为首先在态度上我们已经示弱并表示了友好，对方没有不接受的道理。

暴露自己，要达到让对方产生“这个人有点小缺点，但是其他方面挑不出毛病来，是个相当不错的人”等类似的想法。然后，对方也会时不时地向你“爆料”一些个人私事，甚至愿意把你当成知心朋友。

2.把握暴露秘密的度

提倡“自我暴露”，并不是让你把自己的“老底”都揭给对方看，不分场合和对象地将自己“暴露无遗”。我们不妨选择暴露那些不会影响到整体形象的“小事件”、“小缺点”或者“小毛病”等，正因为这些小瑕疵的存在，我们会显得更真实，更可爱。

女人们，学会以上这一暴露自己的小技巧，在与难以相处的人打交道时你会更有效率，而且你会发现这些人似乎并不是那么难以相处。与此同时也提高了自己与人沟通、人际交往的能力。

心理启示

那些“趋于完美”、“毫无瑕疵”的完美主义者，似乎总是“曲高和寡”，并没有太多的朋友。可以说，越是苛求完美，人际关系也就越差，因为这些人虽然优秀，但不可爱，会让人产生一种敬畏和猜疑心理，而不愿与之深交。在与陌生人交谈的过程中也是如此，那些表现得十分完美的人，人们往往敬而远之；相反，适度表达“秘密”和缺陷的人，可以赢得关注。

探路式"提问"，消除沟通的阻碍

任何一个具备良好口才的女人都知道，自己在愉快的氛围中才能进行良好的沟通，但在实际沟通过程中，经常会因为各种原因，导致沟通卡壳，此时，如果你不采取一些措施，那么，解除沟通阻碍，就会导致误会、不快的产生。然而，很多时候，对于产生障碍的原因也许你并不了解，因为并不是所有人都会将自己的内心敞开，此时，你不妨通过提问的方式，解开不断探出对方问题的症结。我们先来看看下面这段沟通场景：

菲菲是某大型美容会所贵宾卡推销员。一天，她站在公司门口闲溜达的时候，迎面走来一个中年妇女和一个年轻女孩，因长相有几分相似，菲菲觉得应该是母女。女儿看上去大约有20岁，青春靓丽，十分漂亮；母亲看起来也很漂亮，气质华贵大方，年龄应该有40多岁。她们的皮肤都非常不错。根据多年的销售经验，菲菲认为这两位客户她应该争取一下，于是她迎了上去：

销售员："你们好，小姐、太太。我是××美容会所业务员，请允许我……"

客户（小姐）："最不喜欢去你们那里做美容了，请你不要打扰我们了，你们的任何产品我们都不需要。"

销售员："小姐的气质很好，皮肤也这么细腻白皙，看起来水灵灵的。应该日常的保养工作做得很好吧。"

客户（小姐）："还行。"

销售员："您目前办的是哪家会所的贵宾卡呢？"

客户（小姐）："当然是最好的。"

销售员："哦，是这样啊。不过太太您的皮肤也很棒啊，您也和女儿一直在同一个会所做美容吗？”

客户（太太）：“对，一直在同一个地方。”

销售员：“小姐您接触过我们的服务吗？”

客户（小姐）：“接触？当然接触过，上次和一个姐妹来这里做美容，结果不知道用了什么，非常不舒服，脸上会发痒。”

销售员：“是吗？您用的是哪款产品呢？”

客户（小姐）：“就是去年你们会所新进的××型养颜霜，简直把我害苦了。”

销售员：“真是对不起。首先我向您表示歉意。但是我想您也许没有弄清楚，我们的那款养颜霜是针对30岁到40岁的女士研制的，像您这样年轻的女孩，使用起来难免会不合适。可能是当时我们的美容师工作疏忽了，真是对不起。”

客户（小姐）：“是吗？原来那款养颜霜是30岁的女性用的？”（吃惊）

销售员：“是的，小姐。如果女性使用的美容产品不适合自己的肌肤年龄，脸部就会感觉不舒服，如果不及时停止，就可能出现脸部发痒的症状。”

客户（小姐）：“哦，是吗，原来是这样啊。”（恍然大悟）

销售员：“对，其实，我们会所的美容师还是相当专业的，只是上次那个应该是个新手，真是对不起。对了，我们这里又新进了一批针对您的年龄段的产品，而且，我们的美容师因为刚从国外培训回来，技术大有长进，您可以办我们这里的贵宾卡，这样，您母亲的所有费用都是半折优惠。”

客户（小姐）：“是吗？真有这样的好事？那好吧。我们办一张。”

场景中的贵宾卡推销员菲菲的语言技巧值得很多女人学习，她所遇到的两个客户，在刚开始都是有抵触心理的，因为在菲菲所在的美容会所做过美容，但却吃了苦头。但菲菲却非常耐心地问出了客户抵触的原因，并做出了令客户满意的答复，同时，她还将公司的优惠活动介绍给客户，这样，客户的抵触心理也就彻底消除了。可见，提问有助于消除沟通障碍，让沟通重回正轨。

那么，沟通中，我们该如何提问呢？又该问哪些问题呢？

1.多问“为什么”

“我想您这样说，必定是有原因的，为什么呢？”“为什么您的销售业绩总比我们好呢?”

这样提问的好处是，对方有足够的时间来回答，并且，因为这种问题是开放式的，对方的回答一般也是发散的，你可以获得更多的信息。当然，你一定需要注意的是自己的态度和语气，不要让对方觉得你是在质问他。

2.问“你的意思是……”的问题

“你的意思是……”这样问时，你可以配合一定的肢体动作，另外，你需要注意的是，当你说完这五个字以后，就不要再说话了，让对方来接你的话，效果会好很多。

3.问“除……之外”的问题

“我已经清楚了你的意思了，那么，除了这点外，你觉得还有什么比较重要呢？”“我很同意您说的这点，那您还有什么其他的想法吗?”

再如，如果你是某公司的领导，而你也知道最近公司销售业绩不好的原因是出在销售人员身上，但你又不好直接批评他们，对此，当他把原因归结到前半个月是促销期的原因后，你可以再继续问：“对，前半个月是促销期，那么除了这个原因之外，你认为还有没有其他的原因呢?”导购员说：“其他，我感觉好像这几天没有以前那么有信心了。”此时，你就应该继续抓住机会问：“是什么原因导致你信心下降呢?”同样，在问这类问题的时候，你同样也应该注意自己的语气。只要做到这点，对方一般都是乐意向你和盘托出的。

心理启示

提问是一种语言技巧，善加提问的人总是能在提出几个问题后就会得到他们想要的任何结果。

用女人的柔声细语打开对方心门

我们都知道，声音是女人自然天成的乐器，和言细语，谦顺温柔，是女性特有的语言风格，使人倍感亲切。其实，在与人沟通的过程中，女人也可以将这一性别优势运用其中，很多时候，你想要了解对方的真实想法，与其苦口婆心地劝说，倒不如用温情打动。

的确，在与人打交道或者办事情的时候，用好的态度、温和的方式比用高傲相持的生硬方式更容易提高办事的效率。在与人相处时，用友善体贴的方式会比强悍冷漠的方法更易俘获他人的心。我们先来看看女领导杨静是怎么做的：

杨静是一名销售主管，在她的带领下，她们部门的销售业绩在所有分公司一直是最好的，因为她在下属的心里不仅仅是主管，更是大家的老大姐。

在杨静办公桌的抽屉里，放了一本小册子，里面记载了所有下属的资料，包括出生年月、家庭状况，性格等方面，因此，每个月一开始，她就会翻开小册子，看看这个月有哪些下属要过生日，到了那天，她都会精心为对方挑选一份礼物。单就这一点，大家就很感动。

平时工作中，只要她发现哪个下属的情绪不对劲，就会把对方叫到办公室，然后问清楚，对于自己力所能及的，她都会主动帮忙。有一次，一个女下属因为离婚心情不好，请了一个月假，杨静不但没有怪罪，反倒每天一下班就去找她逛街、吃饭，后来，这位女下属回忆：“那段时间要不是杨大姐，我都不知道怎么办，那时候，想死的心都有。”

故事中的杨静就是个富有人情味的领导，对于自己的下属，她不仅仅扮演了一个上司的角色，她还是大家的老大姐，正是对下属的关心和关怀，让她获得了更多的支持。然而，我们不难看到，一些女人，她们在调动员工积极性方面，采取的是“以钱动人”的方法，刚开始，这一方法很奏效，员工也努力工作，但时间一长，他们对所谓的金钱奖励也就麻木了，这是为什么呢？因为真正能打动人的是“真情”，而不是“钱财”。

的确，人都是情绪化的动物，情感是进入别人内心，拉近双方距离的最有力武器。因此，凡是有沟通的地方就有情感发挥的余地。只要懂得这个道理，情感就会在你的人际沟通中助你一臂之力，让你轻易地征服对方。

那么，身为女人的你该如何运用柔声细语感化对方呢？

1.说话时面带微笑

人们总是愿意与那些热情、开朗的人打交道。善于微笑的女人，总是更有亲和力，总是能给他人留下良好的第一印象。

2.态度要诚恳、说话要亲切

在与他人沟通的过程中，要让对方感到你是真诚的，人们是不愿意和一个虚伪狡诈的人打交道的。另外，一定要把话说得亲切、和蔼，这样才能使对方感到愉快，从而对你产生信任。因此，你说话一定要恰如其分，符合双方的身份，否则就会引起对方的反感。

3.真心用语言关怀他人

假设你是一名女上司，那么，你一定要关心下属，你可以经常与之沟通，关心他们的工作和生活，询问其近况等。当然，要想真正打动下属，还需要你采取一定的实际措施，比如，当下属家中有事，你可以出面帮忙；当下属出差，你要考虑是否帮助其安排好家属子女的生活；当下属遇到了不幸的事，你一定要第一时间出现，帮助他渡过难关，甚至还要发动大家给予帮助，解除下属的后顾之忧。

4.进一步认同，哪怕再小的事

要知道，认同感的产生，表明你已经赢得了对方的好感。通常情况下，如果你将这种好感搁浅，你们就会返回到陌生人的状态。因此，你不妨多关心对方，这种关系自然会升华。

的确，女人们，如果你能够时时刻刻对别人表示出关心和爱护，或者用柔声细语的方式劝阻对方做某件事情，那么对方往往会更加积极地为你做事，这种以柔克刚的方式多半能够给你带来意想不到的收获。

心理启示

“好言一句三冬暖，恶语伤人六月寒。”在与他人的接触过程中，应该多用关心、爱护、尊重、赞美等积极情绪感动对方，让对方感到你是从内心深处关心他。这能将彼此的感情拉得更近、更亲，也更易得到他人同样的关心和爱护。

第8章

恳切说服：女人三言两语获得他人的认同

在现代社会中，作为一个女人，无论你从事什么职业，你都需要与人合作，单打独斗不可能真正成功。在这样的情况下，你很多时候，你都需要别人接受你的想法、观点，然后与你共同采取一致的行动，这就需要具备说服他人的本领。然而，真正的说服是要贴合他人心理的，也只有说到对方心坎里，才有可能实现成功说服的目的，为此，你需要掌握一些说服他人的心理技巧。

找到对方的兴趣点，更容易说服成功

生活中的女人们，可能你曾有这样的感悟：当有人表现出和你相同的爱好时，你会关注他。比如对方和你穿相同的衣服，用和你同样的护肤品或者和你操同样的口音，即使是不认识的陌路人，你也会和对方聊上两句。一般情况下，有了相同的爱好，才觉得有了安全感。你明白只有对方才能体会你的快乐和痛苦。因此，你也会很自然的向对方靠近，分享那份快乐。

因此，作为女人，人际交往中，你若想说服对方，就必须先接近对方，让对方对自己产生好感。

小马是一名汽车推销员，在一次汽车展会上，她结识了一位客户。通过对这位客户的言行举止的观察，小马分析这位客户对越野型汽车十分感兴趣，而且其品位极高。后来，小马几次试图约客户出来坐坐，就一些关于越野车的问题谈谈，但是客户总是以各种理由推脱，总是说自己工作很忙，周末则要和朋友一起到郊外的射击场射击。

小马终于发现，原来客户还喜欢射击。经过打听，果然如此，这位客户曾经还是一名射击冠军。于是，小马上网查找了大量有关射击的资料，一个星期之后，小马不仅对周边地区所有著名的射击场了解得十分深入，而且还掌握了一些射击的基本功。再一次打电话时，小马对销售汽车的事情只字不提，只是告诉客户自己“无意中发现了一家设施特别齐全、环境十分优美的射击场”。下一个周末，小马很顺利地在那家射击场见到了客户。小马对射击知识的了解让那位客户迅速对其刮目相看，他大叹自己“找到了知音”。

在返回市里的路上，客户主动表示自己喜欢驾驶装饰豪华的越野型汽车，并对一些造型别致、性能好的越野车都进行了一番阐述，小马认真地倾听着。等到客户提到“说实话，现在市场上的汽车在档次与品位上做得实在……”时，小马立即接过话茬儿：“我们公司正好刚刚上市一款新型豪华型越野汽车，这是目前市场上最有个性和最能体现品位的汽车……”

案例中，我们可以看出，销售员小马是精明的，当她发现直接从客户爱好的越野汽车入手并未见到成效时，就转换了一个角度——射击，当她与客户产生共鸣后，客户对她的戒备心也就消除了，此时，当客户谈及自己最喜欢的越野汽车并阐述自己的观点时，小马能巧妙地接过客户的话茬儿，把话题转入到销售问题上，一场有着良好开端的销售沟通就这样形成了。

生活中的女人们，当你说服对方时，是否被拒绝过？如果有，这就表示对方对你产生了戒备心理。对方有戒备心理，你对他的说服工作自然就很难进行，所以，在你进行说服之前，必须先仔细观察对方的言行举止，然后采取相应的策略。对于有戒备心理的人，最好的说服办法是从对方身上找到共同感兴趣的话题。之所以与有戒备心理的人进行情感交流有困难，就是对方有“我和你属于两个完全不同的世界”这种思想。如果对方认为在各方面都与你格格不入，那么，他就不会与你进行沟通。说服者要解决这个问题，就应该让对方意识到，你们属于同一个世界，即同一个集体。

那么，女人们，我们该怎样寻找对方感兴趣的话题呢？

1.从对方关心的对象谈起

交谈时，如能从对方十分关心的对象切入，就是一种投其所好的方式，有利于打开交谈局面。其实，我们不必绞尽脑汁地寻找对方感兴趣的话题，因为一般来说，生活中人们一般都会关注这些话题：

你可以谈足球，篮球和其他运动；

你可以谈食物、谈饮料、谈天气；

你可以谈生命、谈友情、谈光荣；

你可以谈同情心、谈责任感、谈真理；

你可以讨论书籍、电影、广播节目、国际新闻或本地的新闻；

你可以交换一下关于某本杂志上一篇文章的看法；

……

诸如此类，都是很好的谈话题材。

2.从对方最深切的情缘谈起

人是有情感的，交谈时，如果能从对方最深切的情缘切入，情深意切，往往能使其打开话匣子，达到交谈的目的。比如，你可以从对方的口音入手，“您也是××吗？”

3.从对方“在行”的话题谈起

常言道：三句话不离本行。人们都喜欢谈论自己在行的话题。因此，我们与人交流时，要想接近对方，可以从他最精通的话题谈起。假如对方是医生，你对医学虽是门外汉，也可以用“问”的方法来打开局面。“近来感冒又流行了，贵院大概又要费心一阵子了吧？”这样一来，对方的话匣子就打开了，你可以从感冒谈到症状、药品和补品等，只要双方不厌烦，话题就可以一直谈论下去。

心理启示

说服他人一定要找到一个沟通的切入点，让对方产生好感，才可能接受你的观点、意见。因此，你需要从心理的角度出发，及时抓住有利时机，投其所好，打开对方的话匣子。做到这一点，说服就成功了一半。

女人的小“威胁”，让对方很容易被说服

现代社会，女人同样要参与职场工作、商业竞争和人际交往，也就存在对手，有时候，为了战胜对方，你可能会使出浑身解数，但如果你能主

动出击，让对方自乱阵脚，可能会节省很多精力。古人云："不战而屈人之兵"，这乃战争取胜的最高境界。因此，即便是女人，在言语交谈中，你也可以强硬一点，适度说些"威胁"对方的话，让对方畏惧，当对方乱了方寸后，你再进一步采取措施，便能很容易达到说服的目的。

其实，历史上，很多人都知道用威胁的方法可以增强说服力，而且还不时地加以运用。我国历史上著名的"唐雎不辱使命"、"完璧归赵"等故事便是使用威胁来达到说服目的的。现实生活中，这一心理学方法的运用也并不少见。

佳佳是一名导游，她的工作一直被领导和游客们认同。在一次集体活动中，当大家风尘仆仆地赶到事先预定的旅馆时，却被告知当晚因工作失误，原来订好的套房（有单独浴室）中竟没有热水。为了此事，佳佳约见了旅馆经理。

佳佳：真不好意思，这么晚还给您打电话，但我们走了这么远的路，一身的汗，不洗澡怎么睡觉呢？请您谅解一下。

经理：这事我也没有办法。这么晚了，那些锅炉工也回家了。不过，这附近倒是有个集体浴室，我觉得你们可以去那里洗。

佳佳：是的，我们可以自己掏钱去外面的集体浴室洗，但我必须声明一点的是，因为我们住的是带单独卫生间的套房，这个标准是每人50元一晚上，而假若我们去集体卫浴的话，那么，我们只会按照到通铺水平也就是一人15元付费了。

经理：那怎么能行？

佳佳：很简单，那只有供应套房浴室热水。

经理：我没有办法。

佳佳：您当然有办法！

经理：你说有什么办法？

佳佳：您有两个办法：第一，把锅炉工叫来给我们烧热水；第二，您亲自提着两桶热水来为我们服务。当然，我们一定会保持耐心，我也会劝大家等您来的。

当然，这位经理并不笨，他当然会选择第二个方法，于是，40分钟后每间套房的浴室都有了热水。

案例中，导游佳佳就是运用了“威胁”这一说服技巧，但是我们发现，在整个说服的过程中，她丝毫没有表现出任何恶意，这也是为什么旅馆经理最后妥协的原因。如果她对旅馆的服务大加指责或者言辞激烈的话，恐怕就是另外一种结果了。因为没有人愿意被真正地威胁。所谓的“威胁”策略与恶意的恐吓没有任何关系，而是对对方进行的善意提醒。

可见，故事中佳佳的说服技巧值得很多女人学习。但你要明白的是，适度“威胁”，是为了让对方产生恐惧，但这里的“威胁”只是一种手段，而不是最终的目的。因此，我们切不可认为威胁对方就是恐吓、吓唬对方，而是一种善意的提醒：如果你这样做会怎样；如果你不这样做，会造成什么样的后果。说服的过程中，善意的“威胁”是有助于成功的。运用此种方法劝说别人，能使其看到事情的利害关系，因为害怕事情的消极的一面出现，从而愿意接受你的建议。

“威胁”策略应该与正面说服方法相互结合，否则的话，就会引起对方的不安，从而造成沟通中出现不愉快的局面。因此，女人们，你可以这样“威胁”对方：

1.正面“提醒”

让对方接受我们的想法或者达到某种目的，并不一定要反复提醒他“如若不……会怎样”，你可以直接告诉他，“如果你怎样……你会有什么益处”。但前提是，你必须对对方有很深刻的了解，知其所好，这样，才能把“提醒”说到对方的心坎上，同时，要让对方理解我们的出发点是善意的，不然只会适得其反，引起对方的怀疑。

2.反面“提醒”

这种提醒的方式，一般是针对对手而言。也就是说，如果我们希望不去做什么，我们可以利用与之对立的关系，尽量建议他去做。左右思量后，对方势必会中我们的“圈套”。

另外，在具体运用“威胁”时你要注意以下几点：

第一，态度要友善。

没有人喜欢被真正威胁，因此，我们的出发点应该是善意的，态度也应该是友好的，应该是本着为对方着想的原则去说服，才能真正起到说服的目的。

第二，讲清后果，说明道理。

只要你“威胁”的论据充足，让对方看到各种利害关系，那么，他是会束手就擒的。

第三，威胁程度不能过分，否则反会弄巧成拙。

心理启示

“威胁”的方法可以增强说服力。在说服的过程中我们首先要摸清对方的底牌，一旦摸清了底牌，就掌握了谈判的主动权。在说服过程中，当你有十分把握的时候，不妨“威胁”一下对方。

女人善于敲边鼓，说服他人很简单

生活中的女人们，可能你曾经遇到过这样的情况：当你发现交谈对象出现观点错误或行为失误时，你希望可以劝服对方，但直接指明很有可能伤及对方面子，甚至影响彼此关系。此时，你要想攻克对方的心理堡垒，还可以采用“敲边鼓”的方法。我们再来看下面一个故事：

莉莉与小齐初中毕业后就一起来到城里的一家餐馆打工，她们关系很好，可谓是无话不谈的朋友。但两人的做人行事作风却有点差异。

一次，莉莉在收拾餐桌的时候，发现了一部手机，肯定是客人落下的，莉莉早就渴望有一部手机，于是，她想悄悄据为己有。可不巧，这被小齐看见了，让她上交，可莉莉说：“什么呀，我没拿什么手机啊。”

小齐说："莉莉，你知道什么叫'不劳而获'吗？"

"不知道！"莉莉嘟着嘴回答。

小齐说："你看，'不劳而获'是不经过劳动而占有劳动果实。说得确切点是占有别人的劳动果实!"

"我可不懂那么多。"莉莉有点不耐烦了。

小齐耐心地问："你说，抢别人的东西是不是'不劳而获'？"

"是的。"

"你说，偷别人的东西是不是'不劳而获'？"

"当然是的。"

"那么，拾到别人的东西据为己有是不是'不劳而获'呢？"

"这，这……当然……"莉莉这时不知道说什么好了，吞吞吐吐地回答着。

看到莉莉已经同意了自己的观点，小齐顺势说："其实，拾到别人的东西据为己有和偷、抢得来的东西，在'不劳而获'这一点上是相通的，除了国家法律，我们还应有一定的社会公德，再说我们来的时候，老板都为我们念了店里也有工作守则的，其中就有一项：拾到顾客遗失的物品要交还，我们还想在这家店长干下去呢，可不能因为这点蝇头小利丢了工作啊！咱自己想要手机，就要靠自己的能力挣钱买，那样用得才理直气壮哩！"

最后，莉莉主动把手机上交了。

案例中的小齐就是个会说话的人，在她发现好朋友莉莉准备将捡来的手机据为己有的时候，并没有直接追问，让对方承认这是一种错误的行为，而是采用"敲边鼓"的方法，先提出一个看似与"偷手机事件"无关的"不劳而获"的意义，让莉莉明白什么是不劳而获，从而逐渐由大及小，步步推进，最后才切入实质性问题：拾到东西据为己有，同偷、抢一样是"不劳而获"。最后，聪明的小齐又把问题归结到莉莉想把手机据为己有的想法是不正确的，并劝说莉莉可以通过自己努力工作去买一部手机。小齐的说服可谓是有理有据，莉莉自然也能接受。

然而，现实生活中，一些女人在遇到这样的情况时，会直接告诉对方："你怎么偷人家东西呢？"这样说，虽然是出于好意，但无异于打人脸，对方必定不会接受，甚至还会找借口否认。其实，无论是出于什么目的的说法，如果会带来负面影响，就一定要绕开关键点，因为那个点恰恰是你们冲突的焦点。如果你直奔主题，告诉对方要诚实，很容易引起对方的逆反心理，不仅让对方难以接受，还会和你对抗到底，那么，你的劝说工作将会加大难度，甚至根本无法成功，而如果你从侧面引导，一步步地回到你想要了解的关键点上，若是理由充分，别人一般都能接受。

其实，你若想探测他人真实的内心，就必须懂得运用"敲边鼓"的说服技巧，从理论上讲，这也符合心理学的基本规律。从实践中看，只要运用得恰当巧妙，就能取得理想的效果。

当然，女人们，要想取得这样的效果，不仅需要你有一个好的口才，还需要你有一个好的态度，耐心地引导、启发对方思考，让其自主接受你的观点。

心理启示

与人交往，我们要能玩转心理游戏，如果你想要达到自己的目的，不要直奔主题，不妨运用敲边鼓，同时，你要做到有理有据，让听者心服口服，而不能是说教式或者命令式的。

站到对方的位置说话，更能打动人心

有人说，理解才会有心灵的沟通。人天生就有一种心理需求，希望得到别人的理解。事实上，女性比男性更富同情心，更善于体恤别人，因此能满足对方的心理需求。因此，在劝服他人时，如果你能说些深切理解他人的语言，就格外能打动人。

然而，对于大部分女人来说，当她们希望对方接受自己的观点时，可能已经习惯了从自身的角度考虑问题。这无可厚非，但当你慷慨陈词的时候，你是否注意到对方情绪的变化呢？当你针锋相对反驳对方的时候，你是否发现对方的脸色由晴转阴了呢？当你一句扫兴的话给对方泼了冷水的时候，你是否发现对方已经兴致全无并有意终止交谈呢？

有个著名的心理策略——换位思考，就是要求人们在说话前，多为别人考虑。这样，你说出的话就会更中听，对方接受起来也就更容易。

小雪是一名中学教师，平时生活比较有规律，下了班就回家做饭、照顾父母，和她不同的是，丈夫因为自己经营了一家公司，需要在客户和供应商之间周旋，常常应酬到深夜才回家，对此，小雪从没有怪丈夫不早点回家陪自己，而只是担心丈夫的身体。她知道，若丈夫长此以往下去，那么，可能人到中年会有一些存款，但他的身体肯定也垮了。

这天晚上，又到十二点多了，小雪还在等丈夫回来，锅里的小米粥热了一遍又一遍。终于，她清晰地听到楼下汽车的声音，她马上出去开门，果然，丈夫东倒西歪地走了过来。小雪气急了，对丈夫说："你有本事就别回来了嘛！"

"你这是什么话，我辛辛苦苦在外面赚钱养家，你怎么这么说？"

小雪一听，知道自己话说重了，但她是在担心丈夫，于是，她又说："老公，你知道吗？嫁给你以来好几年了，我很幸福，但随着你现在事业越做越大，我的担心就越来越多，尤其是你每天应酬，你的胃经常痛，你的健康状况也越来越差，你是家里的顶梁柱，千万要照顾好自己的身体。"

听完妻子的话，原本还不清醒的丈夫顿时眼眶湿润了，他一把搂住小雪，对小雪说："老婆，对不起，让你担心了，以后能不去应酬的话，我尽量推辞，你放心吧。"

小雪用力地点了点头。

生活中，可能很多妻子都遇到过这样的情况，你们是怎么做的？案例中的妻子小雪的做法是正确而有效的，面对应酬到半夜才回家的丈夫，她并没有多加责怪，而是从理解的角度，对丈夫说了一番动情的话，让丈夫认识到妻子对自己的关心和担心，于是，一场眼看即将开始的争吵就这样在一片温馨的氛围中息止了。

人们常规的思考问题的方式是：我们站在什么角度，就会做什么事，说什么话。而实际上，“横看成岭侧成峰，远近高低各不同”。当我们从不同的角度看待问题时，却又是另外一番光景。另外，不同的人，看待不同的事，也是不同的观点。所谓“仁智见仁，智者见智”，有些事情并不一定是对或错，而是因为眼光不同，看法也就不一样。因此，女人们，如果你要做好沟通，最好就要站在对方的角度考虑，不要认为自己永远是对的。

事实上，那些明事理、重情义的女人，她们在说服他人的时候，总是能设身处地地考虑对方的切身利益、实际困难。因为，在此基础上进行说服，才称得上是真正的通情达理，也更令人心悦诚服。而如果丝毫不考虑对方的情感和需要，双方交谈就没有共同的语言，说服也就无从谈起了。

“己所不欲，勿施于人”，其中的意思也就是推己及人，设身处地为别人着想，也就是从别人的角度去想问题。从这个角度出发，你就知道如何说话，如何把握说话的度了。对此，你需要记住以下几条原则：

1.要适时

说在该说时，止在该止处，这才叫适时。批评、说服他人应尽量在私人化的场所，而不应该在大庭广众之下。

2.要适量

经常有这样的女人，她们对别人的过错总是说个不停，因为在她看来，即使很小的过错也必须严加批评。假如你遇见了这种人，你会对她产生什么样的印象呢？因此，即便批评别人也应做到适可而止。

3.要适度

人与人相处，需要相互尊重。在说话时要注意顾全他人的面子，照顾对方的感受，考虑说话的方式方法，做到将心比心，设身处地为他人着想，而千万不要只图自己一时的痛快。

心理启示

换位思考就是完全转换到对方的角度思考问题，从而更理解人、宽容人。这就要求在观察处理问题，做思想工作的过程中，把自己放在对方的位置，对事物进行再认识、再把握，以便得到更准确的判断，这样说出的话也才能真正说到别人的心窝里去。

勾起对方的欲望，令其满怀期待

人的想象力是惊人的，想象力能开发出人的潜能，自古以来，人生所作出的伟大发明，都和想象力有着巨大的关系。对于同一个事物，不同的人会有不同的想象。天生感性的女人也是不乏想象力的，因此，如果在说服他人的过程中，你能充分调动对方的想象力，为对方描绘未来美好的蓝图，将会对你说服他人有很大的促进作用。因为从心理学的角度看，一旦在人们的内心世界形成一种美好的愿望，他们是极其愿意接受实现这种愿望的途径的。下面这段话就展现了一个销售人员是如何劝说客户购买产品的：

娜娜是一名房地产中介，这天，她带着自己的客户来到她要推销的一所老房子里。一进入院子，太太便发现后院这棵美丽的樱桃树，很高兴地对丈夫说："你看，院子里这棵樱桃树真漂亮！"而当这对夫妇进入客厅时，却对陈旧的地板、掉皮的墙壁都不满意。此时，口才极好的娜娜对他们说："虽然地板有些陈旧，但这栋房子最大的特点是从客厅向窗外望去，可以看到那棵美丽的樱桃树。"然后，不管这对夫妇指出这栋房子有什么缺点，娜娜都一直强调："是啊，这栋房子是有一些缺点，但有一个优点是其他房子所没有的，那就是从任何一个房间的窗户向外望去，都可以看到那棵美丽的樱桃树。”最终，这对夫妇毫无怨言地花了50万美元买下了“那棵樱桃树”。

故事中，这对夫妇之所以会买那套老房子，并不是房子本身的价值，而是“那棵樱桃树”，销售员娜娜一直强调樱桃树给客户带来的幸福感，并不断为客户描绘这种幸福的画面。最终，客户购买了这所老房子。实际上，他们是购买了自己心中的“樱桃树”。

而实际上，不仅是客户，我们每个人心里都有“一棵樱桃树。”这就是我们对未来生活的美好憧憬，在劝服他人的过程中，女人们，如果你能运用语言的技巧，充分开发对方的想象力，那么，一旦对方脑海中树立起美好的图像，你的劝说也就成功了。比如，如果你一是一名推销员，你可以说：“周末的早晨，您带着您的孩子们，穿着我们公司的户外运动鞋，来到郊外，舒展已经劳累了一周的身体。郊外的山坡，有很多人一起爬山，当爬到山腰的时候，有些人的运动鞋居然出现了问题，这些人面临的将是难以前进的道路……而您，却带着您的孩子在挑战山顶的高度！”

这是一段具有强烈对比性的想象，想象之所以为想象，毕竟不是真实的。但客户听到这段话后，是不会产生异议的，因为，这只是对产品的一种自信。

那么，具体地说，我们应该怎样帮助对方开发想象力呢?

1.语言诱导

你要学会运用诱导性的语言为对方的想象力铺平道路，并适时限制或发展对方的想象空间，这就像制造一个固定的空间、固定的路径，引导对方朝着自己设定的方向想象，从而达到自身的目的。

2.让对方参与，体验互动

人们常说“耳听为虚，眼见为实”，相比你所说的，人们更愿意相信自己的眼睛，更愿看见真实的幸福生活。此时，如果你也能和案例中的娜娜一样，调动起客户的视觉、嗅觉、味觉、触觉等感官亲身体验产品，那么，一旦他们对你的话产生了信心，是很愿意相信你的。当对方了解这些以后，就会有一种想尝试的欲望，此时，我们的劝服目的也就近乎成功了。

总之，女人们，在劝服他人的过程中，你可以采用未来憧憬法，引导对方看到在接受我们的意见后所拥有的“幸福生活”。

心理启示

聪明的人在劝服他人的过程中，都会巧妙攻心，他们并不会苦口婆心地劝说，而是使用“未来憧憬法”。这一方法能加快对方接受意见的脚步，一旦对方感受到你所描述的蓝图是美好的，他们会毫不犹豫地选择听从你的意见。

专业术语让你更有权威性和说服力

生活中，人们在劝说他人的过程中，都希望自己的语言更有说服力，对此，一些女人喜欢采用一些华丽的辞藻进行描述，但给人的印象却是华而不实，令人生疑。因为这些说服的语言毫无根据，完全站不住脚。但如果你能多说一些专业的术语，就会提高话语的含金量，让人感到信服。

现实生活中，相信每个女人也都在一定的领域内发挥着自己的价值，因此，都有自己熟悉的专业。而同样，人们对于那些专业能力强的人往往更信任，因为这意味着他们对于同一件事的处理能力比别人强。根据这一点，你可以得出一点：劝服别人时，在发现了对方的长处后，你可以尽量多说专业术语。比如，当你想赞美一位研究历史的教授时，你可以谈及对方曾经自己发表的论文和专著，并对其中的某些内容加以正面评点。

小江是一名电脑销售员，她最近在跟进一笔生意。这天，她从这名客户那里回来，到办公室后，她表现得愤愤不平，同事小刘问其原因。

小江：“刚才那个客户真是烦人，他什么都不懂，还非要冒充是行家，我向他介绍半天我们的产品，但他似乎都听不明白似的，说我卖的电脑这里不好，那里不好。还说他们家那台老式的电脑是目前市场上卖得最火的，我看至少有三四年的时间了，你说好笑不好笑。”

小刘：“那你怎么说服他的呢？”

小张：“说服他？我刚开始和他讲解现在的市场行情他不听，后来我生气了，和他大辩了一通，使出我浑身的解数。结果他一句话都说不出来了，哈哈。”

小刘：“那他有没有说要买你的电脑呢？”

小张：“……”

案例中，小江在拜访潜在客户后，因为不顺利而向同事诉苦：“我向他介绍半天我们的产品，但他似乎都听不明白似的。”实际上，小江在抱怨的同时，可能忽略了一点，客户之所以会不同意的你的观点，是因为你的表达不够专业，无法让其信服。而小江与客户产生争辩，更是不可取的行为。因为你与客户交流的最终目的是说服其购买。和客户争辩起来，如果你在争辩中胜利了，他自然会对你更加痛恨，当然拒绝和你交易；如果客户胜利了，他会摆出一种洋洋自得的神情，更加鄙视销售员，自然也会看不起你的产品。而我们在与潜在客户沟通的过程中，如果能做到谈吐专业，那么，自然会避免很多类似于案例中的问题的发生。

事实上，无论是出于何种目的的劝服，女人们，你都要从以上案例中吸取教训。与人交流，专业化的语言能使你顿时变得可信起来。

那么，具体来说，我们该如何表达呢？

1.讲解不可喋喋不休

通用电气公司的一位副总经理曾说：“在代理商会议上，大家投票选出导致推销员交易失败的原因，结果有3/4的人——也就是一多半的人认为，最大的原因在于推销员喋喋不休，这是一个值得注意的结果。”可见，任何时候，我们都不能喋喋不休，这是专业素养缺失的一种表现。同时，如果说话喋喋不休，也会使得对方失去了提问和回馈意见的机会，这无疑会让对方感到懊恼，没有哪个客户愿意与毫不顾及自己感受的人谈话。

这就要求你要做到：

①表达不冗余，词句简练，信息有其一定的必要性。讲话絮絮叨叨的、繁杂的女人应当加以改正。

②信息不重复，即说话不可啰唆、重复，表达言简意赅、精炼，措辞有表现力，也不要总是把口头禅挂在嘴上。

③表达明确，不可模棱两可，也不要使用那些令人费解的词语。防止误解，避免歧义。说话不要吞吞吐吐，说一些似是而非的话，要一是一、二是二，把要表达的意思说清楚。

2.不要使用太过专业的语言

在谈话一开始使用过于专业的术语，不但容易让对方产生疏离感，还可能造成对方对我们讲解的不理解。所以在与对方交谈时，我们要尽量使用简洁明了、通俗易懂的语言，以在对方心中形成一种平易近人的印象。

心理启示

在与人沟通的过程中，不管对方的态度如何，我们都要戒骄戒躁，耐心讲解，尽量用最专业的素养来赢得对方的信任，从而成功说服对方！

第9章

温柔拒绝：女人这样拒绝不伤害他人心理

女人天性温柔善良，更富有同情心，她们多半不善于拒绝，然而，你不可能事事答应，可以说，对于女人来说，学会拒绝是一种自我保护，而巧妙的拒绝是一门语言的艺术，更直接体现出一个女人的智慧。面对他人提出的不合理、不合适的要求或者自己不愿意去做的事情，这时候你要善于说“不”，这虽然是对他人意愿或行为的一种否定，但却有效地达到了巧妙拒绝的目的，又使对方不至于产生不快的情绪。

给拒绝一个合理的理由

生活中，没有人喜欢被拒绝。同样，天性温柔善良的女人更容易在拒绝别人时产生一些心理障碍。生活中的女人们，你是否曾经为以下事情伤脑筋：一个你曾经认识的人，他品行不良，但非要和你借钱，你深知，如果钱借给他，就等于肉包子打狗——有去无回；或者一个熟识的生意人向你兜售物品，明知买下会吃亏；或者你的患难朋友，曾在你最困难的时候帮过你，现在有求于你，而你心有余而力不足，但他不相信，认为你是忘恩负义，故意不帮助他……遇到这些问题，你该怎么办？要记住，你不是神仙，也不能呼风唤雨，有求必应，该拒绝的，就必须要拒绝。如果不好意思当场拒绝，轻易承诺了自己不能、不愿或不必履行的职责，事办不成，以后你会更加难堪。

当然，的确，拒绝就意味着将对方拒之门外，拒绝了对方的一片“好意”，有时会让对方很难堪。而如果我们能根据不同的场合和对象进行考虑，选择恰当的方法、以情动人地说出自己的理由，或者为对方寻求更好的解决方法，那么，即使是拒绝，对方也会感觉到你的情义。

小张是公司的一名小领导，员工的工作她必须参与，上级领导的工作她也不能推卸，因此，她常常忙得焦头烂额。最近，她负责一项权责以外的工作，弄得头昏脑涨。因为是第一次经手工作，不明白的地方很多，所以常在思考上花费很多时间，导致工作进度很慢。偏偏在这个时候，上司又要求她去参加拓展业务的研讨会。

小张不自觉地就用比较强烈的口气拒绝说：“不行啊，我现在根本就没时间参加什么研讨会。”

上司听后，似乎心头也起了一把火，很不满地说：“好吧，那从此以后就不再麻烦你了！”

显然，小张的言辞上有不妥之处。遇到这样的情况，首先要先将上司的请求当做指示、命令。一道命令下来，就没有拒绝的余地。在这种背景下，如果不留余地地拒绝，上司肯定会发火，而且也让上司的面子很挂不住。这个时候，你可以先说明一下自己的处境。一般来说，如果将自己的难处真实地说出来，上司是能体谅并且接受你的拒绝的。

人们拒绝他人的原因是多种多样的，或是力不能及，或是爱莫能助等。如果你不想因为拒绝而搞坏你与对方的关系，那么，就不妨在你拒绝的语言中加入点情感的因素，但要注意做到以下几点：

1.语气平缓

除非是那些公认的无理要求，否则，你应当尽量语气平缓地拒绝，以免伤害对方的感情。

2.态度真诚

的确，我们之所以拒绝对方，多半是因为我们实在无能为力，而表明难处，也是为了减轻双方的心理负担，并非玩弄“技巧”来捉弄对方。因此，拒绝他人，态度一定要委婉、真诚，特别是上级对下级的拒绝、地位高者对地位低者的拒绝等，更应注意自己说话的态度，不可盛气凌人，要以同情的态度、关切的口吻讲述理由，争取他们的谅解。而在结束交谈的时候，还应再次表明歉意，热情相送。

3.表达你的无奈

用真诚的陈述告诉对方，自己因为哪些原因而不能帮他，是帮不了或不便帮，而非不愿帮。

4.表达你的关心

为此，你需要向对方传递一个信息——“你虽帮不了他，但你还是为他遇到的问题感觉着急，并在内心里希望他能解决这个问题”，而非“事不关己，高高挂起”之意。

5.如果可以，尽量为对方提供一些建议或者解决问题的方法

对于一些你自己帮不了，但你又确实给出通过其他途径能达成问题解

决这一目标的时候，你要站在对方的角度，围绕问题本身帮他找出解决办法，并给出你的建议供他参考。只要你的建议质量高，对方在没能得到你的亲自帮助的前提下，同样会对你心生感激之情的，至少不会怀疑你对他的情谊。

心理启示

当我们对别人有所要求，或者与人沟通的时候，如果对方都能爽快地答应，我们必定心生欢喜；如果对方一再刁难，这个不行，那个不好，我们一定会感到此人不好合作，不通人情。为此，拒绝他人时，还可以从“情”入手，人类都是情感的动物，如果你能把拒绝的理由也说得有情有义，那么，不仅可以成功地拒绝他人，甚至还可以帮你赢得友谊。

用转移话题法达到拒绝目的

拒绝是一种艺术，既能巧妙达到拒绝的目的，又不至于让对方心里产生不快的情绪，这才是高明的拒绝。通常而言，太过直白的拒绝往往是伤害人的，不仅严重打击对方的积极性，而且还会令对方心生怨恨。

比如，这两种拒绝方式：“我不吃日本料理”、“附近还有其他特色餐厅吗？我不太习惯吃日本料理”。前一句更像是一句带着刺的话语插进对方心里，典型的自我中心践踏了别人的一番好意；而后一句则委婉地表达了自己的想法，别人会更容易接受。当我们开始说“不”的时候，态度必须是委婉而又坚定的。委婉地拒绝比直接说“不”更容易让人接受。比如，当同事提出的要求不合公司部门规定的时候，你可以委婉地告诉对方你的权限，自己真的是爱莫能助，如果耽误了工作，会对公司与自己产生冲击。

在日常生活中，相信任何女人都经历过需要拒绝他人的情况，你需要拒绝，但是更需要“不会让对方伤心的拒绝话”，艺术的拒绝方式让对方感受不到一点伤害，反而会理解你的处境。当别人对你有所求而你却办不到的时候，你不得不说“不”，当然，拒绝并不是以伤害他人为目的，而是以和为贵，尽可能在不影响两人关系的前提之下进行。虽然拒绝是很难堪的，但在不得已的时候还是会用到拒绝，事实上，只要你能够很好地运用拒绝的艺术，它最终带来的并不是尴尬而是和气。

不好直接拒绝时，只好采取迂回的战术，转移话题也好，另有理由也行，关键是要善于隐晦，但又不至于撕破脸。事实上，人都是聪明的，你大可不必担心对方不能领悟你变换话题的用意。

有对年轻男女在一起工作，男方对女方产生了爱慕之情，男方急于要表白心意，女方虽心领神会，但是却不愿将友情向爱情方面发展，女方认为还是不要说破，保持那种纯真的友谊比较好。于是，就出现了下面的情况：

男青年：我想问问你，你是不是喜欢……

女青年：我喜欢你给我借的那本公关书，我都看了两遍了。

男青年：你看不出来我喜欢……

女青年：我知道你也喜欢公共关系学，以后咱们一起交换学习心得吧！

男青年：你有没有……

女青年：有哇！互相切磋，向你学习，我早就有这个想法了。

男青年：……

这位女青年三次都把男青年的话打断，使得男青年明白了她的想法，于是，不再问了。这比让他直接问出来，女青年当面予以拒绝效果要好很多。

生活中的女人们，在遇到以上案例中的情况时，你又是怎样将拒绝的话说出口的呢？的确，在拒绝他人时，我们有时会觉得不便说“不”，便随便找些理由来搪塞对方，以求得一时的解脱。但这个方法并不高明，因为对方可能会找理由与你纠缠下去，直到你答应为止。比如你不想答应帮他做事，推托说：“今天我没有时间。”他可能会说：“那没有关系，你明天再帮我做好了，事情就拜托你了。”此时，你可能很难再用其他借口推辞了。因为这些都是小小的谎言，一经反驳，你肯定会感到慌乱，说

“不”的意志便很难坚持了。实际上，你不妨直接采取转换话题的方法，对对方的问题不予直接回答。

当然，我们在采取这一语言策略的时候，就需要做到正确的断答，才思敏捷，口语技巧娴熟。

因为，首先，断答前要摸准对方的心理，“你一张口我就知道你要问什么”，“未闻全言而尽知其意”，这与“错答”比起来，要求会更高。

其次，要能抢得自然而恰当，比如从“喜欢”（人）而引论到“喜欢”（书），能瞒过在场的其他听话人。

最后，断答往往需要几个回合才奏效，因为抢一两次，对方可能还不能领悟到答话者的真正意思，或者略略知道而不甘心，于是继续发问，这就要求“连抢”多次，才能不露出破绽，达到拒绝的目的。所以说难度大，技巧性强，但如果运用得当，效果也会很好。

心理启示

拒绝别人或被别人拒绝，是每个人一生中每天都可能经历的事情。这是人生中非常真实的一面，谁都会遇到这样的经历。朋友、同事，甚至领导来找你帮忙，但有时他们所提出的要求是你没有能力或不愿意去做的，此时，我们就要学会拒绝他们的请求。我们可以故意转移话题，就是在对方还没有完全表达出想说的话时，就将其话断开，转向其他的话题，这对于拒绝对方而言也不失为一种好的方法。

抬高他人，对方更易接受拒绝

相信每个女人都明白，没有人是希望被拒绝的，通常情况下，一个人被拒绝之后，心里会产生落差，他会觉得言语或行为遭受了否定，甚至会有一种被遗弃的感觉。在这时，他急需一种愉悦的情绪进行弥补，填补内心的落差，如果你在拒绝对方之时，再加上几句对其赞美的话语，那将是非常完美的。

早上，熬了一个通宵的陈女士还没起床，就被一阵敲门声吵醒了。她很不耐烦地起来，胡乱穿了一件睡衣就开了门，只见门外站着一个十七八岁的女孩子，正犹豫着要不要继续敲门呢。陈女士上下打量了对方一番，发现这个女孩子穿着随意的T恤牛仔裤，手提一个袋子，袋子封面上有“某某化妆品”的字样，一看这架势，应该就是上门推销的。

陈女士有些不耐烦：“大清早的，怎么就上门推销东西了？”那女孩子态度很谦和：“不好意思，姐姐，打扰你了，我是某某公司……”“姐姐？”陈女士看着邋遢的自己，好像还把自己看年轻了，那女孩子谦逊的态度，让陈女士不好拒绝，但是她平时是最讨厌这种上门推销的业务员的。她一边听那女孩子说产品，一边开始考虑到底该怎么拒绝。

不一会儿，那女孩子就介绍完了产品，然后试探性问：“姐姐，你平时用化妆品吗？”果然，马上就转到正题了，陈女士摇摇头说：“我白天晚上这样忙，哪里有时间去护肤呢，不过，说实在的，我可是很羡慕像你这样年纪的女孩子，皮肤好，身材好，那可是我做梦都想回去的年纪，可惜已经回不去了。”女孩子羞红了脸，说道：“其实，姐姐看起来也很年轻的。”陈女士笑了笑，说道：“像你这样的女孩子就是好，我的女儿也就你这般年纪，现在正在上大学，青春真是无限好，如果我女儿在家就好了，估计她会对你的化妆品感兴趣，可是怎么办呢，现在我的女儿不在家，像我这样的老太婆，已经用不着了，下次我女儿回来了，一定欢迎你上门推销，好吗？”没想到这样一说，那女孩子一点也不生气，反而很有礼貌地说：“不好意思，姐姐，打扰你了，再见！”说完，就告辞了。

在案例中，陈女士想拒绝上门推销化妆品的女孩子，但看着对方谦和的态度，又不忍心拒绝，怎么样拒绝才不至于让对方那么不难以接受呢？她打量了对方那个女孩子以后，发现对方跟自己女儿差不多，于是，她先是赞赏了对方值得羡慕的年纪，这样“抬高”立即给对方带来好心情，然后再适时拒绝，这样的方式也令对方很容易就接受了。

“抬高”，其实就是赞美，或者说夸赞，将别人的地位无形之中抬高，让他有一种优越的感觉。而正是“抬高”所导致对方产生的优越感觉，会有效地弥补其遭受拒绝之后的落差心理。人总是这样，当他重新拾回了一个苹果，即便是他已经丢失了一个橘子，但他内心却还是非常愉悦，他们总是着眼于自己眼前的东西，对于那些丢失的或者得不到的，他们总是容易满足的。

在生活中，相信大部分女人都知道拒绝是应该的行为，但同时可能你也害怕拒绝别人，也害怕被人拒绝，无论是处于哪一方，都将会遭受消极情绪的折磨。在这样的情况下，为什么不能将拒绝变换一种方式呢？就好像本来一个平常无奇的三明治，突然中间多了许多美味的蔬菜，那该是多么大的惊喜。所以，在拒绝对方的时候，我们要善于用抬高的方式来拒绝别人。

当然，使用这一心理策略拒绝他人，女人们，你还需要掌握一些操作细节：

1.抬高对方的“好意”

比如，对方发出游玩的邀请，或赠送礼物等，而你出于某种原因需要谢绝时，要称赞和感谢对方的热情友好，表示非常高兴接受这份心意。如“你对我非常关心。你这番心意我领了！”“谢谢你的好意！”这样一来，对方即使被回绝，仍觉得你是个通情达理的人，因为你理解了他的美好用意。这时，你对他拒绝的语气应该是毫无疑问而不容商量的。

2.抬高对方的“能力”

例如，当上级为对方布置了一项工作任务，而对方却请求你为他完成时，你就可以这样拒绝：“我对××这一块很不熟悉，也没做过类似的工作，王总正是因为了解你能胜任它，才把这个任务交给你的！”

3.抬高对方的“品质”

比如，如果你要拒绝异性的求爱，你可以说：“在认识你以前，我就知道你是个很好的人，而且，你在学校的时候，就一直是很多女生心中的偶像；在工作单位中，你也是……但是对不起，让您失望了！”这些话绝不是可有可无的。没有它，将使你显得高傲和不近人情，因此，为不能满足对方的愿望而致歉是非常必要的。

心理启示

拒绝他人，如果很快地切入正题，对方很可能会产生不自主的抵触情绪。即使他表面上接受，却未必表明你已经达到了目的。所以，先让他放松下来，然后再开始你的“慷慨陈词”。这样往往能达到比较好的效果。每个人都需要真诚的赞美，赞美是鼓励，赞美如阳光，在拒绝他人前，若能先抬高别人，对方接受起来也会容易得多。

拖延时间法拒绝小人的请求

现实生活中的女人们，在你工作和生活的周围，是不是有这样一些人：他们不仅懂得隐藏自己，而且善于使手段、耍心眼，这样的人就是小人？你有没有曾被他们暗算过？这些小人有没有请求你为他们办事？此时你该怎么办？

对于小人的请求，你不可采取激烈的直接拒绝法，虽然，我们内心对小人深恶痛绝，恨不得与之划清界限，远远避开。但是，对于那些死缠烂打的小人而言，一味地躲避并不是明智之举，与其发生激烈的争执，那更是下下之策。本来，小人的心胸就比较狭窄，他们的心眼更是猜不透，如果你直接拒绝，或者以不屑的态度拒绝其要求，估计就在那一刻，他已经将你划分为敌人，并将你列为自己的报复对象。

不得不说，那些小人是很会要手段的，因而他们向上发展的机会是有的，而且有可能会成为高级领导身边的红人，纵观历史，诸如魏忠贤一类的小人，都曾有过名利双收的时刻。试想，如果你曾拒绝过的小人，有朝一日爬到了你的头上，那你将会成为第一个被他打击的对象。所以，对于那些死缠烂打的小人，你不能直接拒绝，更不能与之产生矛盾，而是需要以时间作为拖延来进行拒绝。拒绝小人，最智慧的方式也就是用时间拖延。

陈萍是一名部门主管，当初公司把她调到这个部门的时候，她就不大乐意，因为她早有耳闻，这个部门有不少下属不好应付，其中就包括秘书小林。前任主管就是被这几个人使阴招赶走的。但既然公司已经下达了指令，陈萍只好硬着头皮上了，她也有志于改善部门状况。

刚报道的第一天，秘书小林就对陈萍说："主管，之前没有做过这类的报表，你帮我做一下吧。"

听到这话，陈萍觉得很诧异，做报表在公司一直都是秘书的本职工作，小林的请求实在是太过分了，她很生气，但一想到，要是直接拒绝，很可能自己也会是前任主管同样的命运。因此，想了想之后，她对小林说："不好意思啊，今天我刚来，事情太多了，等忙完这周的话，你再把数据表拿来。"

一听到陈萍这么说，小林心想，这份报表周五前必须要交到公司财务部，哪里还等得到下周？于是，她只好自己去处理了。

这招果然奏效，后来，陈萍用同样的方法摆平了很多心有不轨的下属的请求。

案例中的主管陈萍的这招拒绝方法很值得女人们学习，尤其是在应付那些小人的时候。对于他们的请求，不能直接拒绝，而应该采取时间拖延法与之周旋。

一般而言，小人都是独来独往、不合群的，因为他们的所作所为使得他们在人际交往中处处碰壁。没有谁去认同他们，更没有人愿意与他们交朋友，甚至他们成了"过街的老鼠，人人喊打"。他们自然明白自己的处境，于是他们对谁都是充满着恨意。在这样的情况下，女人们，你更应该小心翼翼，与之"打打太极"，以时间为借口，诸如"下次，下次我一定会好好考虑的”、“最近时间有点忙，下次吧”，这样慢慢拖延，实际上也是在尽量缓和与小人之间的关系。

有句话叫做“宁可得罪君子，不愿得罪小人”，因为小人的言行举止是不受道德规范约束的，他们做什么事情都是不讲游戏规则的。即便是君子也不愿意与小人斗，更别说我们了。习惯于死缠烂打的小人从来不讲信用，不重承诺，从来不按游戏规则出牌，他们往往为了达到目标而不惜一切手段。

所以，生活中的女人们，在与小人相处的时候，你千万不能掉以轻心，哪怕是对方所提出的要求，你也不要直言拒绝，而是表现出自己应有的“尊重”，尽量以时间拖延，让小人慢慢接受被拒绝的过程，这样对他而言，相对来说会轻松很多，而且，他也不会对拒绝自己的一方产生怨恨。

心理启示

对于小人的请求，如果你马上拒绝，定然会得罪他，小人本身就是无孔不入、驱之不去、阴魂不散、破坏正常人际交往的受人鄙视的团体，如果你得罪了这样的人，可以想象会为自己带来什么样的后果。时间拖延法，能消减小人的怨恨之心。

女人撒个娇轻松拒绝他人

相对于男性来说，女人天生有其优势，比如温柔细腻、声音甜美，尤其是那些会撒娇的女人，只要她们一开金口，似乎很少有男人能拒绝他们，其实，生活中的女人们，你也完全可以反过来将这一优势运用到拒绝他人的过程中。比如，你可以这样拒绝：“你为我想想，我怎么能去做没把握的事？你这是让我出洋相啊。”这样一来，相信对方一定会“收回成命”，另寻他法。

在拒绝他人上，有直接拒绝法，就是把拒绝的意思当场讲明。但对于中国人来说，含蓄的民族性格让人们喜欢用委婉的方式拒绝他人。但并不是所有人都能把握它的精髓，有些人在表达上含糊不清，明明是在拒绝别人，却让他人以为是应允了。因此，有时候，直接拒绝的结果也是可取的，当然，使用这个方法时应当避免态度生硬，说话难听。对此，如果你能适当示弱、撒撒娇，就会降低对方对你的期望，从而消除向你寻求帮助的想法。

一般来说，来求你办事的人都是因为相信你能解决这样的问题，对你抱有很高的期望。然而，对你抱有的期望越高，你就越难拒绝。在拒绝时，如果过多地讲自己的长处和优点，就会无意中抬高对方的期望，增大拒绝难度；如果适当地讲一讲自己的短处，就能降低对方的期望。在此基础上，再抓住适当的机会多讲别人的长处，就能将对方的期望值自然转移开去。这样不仅能达到拒绝的目的，还会使被拒绝者发现一个更好的自己，因此，意外的惊喜所产生的欣慰心情将取代失望与烦恼。

那么，具体来说，女人该如何使用撒娇式的心理拒绝策略呢？

1.转嫁主动权

“你也知道嘛，我在家做不了主的，这事需要我老公来决定。”

这个说法适合拒绝朋友，既可以给自己留出缓冲地带，也可以彰显甜蜜，是最适合女人的一种拒绝方式。

2.避实就虚

“不好意思，我今天真的约了人，去不了啦。我可不是那种重色轻友的人咯。”要很快地、毫不犹豫地说出这些话，充分利用他人对你“一向心直口快”的印象。对方虽然被拒绝，却依然信任你。如果犹豫不决地说出理由，反而会让别人怀疑。

3.话语求助

“最近忙的事情你知道，我已经很多天没好好吃饭了。你也不忍心看我变成一个又老又丑的黄脸婆吧。”

这个撒娇式的拒绝既未表示否定，又给自己留出了余地，适合温顺地面对家人。

心理启示

拒绝人情，拒绝姻缘，主要是由于能力、慈悲、情感因素，聪明的人在拒绝他人的时候，都懂得示弱，降低他人对自己的期望，或转嫁能力，或转嫁主动权，从而减低对方的期望，继而“收回成命”，又不致影响彼此的交情。

拒绝领导的言辞要含蓄委婉

现代社会，女人们要参与职场竞争，也就免不了与领导打交道，你是否遇到过这样的情况：领导叫你干一件事，你马上答应了下来，即便这件事本不该你做，或超过了你的负荷。或许是慑于领导的压力，也许是出于其他的某种考虑，你往往不会去拒绝。其实，在工作中，作为女人，你应该学会拒绝领导。当然，不同的人，所选择的拒绝方式也会不一样，这也就造成了不同的结果。尤其是拒绝领导，需要更委婉才能达成拒绝的目的。

女人们，委婉拒绝领导，这就需要你掌握一些回绝的技巧和回绝的忌讳，这样才有能使自己在回绝之中处于主导位置。虽然，你在进行职场生涯的过程中，是有权利说“不”的，但是你也要有说“不”的能力。这就需要你所选择的回绝理由必须是客观的，所说的言辞要委婉，还需要有自己的一定实力。总而言之，在拒绝领导的时候，无论是语气还是态度，都应该更委婉含蓄。

快要下班的时候，经理叫住正要出门的王玲娜，吩咐道：“小王，先别走，客户刚打了电话，说晚一点会过来看样品，这个客户很重要，你留在办公室接待一下。”王玲娜有些不耐烦：“怎么又是我啊，每次遇到这种事情都找我，经理啊，下班了我也想多有一点自己的私人时间，你看我都28岁了，连个男朋友都没找，前任跟我分手的理由就是我太忙了，我就请你高抬贵手，放过我这一次吧。”经理脸色有些阴沉，但还是轻言说道：“毕竟，关于样品的介绍，还是你比较熟悉一点，你做的这份工作就是这样，而不要把自己男朋友走了的事情跟工作扯上关系。”

见总经理还是要求自己去做，王玲娜索性也冷着一张脸，说：“总经理，反正我今天有事情，我真的等不了，你要怎么惩罚我都可以，我走了。”说完，头也不回地走了，只剩下总经理在那里张口结舌地站着。

案例中，王玲娜的拒绝算是比较差劲的，可能她是真的有事情，但也不应该以这样的口气与领导说话。这样的拒绝方式，非但不会让领导体谅你，反而会责怪你不服从命令。对每一位领导来说，需要管理的是整个公司，并不只是某一个人，保持自己的权威性对他来说十分重要。

在工作中，对于领导提出的不合理请求，不少女人都不懂得该如何去拒绝，往往会因为情面等方面的问题而违心地说“是”。其实，这样对双方都不好，事情办不好可能会对对方造成一定的损失，而自己也会给领导留下不好的印象。当然，没有人喜欢被拒绝，所以，在工作中拒绝时不要急切、直接地表达出自己的立场与处境，而应该掌握必要的沟通技巧，既不伤领导面子，又能婉转地拒绝他人，尽量降低拒绝产生的负面效应。

小丽是个聪明的女孩，但面对她的顶头上司张经理经常布置的额外任务，她却不知道如何拒绝。这天张经理又在增加工作量的时候，小李鼓足了勇气说：“我手里有三个大的项目，十个小的项目，我担心时间安排不过来。”张经理一听，脸色马上变了，说道：“可是，这个项目只有你去做我才放心。”小李只好无奈地表示：“那好吧，我赶一赶。”说完这句话，小李就后悔了。

看到张经理的脸，一个大胆的念头在小李脑海中诞生了：“不过，要按时保质完成，我需要几个帮手。”小李轻描淡写地说，张经理有些惊讶，但马上笑着说："我考虑一下。"原来，小李是这样想的，如果张经理答应给自己派个助手，那就相当于变相给自己晋升，自己的工作也就分担出去了；如果不答应，那他也不好继续给自己布置工作任务了。

果然，张经理没有再增加新的工作量，而且还经常跑过来关心小李的工作情况。

在这个案例中，小李的拒绝方式是成功的，向领导展现自己的难处，受到了领导的理解，当然，在拒绝过程中，也很好地照顾到了领导的面子，从而和谐了上下级之间的关系。张经理在遭到小李的拒绝之后，并未对小李产生反感的情绪，反而经常询问其有关的工作情况。

总之，职场女性，在拒绝领导的时候，特别需要注意自己的言辞，选择一个合适的场合，用友好的语调与其交谈，让领导感觉到你的尊重，感觉到你是在为他维护权威和形象，他就会觉得你是一个善解人意的员工，也会对你产生一种好感。

心理启示

拒绝领导，千万不要用一些直接的语气，这样只会造成争吵，而争吵的结果通常都是自己被迫降职、被炒鱿鱼等不堪的下场。

第10章

甜言美语：女人这样赞美更易让人心动

女人是天生的语言学家，相信大部分女人都知道，语言是人际交往的基本工具，那人们都爱听什么话呢？很简单，人性的弱点告诉我们，人们都爱听恭维的话，人类都是禁不住恭维的动物。喜欢听赞美似乎成了人的一种天性，是一种正常的心理需要。然而，盲目的赞美，不但起不到作用，还会适得其反，因此，作为女人，在赞美他人的时候，一定要掌握方式方法，力求把赞美之词说得更加得体。

女人嘴甜，处处招人喜欢

我们知道，人人都长着一双爱听赞美之词的耳朵，任何人都无法拒绝赞美，即使是那些仁人志士与君子，正如卢梭说：“贤人志士是绝对不追求运气的，然而对赞誉和激励也不能无动于衷。”在日常交往中，人人需要赞美，人人也喜欢被赞美。真诚的赞美不但会使被赞美者产生心理上的愉悦，还可以促进人际关系的和谐。

为此，女人们，也应该认识到赞美的力量，无论是工作中还是生活中，你都需要赞美，赞美是认可别人能力和价值的表现。可见，如果你想搞好与他人之间的关系，就需要多去发现别人的优点、成绩，而不能只看到自己的优点。

不难发现，那些嘴甜、喜欢赞美他人的女人，总是比较吃香。的确，当一个人听到别人的恭维话时，心中总是非常高兴，脸上堆满笑容，口里连说：“哪里，我没那么好”，“你真是很会讲话！”赞美虽是一件好事，但绝不是一件易事。女人们，你需要记住的是，人们都喜欢赞美，但不喜欢被人虚情假意地奉承，因此，赞美别人时如不审时度势，不掌握一定的赞美技巧，即使你是真诚的，也会变好事为坏事。所以，赞美的话不是随便说的，一定要有的放矢，说到对方的心坎上才能起到作用。

小小是一名打字员，她所在公司的经理是个阴晴不定的女人，在工作中也夸奖过下属，但却让很多同事不明就里，小小就是因为曾经被她表扬而不知所措。

有一天，小小刚走进办公室，恰巧遇上总经理，总经理称赞她“是一名优秀的职员”，小小还以为自己的努力被经理看到了。但事实上，过了一会儿，女经理就问一份错误的报告是谁打的，小小主动承认了自己的失误。而下班时，女经理又赞扬她“你工作得很好”。这些使小小感到很困惑。接下来的几天，小小都受到了女经理这种莫名其妙的表扬。在几经折腾下，小小一纸辞呈，离开了公司。

在这个事例中，这位女经理深知赞扬对员工的作用，但她却不知道赞美的方式方法，让员工小小陷入了困惑而辞职。

因此，生活中的每一个女人，都应该从这则案例中获得启示。一般来说，女人比男人更善于说他人喜欢听的话，但你还需要注意，运用赞美的语言来达到我们的目的，我们还必须要注意一些问题，凭空的、空泛的赞美谁都会，仅仅是几句好话而已，但这起不到赞美的作用，反而还会弄巧成拙。

那么，怎样才能将赞美的话说到对方的心坎上呢？

1.态度要真诚

赞扬的目的是激励，是褒扬真善美。抱有某种不可告人的目的，以溢美不实之词，极尽吹捧逢迎，只会引起别人的反感。比如，当对方恰逢情绪特别低落，或者有其他不顺心的事情时，过分地赞美往往让对方觉得不真实，此时一定要注重对方的感受。

2.赞美对方最引以为豪的成就

赞美必须选对“点”，故事中的关云长生气，也就是因为他的儿子只知道赞美他的胡子，反而不提他一世的英明。因此，我们在赞美他人的时候，要始终不忘赞美对方最自豪的成就。

3.从细节赞美

空洞的、泛泛而谈的赞美只会让对方怀疑你赞美的真实性，而从细节上赞美，更有力、更真实，更能让对方产生快乐。比如，你想赞美对方今天的衣服好看，你可以说：“我觉得这种款式的衣服衬得你的身材更好了。”

4.措辞一定要准确、得当

在赞扬别人时，语言不要含糊不清，如果你拿捏不准用什么词赞扬对方，还不如保持沉默，因为那些含糊的赞扬往往比侮辱性的言辞还要糟糕。诸如“嗯，还行”、“挺好”和“没那么糟”，只会让对方觉得你很讨厌。

5.别一味地赞美

适当的赞美，会让对方听着很舒服，也会很受用，可是，过分的赞美，则会显得做作和虚伪，所以，抓住重点赞美，避免赞美之词泛滥，也是我们在赞美他人时应该注意的。

可见，赞美他人需要技巧，不是简单地夸赞他人几句就能起到良好的效果，胡乱吹捧只会适得其反。同时，赞扬还应该把握度，不能太过火，只有适度的赞扬才会使人心情舒畅，否则就会使人感到难堪、反感或觉得你是在拍马屁。

心理启示

社会心理学家认为，受人赞扬、被人尊重能使人感受到生活的动力和做人的价值。赞扬能释放一个人身上的能量，调动一个人的积极性。世界上没有一个人不喜欢被人称赞，时时用使人悦服的方法赞美人，是博得人们好感的好方法。

让你的赞美之言在对方心里开出花

生活中的女人们，可能你经常会听到周围的人这样夸赞你：“这人嘴巴真甜。”那么你肯定就是个善于赞美他人的人。的确，人们都爱听好话，因为人们都有“被认可”、“被肯定”的心理需求，然而，只有那些真诚的、发自内心的赞美，人们才乐意接受。同样，在潜意识里，每个人都会对别人说的话做出分析和判断。很多时候，当一个的好话说得离谱、虚假得很，人们便会产生厌恶的情绪。

例如，当你见到一位其貌不扬的小姐，却偏要对她说："你真是美极了。"对方立刻就会认定你所说的是虚伪之至的违心之言。但如果你着眼于她的服饰、谈吐、举止，发现她这些方面的出众之处并予以真诚的赞美，她一定会高兴地接受。真诚的赞美不但会使被赞美者产生心理上的愉悦，还可以使你经常发现别人的优点，从而使自己对人生持有乐观、欣赏的态度。为此，女人们，当你在赞美他人时，也一定要谨记真诚这一原则。

心理学专家曾经做过这样一个心理学的实验：让两个人分别去赞美一个舞蹈跳得很好，但是却意外地摔倒的姑娘。第一个人走上前去，一边笑一边说："你的舞蹈跳得太完美了。"第二个人走过去，拍了拍姑娘的肩膀，说了句"你很棒"。姑娘对第一个人的赞美，表现出非常厌恶的情绪，狠狠地瞪了他一眼，而望着第二个人感激地说了声"谢谢。"

两个人同样是去表达赞美，为什么第一个人遭到了白眼，而第二个人却得到了感谢呢？对于这种现象，心理学专家做出了解释：人对外界的反应有一个基本的是非判断，从而迅速地恒定内心的安全感。对于友善的表情和动作，同样会做出友善的迎合，继而换来更大的友善，对于不友善的情绪，则同样地会给予敌意，以确保自己安全系数的最大值。

在生活中，这样的例子非常多：

有一个女孩去参加魔术表演，期间，她无意间碰到了裁判老师，就在擦肩而过的一瞬间，她突然转身说了一声，"老师，你的裙子很好看"。老师先是一愣，很快，高兴地说："真的吗？这是我从北京买回来的。平日里很少穿的。"这天下午，比赛结束了，有两个魔术表演都非常的不错，难分好坏，其中就有那个打招呼的女孩子。裁判们在左右为难的时候，有老师点了女孩的名，说："我觉得她的表演更胜一筹，表情比较丰富。"就这样，女孩在真诚的表达赞美之后，让自己赢得了老师的好感。

可见，在赞美他人的时候，要表达得真诚些，这样才能赢得他人的好感。女人们，你要记住的是你用什么样的心态对待别人，别人就用什么样的心态对待你。不要把别人当成傻子，你是否在真诚地赞美他，他心知肚明。虽然人都喜欢听赞美的话，但并非任何赞美都能使对方高兴。能引起对方好感的只能是那些基于事实、发自内心的赞美。相反，你若无根无据、虚情假意地赞美别人，他不仅会感到莫名其妙，更会觉得你油嘴滑舌、狡诈虚伪。那么，究竟如何才能让你的赞美表现得更真诚呢？

1.赞美的话要建立在了解对方的基础上

赞美别人的时候提前要多了解别人，这样你才能把赞美的话说到点子上。例如你刚刚与对方结识，并不知道对方的情况，就对对方说："一看，就知道你是个学习成绩很好的人。"而实际上，对方的成绩一直不理想，那么，你的赞美自然会被当成耳边风。

2.动机纯洁，态度自然

真诚的赞美首先要有纯洁的动机，它不是为了谋求从对方得到什么才予以赞美。卡耐基说："如果我们只图从别人那里获得什么，那我们就无法给人一些真诚的赞美，也就无法真诚地给别人一些快乐。"

女人在赞美他人的时候，为了防止自己的赞美流于奉承，一定要显得诚恳且心里坦然。比如，你可以不时在"这张可爱小孩子的照片，是你孙子的吗？"类似的轻松话题中与对方交谈。只要心里坦然，在愉快和谐的谈话中，对方必定会接受你的赞美。

3.言辞表达一定要恳切一些

要想表达真诚，最主要的还是在言辞上，要诚恳一些、热烈一些。用你内心迸发的热情来感染对方的情绪。比如：在赞美别人的优秀表现时，你要说："你真是太棒了！"在"太"上还要加重语气语调，让你浓浓的敬佩之情，通过你热烈的表达传递到对方的心里。

4.选准时机，及时赞美

赞美的效果在于相机行事、适可而止，真正做到"美酒饮到微醉后，好花看到半开时"。要知道，赞扬是过时不候的。

5."患难见真情"，逆境中的赞美更真诚

俗话说："患难见真情。"最需要赞美的不是那些早已功成名就的人，而是那些因被埋没而产生自卑感或身处逆境的人，这时候的赞美才更显真诚。因此，最有实效的赞美不是“锦上添花”，而是“雪中送炭”。

另外，从心理学的角度看，在交流时，别人会通过你的眼神来甄别真伪。不要逃避和他人眼神碰触，也不要四处游走，更不要望着天花板和地。人在说谎的时候，眼神都有这些反应。当然，要多往右上角凝聚，因为人在表达真诚的时候，往往眼神会往右上角转移。这样，别人会感受到你的真诚。

总之，女人们，需要你记住的是，在表达赞美的时候，尽量表达得真诚一些，会为你赢得更多好感。

心理启示

赞扬的作用，就是把他人需要的“荣誉感”和“成就感”，拱手送到对方手里。当对方的行为得到你真心实意的赞许时，他在获得了心理上的满足感后，也就会对你产生认同感。

从细节之处赞美让人感受你的真挚

大千世界，芸芸众生，我们每个人只是沧海一粟而已。在日常生活中，不是每个人都能功成名就。我们发现，那些有成就的女人都会说些甜言蜜语，她们更善于从小事上称赞别人，而不是一味地搜寻了不起的大事。

生活中的女人们，在与人交流的过程中，你也应从具体的事件入手，善于发现别人哪怕是最微小的长处，并不失时机地予以赞美。因为赞美用语越翔实具体，说明你对对方越了解，你的赞美越显得真实可信，越是能让对方感到你的真挚、亲切，你们之间的人际距离就会越来越近。

某服装店内，一位导购员发现新上架的一件衣服做工有问题。于是，她及时把它转移到顾客看不见的角落里。这一举动被店面经理看到了，就夸她为公司着想，维护公司的荣誉，还决定给她加奖金。这位导购员简直有些受宠若惊，到处赞扬那位经理，说他眼快心细，自己的一点小成绩也逃不过她的眼睛，在这样的公司工作才有价值感。

这位导购员不仅仅是为了被奖励了而感到快乐，而是被经理的关心所感动，使她感到自己生活、工作在一个温暖的集体之中，从而激发了她的工作热情，增强了责任心。

那么，我们该怎样从细处着眼赞美别人呢？

1.要留心观察，细心思考

从现在起，你要做一位有心人，善于发现赞美的体裁，这就要留心观察，细心思考。比如，你是否发现办公室有位同事，总是为其他人冲咖啡？对此，你可以赞美道："你为我们每个人省了五分钟的时间……"再比如，当你发现你的女同事今天戴了新耳环后，你可以适度赞扬一番："这对耳环是不是今年××杂志上重点推荐的那款？"

2.用专业知识赞美他人的长处

在某次书法展上，某青年偶遇某著名书法家，他对该著名书法家说："这字写得真好!"书法家问他究竟好在哪里，然后，他只好回答："这手字真乃绝活！我一个也认不出来！"

该青年如此赞扬，真是自露浅薄。

发现对方的长处，这是赞美对方长处的前提。对此，你可以从对方的爱好入手。一般来说，人们只有先对什么感兴趣，才会擅长什么。几乎每个人都有自己的爱好，有自己擅长的事物，琴、棋、书、画等。这就需要我们细心观察，在发现对方长处后，也不要贸然赞美，而应该先加以了解。

做一个赞美者，要懂得专业知识。"隔行如隔山。"如果知识面狭窄，无疑就成了"门外汉"空怀一颗善良的心，却找不到赞美的话题。人们除了对自己专长的东西比较了解之外，对很多事情都很陌生，而在自己陌生的领域内对别人表现出的才能和长处就不能理解。为此，我们在发现了对方的长处后，应尽量用专业术语赞美。比如，当你想赞美一位研究历史的教授，你可以谈及对方曾经发表的论文和专著，并对其中的某些内容加以正面评点。

3.“广而告之”，让更多的人知道

人们都希望得到更多人的认同，如果你满足对方这种心理。那么，对方必将予以回报。比如，你可以选择某个时机，当众感谢这位冲咖啡的同事，放大其这一助人为乐的品质并大加赞扬，该同事一定会对你心存感激。

4.破除固定思维，赞美之言尽量“对事不对人”

例如，当你见到一位其貌不扬的男士，却偏要对他说：“你真是帅极了。”对方立刻就会认定你所说的是虚伪之至的违心之言。但如果你着眼于他的服饰、谈吐、举止，发现他这些方面的出众之处并真诚地赞美，他一定会高兴地接受。

不得不说，生活中，一些女人在赞美他人时常犯一个错误，就是见了什么都说好，见了谁都说好。这种泛泛的赞扬会让人觉得赞扬者漫不经心，它不会让受赞扬的人感觉到真正的快乐。从细节上赞美会显得更真实，也会更有力、有效。

总之，生活中的女人，在学习赞美这门学问时，你要明白的是，“赞美”的实质是能把赞美的话说到对方心里去。而这一点，首先需要你具备一双慧眼，要找到赞美的细微处，善于发现对方的长处，并赞美他人的长处。

心理启示

从小处着手夸奖别人，不仅会给别人出乎意料的惊喜，而且可以使你树立关心、体贴他人的形象。

女人的赞美要合心意、合时宜

人际交往中，很多女人常常使用赞美的语言。适当地赞美能取悦人心，如果你对他人说出赞美的话，并且能恰如其分，对方一定会十分高兴。赞美对人际沟通、维系良好关系会产生重要的作用。它不仅是调整心灵的润滑剂，而且，让别人听了感到舒服之余，还有助于增进彼此关系。所以如何适当地恭维他人，也是与人沟通的重要课题。

当然，赞美别人，不是廉价的吹捧，不是无原则的“你好我好大家好”，不是投其所好的精神按摩，更不是包藏祸心的精神贿赂。赞美是有原则的，其中重要的一点就是：赞美也要分时、分人。

具体来说：

第一，分时。

常言道：“语言是衡量沟通双方心理距离的尺度。”令人感到不舒服的赞美之言语，不仅会在无意中拉开彼此的距离，更有防范他人侵犯的意味。因此，我们要想让赞美收到良好的效果，就要注意根据双方关系的亲疏远近、分时段地赞美，才能拉近彼此间的关系。

1.如果彼此是初次见面或是关系一般，赞美之言最好点到为止

赞扬对方，如果关系不是那么深，还没有融入彼此的圈子。你的赞美之言若能传达你的心意即可。“你真是太好啦”或者“我对你的佩服如滔滔江水连绵不绝”之类的话，恐怕没有什么人会认为你真的是对他们充满了善意吧！

2.随着关系的深入，可适当采用随意的赞美之语

比如，对于你的一个女性朋友，你可以随时随地地赞美她，但与其说“你太漂亮了”，不如说“这件衣服穿在你身上真漂亮”；与其说“你真有头脑”，不如说：“你怎么就能想出这样的好办法呢”。这样表达起来，更显真诚。

3.如果彼此关系很好，交情很深，有时即使夸张一些也没关系

比如，对你的闺蜜的新衣服，你可以说：“你的美丽真是让我嫉妒死了。”你的话不仅不会让她生气，还会让她感觉很受用。

第二，分人。

人的素质有高低之分，年龄有长幼之别，不同的人所能接受的赞美的语言和赞美的方式是不同的。赞美别人时如不审时度势，不知道因人而

异，即使你是真诚的，也会变好事为坏事。相反，因人而异，突出个性，有特点的赞美比一般化的赞美能收到更好的效果。

那么，怎样才能做到因人而异地赞美别人呢？

1.根据对方的年龄

为此，女人们，你在赞美老人时，可以着重赞美他当年的那些引以为豪的业绩与雄风；对年轻人，不妨语气稍为夸张地赞扬他的创造才能和开拓精神，并举出几点实例证明他的确能够前程似锦。

同时，老年人一般会寄希望于子孙，而年轻人则寄望于自身。因此，尽量不要称赞年轻人的父母或者长辈等；而对于老年人，你如果赞美他的子孙，无论学识或能力都是难得的人才，他一定会相当喜欢，甚至认为你慧眼识英雄！

2.根据对方的职业

对于经商的人，可称赞他头脑灵活，生财有道；对于有地位的干部，可称赞他为国为民、廉洁清正；对于知识分子，可称赞他学有根底、笔下生花、知识渊博、宁静淡泊……

3.根据对方的性别

比如，同样是赞美体胖的人，对于女性，若说她又矮又胖，一定会令人反感；但你夸她一点不胖，只是丰满，她会得到几分心理安慰。对同样体型的男子，你说他是矮胖子，他也许会置之一笑。

4.根据对方的个性性格特点

对方性格外向，行事大方，可多赞美他，他会很自然接受；如果对方比较内向、敏感、严肃，你过多的赞美他，会使其认为你很轻浮、浅薄。

5.根据对方的知识水平

如果你和一个知识分子谈到对社会上嫉贤妒能现象的认识，你可以说“木秀于林，风必摧之”之类的话；而如果对方是个知识水平不高的人，你则可以说“枪打出头鸟”、“出头的椽子先烂”这样的俗话，对方会更容易接受，讲话才有效果，赞美人同样如此。

当然，这一切要依据事实，切不可虚夸。

心理启示

在日常交往中，人人需要赞美，人人也喜欢被赞美。真诚的赞美不但会使被赞美者产生心理上的愉悦，还可以促进人际关系的和谐。赞美是一件好事，但绝不是一件易事。只有“到什么山上唱什么歌”，掌握分时、分人的赞美原则，才能真正起到良好的赞美原则。

背后的赞美让别人更开心

生活中的女人们，不知你是否有这样的体会：某天，有人告诉你：谁谁在我们背后说了许多关于你的好话。此刻的你是否心里甜滋滋的，这样一些赞美的话语，如果是当面说给你听，可能会让你感觉到虚假，甚至会怀疑其背后的别有用心，而间接的赞美，则正好可以凸显出赞美的效果。

通常情况下，赞美往往是当面指出别人的长处和优点，但并不是完全如此。在很多时候，如果我们能巧借第三方进行“背后赞美”，在别人背后说其好话，这样往往会让赞美取得更好的效果。

间接赞美为什么会有那么大的效果呢？因为大多数人觉得，当面说的坏话不算坏话，背后说的好话才是好话，因此，人们更愿意相信背后所说的好话，会更欣赏那些在背后赞美自己的人。

最近，关系不错的小王和小李闹起了矛盾。小王总喜欢开玩笑，前些天，当着办公室所有同事的面，她玩笑开过火了，小李当场就红了脸，气冲冲地摔门而去。从这以后，两个人都没说话，即便擦肩而过，也都是彼此视而不见。虽然，小王内心比较内疚，但她也拉不下脸主动与小李说话。

这天在办公室，小王在与同事聊天的时候，随意说了几句小李的好话：“小李这个人真不错，是很仗义的姐妹儿，我来公司一年多了，她在各方面对我的帮助都挺大的，能够有这样的朋友，真是我的幸运。”没过多久，这几句话就传到了小李的耳朵里，令小李心中既欣慰又感动，就连那位同事在向小李转达这几句话的时候，都忍不住夸赞一番：“小王这人真不错，心胸开阔，难得啊。”

这天下班小李在走廊上看见小王，竟意外地打了招呼：“下班了？有事吗？我们好久没一起去飙歌了。”就这样，两个姑娘又和好了。

有时候，在背后说人家的好话，赞美几句的功效比当面说似乎更有效果，小王那看似随意的几句话却是有意策划的，这样就轻松地化解了横隔在两人心中的障碍，自然也就冰释前嫌了。

可见，要赞美一个人，直接赞美固然能起到作用，但间接赞美的效果更明显。那么，女人们该如何掌握间接赞美的方法呢？

1.背后赞美

如果你当面说别人好话，说得不当可能会被认为你在奉承他、讨好他；然而在背后说这些相同的好话时，被赞美者就容易接受你的赞美之词，也容易领情。如果你当着上司和同事的面赞美上司，你的同事们会认为你在讨好上司，拍上司的马屁，从而引起周围同事的反感。而且，这种正面的赞美所起到的效果也是不明显的，甚至还会起到反作用。与其如此，你不如在公司里上司不在场时，对上司“大力吹捧”一番。而我们所说的这些好话，也会很快传到上司耳朵里的。

2.借助第三者赞美

多在第三者面前赞美你想赞美的人，是你与那个人融洽关系、增进交往的最有效的方法。如果有位陌生的人对你讲：“某某经常与我谈起你，说你是位了不起的人！”相信你的愉悦心情一定会油然而生。也就是说，如果我们要想让对方感到愉悦，就应经常在第三个人面前赞美他，这种赞美要比一个魁梧的男人站在你的面前说“我是您忠实的崇拜者”来得更让人舒坦。

另外，生活中的女人们，可能你没有意识到，间接赞美还能化解人际误会。在生活中，对于那些与我们之间有矛盾或误会的人，如果当面赞美对方会觉得很别扭，同时对方也会觉得这样的赞美缺乏诚意，比较做作。在这样的情况下，你不妨采用间接赞美，巧用第三人来对其进行赞美。背后赞美他人，这是各种赞美方式中，最让人高兴的，因为这差不多算是意外之喜。

其实，正因为间接赞美所凸显出来的效果，使得我们可以轻易地化解对方心中的敌意。在某些时候，误会是由我们自己造成的，有可能会在无意之中给对方带来一些伤害，从而扩大了彼此之间的心灵间隙。在这时，如果我们当面说一些好话，或者企图通过赞美来化解对方心中的敌意，以及抚平给对方带来的伤害，那只会让人觉得虚假，缺乏真诚。

心理启示

间接赞扬别人，让人觉得更真诚、甜蜜，更容易让人幸福，这是情理之中的事。所以人们更容易相信背后的好话，会更加欣赏那些在背后说自己好话的人。

女人的甜言蜜语男人也爱听

生活中，性格外向的女人往往能说会道，很容易和别人打成一片，而那些沉默寡言的女人，大都是自卑、抑郁的代表。每个人都向往幸福、追求快乐，而健谈的女人往往能够通过言语的赞美，使人享受到关心、在乎和温暖，因此，可以说，一个健谈、会赞美她人的女人更讨人喜爱。

在男女平等的现代社会，尤其是在女人面前，男人的尊严感是十分强烈的。的确，人无完人，但即使一个满身缺点的男人，也需要赞美。生活中，我们经常看到男士赞美女性，但却忽略了男人也需要赞美。

1920年，时任上尉的戴高乐，有次在巴黎舞会上邀请汪杜洛小姐跳舞。在优美的旋律下，戴高乐对这位小姐说："我有幸认识你，小姐，非常荣幸，是一种莫名其妙的荣幸。"汪杜洛说："上尉先生，我不知道还有什么比你的话更动听，比此时此刻的时光更美丽。"这种相互间的赞美不仅让两人的距离一下子拉近了很多，更使两人一见钟情，心心相印，很快便定下了终身。

可见，赞美并不是女人的专利。作为男人同样需要赞美。那么，我们要怎样赞美男人呢？

1.不必刻意回避对方的缺点和不足

因为回避意味着你意识到了他的缺点，并且视之为忌讳所在。这会大大伤害男人的自尊心的。其实，面对一个其貌不扬的男人，你倒可以这样赞美："你的外表可能在整个公司里称不上帅哥，但是绝对是最智慧的一个。"

2.最好间接性地赞美男性

间接赞美符合女性的含蓄、羞涩和感性化的人格特点。因为如果对男性直接而大胆地赞美容易招致误解。男女之间说话应考虑到是否适度。直接赞美很容易使男性感到舒服，有时又可能会对你产生非分之想，而这些都不是我们赞美的目的。

比如，你可以借助他人之口赞美某位男同事："据说你的风度非凡，今天看来果然是名不虚传"、"怪不得人人都夸你呢，现在我算是相信了"，这种赞美方式，就有效避免了一些误解。

3.对你爱的男人表达敬慕

无论你对对方是爱慕还是热恋或是已经组建家庭，作为男人，他都需要你的赞美。赞美他，最好的方式莫过于表达你的敬慕。爱情心理学家指出，彼此敬慕是充实爱情的最有力的支撑系统和最坚实的感情基础。

恋爱中，女孩子会说话才能讨人喜欢，嘴巴甜一些，男友也欢喜，尤其是见对方父母的时候，能说会道的女人更容易让男方家长接受。作为女孩子，只是多说几句好听的话，自己也不会损失什么，又能得到别人的喜欢，何乐而不为呢？

在恋爱期间需要甜言蜜语，走进婚姻的殿堂更需要甜言蜜语来滋润婚姻。讲话的时候，不要太苍白，太没有情味，讲话直来直去，缺乏女人味，这样会招致情感上的冷淡，甚至走到家庭破裂的边缘。

大部分女人都相信，她们是应该被爱护的、听人讲些甜言蜜语的。通常，女人抱怨自己的丈夫忽略她们，不知道赞扬她们时，往往也吝于对丈夫赞赏示爱。然而，最能够体贴地表示出爱心的女人，在付出爱的同时，也从丈夫那里得到了需要的一切。

其实，爱情的饥渴并不是女性专有的一种疾病，男人也会患这种“病”的。曾经有人把夫妻间对爱情的冷淡叫做“精神食粮不足”。这个比喻很恰当。因为，男人不是只靠面包就活得下去的，有时候，他们也需要一杯充满爱的咖啡——还要在里面加一点方糖。

当然，能说会道并不一定是要多说，而是要说对。要知道，赞美谁都会，但是能将赞美的话说到男人心坎里，才是真正的口才，这还需要女人掌握一定的赞美方法。

心理启示

在男人眼里，女人的赞美是他个人魅力的象征，显示了他征服世界的实力，因而会产生很强烈的人生满足感。因此，从现在起，赞美你身边的男人吧！

过于泛滥的赞美言辞不再珍贵

在人际交往中，恰如其分地赞美对方，能创造一种热情友好的气氛，能使彼此的心情更加愉悦舒畅。但赞美也是一把两面有刃的利剑，它既能增进人际关系，也能破坏人际关系。生活中的女人们，你若想让赞美起到应有的作用，就必须懂得一个道理，把握好赞美的尺度，过分赞美有“毒”。

有不少女人，她们不谙赞美的艺术，在赞美别人时，一是太烦琐，不管大事小事都滔滔不绝，乱说一通，总怕自己的赞美太少，不能满足别人。时间长了，大家都觉得她是个“老好人”，她赞美与否已没有多大意义。因此，我们要注意赞美的火候，千万不可过，赞美别人，不要刻意堆砌一些不适当的敬语。

美国心理学家曾经做过这样的一个调查实验：在喧闹的街市上，和路过的很多女性搭讪，并且赞美她们非常漂亮，堪比闭月羞花，沉鱼落雁。其中一些打扮时尚，相貌漂亮的女性露出了开心的微笑，并真诚道谢。而一些相貌丑陋、打扮土气的女性则表情复杂，其中还有人露出厌恶的目光。更有甚者，还有人骂其“神经病”。

原本是赞美别人的话，为什么有人听了会难堪，会生气呢？美国著名心理学家威廉·詹姆士说：“人类本性上最深的企图之一是期望被赞美、钦佩、尊重。”渴望赞扬是每一个人内心中的一种基本愿望。但是，大多数情况下，赞美之词恰到好处，让对方觉得他的价值得到了肯定和认可，他得到了应有的尊重。相反，赞美之词说得过于夸大，无意于是在否定对方。

在我们的现实生活中，因为赞美的话说得不合适，而招人讨厌的例子非常普遍。有一个朋友长得很像一位著名演员，很多时候，初次见面的朋友都会对他说：“你长得真像电影明星！”通常，说某人很像名演员，是一种恭维之词，被称赞的人应该会很高兴，但这位朋友却很郁闷，因为别人的赞美根本不得法。那位电影明星所扮演的都是反面角色。说他酷似那位电影明星，这哪里是在赞美，分明是在讽刺他！因此，在日常交际中，我们应利用“镜子原理”来赞美别人，这能够达到取悦对方的目的，通过恰当的赞美来影响其心理，操控其言行。

那么，我们该怎样掌握赞美的火候问题呢？

1.赞美的话要适度

并不是赞美的话说得越动听，越能让他人高兴，越能留下好印象。相反，如果你的赞美说得恰到好处，往往比一些空话套话要实用得多。比如你的朋友的演讲很成功，你可以说情感表达很合适，逻辑思维很清晰，让人有耳目一新的感觉。

2.把握最佳的赞美时机

这就要求我们对周围的人的身上的优点和特点等要多观察，尽可能地随时随地去发现。如果你能及时发现，就要抓住时机，当时赞美他，当众赞美他。比如，如果你碰巧发现了你的同事无意中完成的工作帮助大家渡过了某个难关，你就可以当着大家的面把这件事说出来："你们知道吗，这次要不是小王，我们可能都要受罚了……"

3.在词语运用上要留有余地，不要走极端

比如，我们要慎用有绝对化倾向的修饰语，如"最"、"一定"、"全部"等。

4.勿与权威画等号

在每个行业都有相应的权威人士，比如文学领域里的茅盾、鲁迅，艺术领域里的梵高、贝多芬等。如果你夸奖一个人的文章写得好，说他堪比鲁迅，胜过茅盾。无疑是狠狠地抽了对方一记耳光。

5.力争是第一次发现

你所发现的对方的特色、潜能、优势最好是别人谁也没有发现的，甚至是他自己也没有发现的内容。你的赞扬会令他恍然大悟，瞬间增强自信，从而对你产生好感。比如，某位女同事相貌不好，你不知道怎么赞美她，而她却有个听话的女儿，你就可以这样说："你说说你是怎么教育孩子的，我怎么就教不出这么懂事的女儿呢？"

心理启示

赞美他人作为一种沟通技巧，不是随口说几句好听的恭维话就可奏效的，"出口乱赞"，其结果只会适得其反。同时，对他人的赞扬也不能太过火，只有适度的赞扬才会使人心情舒畅，否则就会使人感到难堪、反感或觉得你是在拍马屁。

第11章

点到为止：把批评的话说得对方乐于接受

有位心理学家曾说过：“一个批评与被批评的过程是批评者与被批评者在思想、感情上的相互交流与认同的过程。”的确，批评是一门学问，如果批评时言辞不当，有可能造成一些无法预料的后果。所以，生活中的女人们，不要一批评起他人来，就猛下“虎狼之药”，怎么难听怎么说，这样的话，任谁听了都不高兴，甚至还会对你怀恨在心，而这就需要你掌握批评的语言艺术。

批评指正，也要顾及他人自尊

不得不说，绝大多数人都是好面子的，人们都喜欢被赞扬而讨厌被批评，因为批评意味着被否定。因此，生活中的女人们，无论你批评的对象是谁，话都要委婉指正，说得太直接会伤到他人的面子，他会对你产生反感，只会伤害自己和他人之间的友谊。

心理学家曾经做过这样一个实验：让两个公司的负责人来分别批评迟到的员工。第一个负责人把迟到者叫到了跟前，劈头盖脸一顿臭骂，而第二个负责人则当什么事情也没有发生，只是在公司内添置了一个钟表。结果，第一个公司里仍然有人不断地迟到，而第二个公司里再也没有发生过员工迟到的事情。

同样是表达对下属的批评，采取的方式方法不同，最终的结果也不同。心理学专家是这样解释这种现象的：通常，人在受到别人的攻击时，出于本能，会产生反抗的心理。受到的攻击和压制越强，这种反抗的心理就会越强。这就是心理学上著名的“逆反心理”。基于人的这种心理，生活中的女人们，在表达批评的时候，尽量要委婉一些。只有维护了别人的自尊，降低了对方内心的反抗情绪，才能更好地达到改正的目的。

事实上，女人通常比男人更加细腻温柔，在批评他人时，她们也更能照顾到别人的尊严和面子。在生活中，这样的例子非常多。

小丽是一名商场的销售主管，她每天都要在商场里巡视。一天，她在例行巡视时看到一位顾客站在柜台外面，面前却没有售货员招待她。原来售货员们都在不远的地方说笑，没有注意到这位顾客。小丽没有责怪售货员，而是默默走到顾客面前和他打起招呼。小丽的这种做法使那些售货员意识到了自己的失职，她们马上过来积极地招呼顾客。没有直接严厉的批评，也没有因为逆反心理而产生对抗情绪，相反，委婉的指正让下属认识到自己的错误。可见，委婉的指正胜过直接的批评。

方小姐是一家公司的销售经理，她的工作与公司客服部有着密切的联系，最近客服部的工作态度以及工作效率极不满意。对此，在公司的例会上就对客服部的工作提出了自己的意见。但是，方小姐说话的方式太直接，她本来是对客服部提出意见的，后来就变成了她要求客服部按照她想要的方式去处理事情。她的说法客服部的人听不进去，老板将她的这种意见也当成是对客服部宣泄不满情绪的一种方式，对客服部也进行了批评教育，而且批评得很严厉。

在这之后，客服部的人在工作中就不再像以前那样配合她了，对她也产生了一些抵制情绪。由于少了客服部的配合，方小姐在工作中也没有以前那么得心应手了，工作变得困难重重。但是，方小姐还不知道客服部的人为什么会变成现在这个样子，难道只是因为自己提出的让他们改善工作状态的意见吗？其实方小姐自己认为的“意见”，在他人看来却是“投诉”。这两者是有极大区别的。

方小姐就是因为自己说话太直接，才造成了自己工作上的尴尬，使工作无法顺利进行，得不到同事们的配合。如果方小姐当时将自己的意见用较为委婉的话表达出来，那么现在也就不至于让自己陷入尴尬的境地了。

心理学专家研究表明：每个人内心都希望人格得到别人尊重，即使是犯了错误也不例外。这时候，倘若能委婉一些，把尊重送达出去，别人内心多会因为感激而顺从，而不是因为不满而对抗。因而，在表达批评的时候，要委婉一些，避免激起对方的逆反心理。

那么，在批评别人的时候，如何才能做到委婉呢？

1.批评的时候对事不对人

往往很多时候，我们能接受别人批评自己不会做事，但是却不能接受别人批评自己不会做人。在批评别人的时候，很多人稍不注意就用了人身攻击的言语，结果遭到对方的反击。因而，言语上一定要注意，要针对对方犯的错误，不要针对人进行批评。比如，你可以说“你不应该这么草率”或者是“这样做大错特错了”，不要说“你是白痴”等。

2.批评时要注意场合

人都好面子，都希望能在别人面前留个好的印象。因而，在批评别人的时候，一定要注意场合。一般情况下，在人多的时候不宜表达批评，即使表达也要单独进行。尤其是批评男人，在人多的场合，即使语气再平和，也会受到对方的反击。对方受到的伤害不仅是你的批评，更主要的是别人的嘲笑和议论。

3.批评要实事求是

如果一个人真的犯了错误，那么受批评也是情理之中的事情。但是如果你没有任何的证据，就对别人大呼小叫，试想，谁愿意受这个冤枉呢？因为对于大多数人来说，受批评是小事，被冤枉却是大事。比如：你的钱包丢了，你怀疑是舍友拿的。在没有人证的情况下，最好别询问和指责。

心理启示

心理学家研究表明：在面对批评的时候，人的内心之中有个“反弹指数”。一般情况下，受到的批评越强烈，这个反弹的指数会越大。当然，反弹指数不超过一定的“限度”，人是不会进行奋起反击的。“反弹指数”的“限度”也是人们内心的最终需求，那就是保证人格和尊严的完整。

三明治批评法的巧妙利用

俗话说，人无完人。生活中的人总会犯这样那样的错误。这就涉及批评的艺术，真正有口才的女人绝不会不顾对方感受、劈头盖脸一顿臭骂，而是会掌握批评的艺术，让对方心甘情愿地接受。

有一种三明治批评法，比方说，有的人遇到一件事情，事情做得不够好，大多数情况下，直接去批评的话效果一定不好，那你要先使用赞美，然后使用小小的批评，最后再去赞美。众所周知，三明治的中间一般都是最好吃的东西，把批评指正放在赞美的中间，批评也就容易被下属消化了。

美国著名的女企业家玛丽·凯·阿什就采取了“先表扬，后批评，再表扬”的三明治做法，使用这一批评方法，使得她在管理下属上收到了理想的效果，在接受媒体采访时，她是这样说的：“批评应对事不对人。在批评前，先设法表扬一番；在批评后，再设法表扬一番。总之，应力争用一种友好的气氛开始和结束谈话。如果你能用这种方式处理问题，那你就不会把对方臭骂一顿，就不会把对方激怒。”

因此，女人们，你也应该学习玛丽·凯·阿什的这种批评方法，你应该努力发现对方的一些闪光点，你给下属一些阳光，他会还你一片灿烂。

阳女士是某外企的公关部经理，公关部是公司的门面，自然对员工的穿着有一定的要求。但这天，新来的刘小姐却身着一身街头服饰，对此，阳女士不能不管，但她并没有直接批评小刘，而是这样委婉地说：“嘿，小刘，今天的发型很漂亮啊（第一步——赞美），如果配上咱们公司的职业装（第二步——其实是批评），你会更精神更漂亮（第三步——赞美）”！

这种批评方式就是“三明治批评法”。之所以称之为“三明治批评法”，是因为它就像三明治，在面包的中间夹着其他东西。使用这种批评方法，被批评的一方会觉得自己受到了激励，也就能心平气和地接受批评了。

的确，批评本身就不是一件愉快的事情，所以我们应该注意自己在批评时的态度，即便有些个人成见，也要始终保持友善的气氛。那么，具体来说，我们该如何使用“三明治批评法”呢？

1.在提出批评之前，先给对方充分肯定

这有助于减轻他的恐惧心理，然后适时地提出批评，让其理智地思考自己的过错，而不是陷入情绪的对抗当中，最后再次给予肯定和表扬。

2.不要伤害部下的自尊与自信

批评要把握一个核心，就是不损对方的面子，不伤对方的自尊。例如：“我以前也会犯下这种过错……”、“每个人都有低潮的时候，重要的是如何缩短低潮的时间”、“像你这么聪明的人，我实在无法同意你再犯一次同样的错误”、“你以往的表现都优于一般人，希望你不要再犯这样的错误。”

3.批评同类错误来加以影射

如果别人犯了错误，又不好意思直接指责和批评的时候，不妨批评和对方所犯的错误同类性质的错误，把你的不满和指责委婉地传递给别人。因为没有所指，所以没有针对性，即使对方不愿意听，或者是有想法，也不会有直接的反击。但是，由于所批评的错误和对方有同类性，所以即使是最笨的白痴，也能感受得到这份责备。

4.友好地结束批评

没有人喜欢被否定，因此，批评不当，很容易让对方感到一定的压力，对其造成心理负担，甚至对你产生对抗情绪。为了避免这一点，你可以在批评结束时，以友好的态度表明你的期望，比如："我相信你一定能做得更好。"这是一种鼓励。而如果你说："今后不许再犯"，那么，对方势必会认为这是一种警告，那么，这无异于是另一次打击。

心理启示

三明治批评法就如三明治一样，第一层总是认同、赏识、肯定、关爱下属的优点或积极面，中间这一层夹着建议、批评或不同观点，第三层总是鼓励、希望、信任、支持和帮助，使之后味无穷。这种批评法，不仅不会挫伤下属的自尊心和积极性，而且还会使其积极地接受批评，并改正自己的不足方面。

幽默的批评让人心里更舒服

人非圣贤，孰能无过？无论是谁，都有犯错误的时候。生活中的女人们，很多时候你都要指出他人的错误，如果这时你给予的是过激的、不适当的批评，只会让他在错误的路上越走越远。实际上，批评是一种艺术，而且是更高的艺术。即使你信奉"忠言逆耳利于行，良药苦口利于病”，但也别忘了，人都是有自尊心的。如果你想用“嘴”来说动别人的“腿”，幽默就是最好的方式。先来看下面的故事：

伏尔泰曾有一位仆人，有些懒惰。一天伏尔泰请他把鞋子拿过来。鞋子拿来了，但布满泥污。于是伏尔泰问道：“你早晨怎么不把它擦干净呢？”

“用不着，先生。路上尽是泥污，两个小时以后，您的鞋子又要和现在的一样脏了。”

伏尔泰没有讲话，微笑着走出门去。仆人赶忙追上说：“先生慢走！钥匙呢？食橱上的钥匙，我还要吃午饭呢。”

“我的朋友，还吃什么午饭。反正两小时以后你又将和现在一样饿了。”

伏尔泰巧用幽默的话语，批评了仆人的懒惰。如果他厉声呵斥他、命令他，就不会有这么好的效果了。

那么，可能有些女人会产生疑问，到底我们该如何将幽默运用到批评中呢？具体来说：

1.批评前先调侃自己

批评时，如果很快地进入正题，被批评者很可能会产生不自主的抵触情绪。即使他表面上接受，却未必表明你已经达到了目的。所以，先让他放松下来，然后再开始你的“慷慨陈词”。要做到这一点，你不妨先调侃一下自己，再幽默地批评他人。正如美国前总统柯立芝所说：“理发师给人刮胡子，他要先给人涂些肥皂水，这样就是为了刮起来使人不觉得痛。”

一次，学校组织学生到报告厅看电影。看完电影进班后，学生们仍在谈论着电影中有趣的故事情节。

临近上课，年轻漂亮的黄老师走到教室门口，只听坐在前面的王勇兴奋地喊了一声：“黄大言来了！”学生们一见真是老师来了，哄堂大笑起来。

黄老师故意打岔说：“今天王勇怎么这样客气，竟叫我‘黄大爷’！”学生们笑得更响了。

接着，黄老师一本正经地说：“其实，我们在校园里不必这么客气，不管老师年纪大小，只要叫‘老师’就好了，不要叫‘大爷’、‘大叔’的，但也千万不能没有礼貌，直呼老师的姓名。”

几句装糊涂打岔的话，说得王勇脸红了。

案例中的这位黄老师就是个很懂批评之术的女人，面对学生的无礼，她并没有大发雷霆，也没有严厉地批评，而是先调侃一下自己，称自己为“黄大爷”，当学生们为此发笑时，她再以开玩笑的方式指出学生对老师直呼其名这一行为的不礼貌，让学生王勇认识到自己的错误，同时，也对其他同学起到教育作用。试想，如果这位老师在对犯错误的学生批评教育时，板起面孔训斥一通，严肃得不见一丝笑容，那么不是师生矛盾激化，就是呈现貌似平静实隐波澜的僵局，教育效果不佳，也会使学生背上思想包袱，心理负担颇重。

2.反弹琵琶的幽默批评法

反弹琵琶，是一种创新的批评方法，它不仅能在平凡中发现不平凡，有时甚至能化腐朽为神奇。

某单位几名青年经常通宵达旦地搓麻将。

一天深夜，当他们在其中一个青年家玩性正酣时，青年的妻子下夜班回来了，一时把他们惊呆了，在场的“看客”也都以为这个女人会大发雷霆。

谁知她却微笑着说：“都几点了，还在‘筑长城’啊，既然这样热爱‘长城’，今后有机会我们上北京八达岭长城去游个够。”

短短的几句话，乍一听，好像是褒扬，实际上提出了批评意见，很富于幽默色彩。她的话一说完，那几个青年便收起了麻将。

这种情况下，这位妻子说话如此委婉客气，这是她好修养、好气度的表现。假如她换一种盛气凌人的口吻呵斥：“怎么搞的？半夜还在打麻将，请你们离开！”只能让对方反感。

3.批评过激时可以用幽默挽救

现实生活中，一些女人，说话心直口快，面对他人错误，一阵暴风骤雨之后才发现，原来自己真的“言重”了，这种情况下，你可以采取幽默法补救。

陈太太去看病，她等了半天，也没有等到检查结果，于是，她很生气地对医生说：“你们的办事效率也太低了，要是我有疾病的话，估计现在都进天堂了。”

面对病人的抱怨，这位医生也很不高兴，就紧皱着眉头说：“你暂时还不会去天堂，但你的健康状况糟透了！你的腿里有水、肾里有石头、动脉里有石灰。”

陈太太一脸尴尬，挤出笑容说：“医生，如果你现在说我脑袋里有沙子，那么我明天就可以开始盖房子了。”两人相视而笑。

这则故事中的陈太太是个机智的人，当她发现自己的话可能让医生产生了不愉悦的情绪时，她就借助医生的话，开了个玩笑，让彼此心中释然。

总之，如果你需要批评他人，那么请在批评时记得给人一个台阶，尽量用幽默使你的批评妙趣横生，既精辟入理又轻松愉快，这样才能起到事半功倍的效果。

心理启示

幽默的力量在于为他人创造快乐、营造良好的交流氛围，因此，批评他人时，若能适当地使用幽默这个杀手锏，不仅能帮你解决棘手的问题，而且还可以让你的沟通能力锦上添花。

用语言引导对方认识到自己的错误

林肯说：“人人都喜欢受人称赞”，“人类本质中最殷切的需求是渴望被肯定”。人类与生俱来就有一种正常的心理防卫机制。现实生活的女人们，现在我们来假想一下，如果我们自身是被批评的对象，当自己受到批评的第一刻，往往也会有这样的第一反应：“我真的错了吗？”紧接着，我们在内心深处就会开始找理由为自己辩解。即使批评者苦口婆心地劝说，我们也不可能听进去，而如果我们自己领悟到错误，那么，我们接受错误所花的时间与精力将会相对减少很多。

从这里，你得出一个启示，批评他人，哪怕是正确的批评，也一定要考虑对方的心理，要善于应用对方接受的方式来表达。而在批评他人时，选择将错就错、让对方领悟错误的方法，无疑是一种效率极高的批评方式。

一个妇女在宴会上炫耀自己家境富有，她说："我常用温水洗钻石，用红酒洗红玉，用白兰地洗翡翠，用牛奶洗蓝宝石，你呢？"她问身旁的一位太太。

"哦，我根本不洗！"对方说，"只要这些东西沾上灰尘，我就把它们扔掉。"

这里，这位太太的回答可谓是巧妙至极，她并没有直接反驳这位炫富的太太，而是先顺着对方的思维，表明自己"根本不洗"，然后再加以转折，给对方一个心理反差，认识到自己着实不该炫富。

可见，在批评他人的时候，顺势而为，就会产生一种加速度的作用力，相反，产生的往往是阻力。就像是一个正在上坡的人，如果是给他喊加油，就相当于是向上拉一把，可以让他更容易地越过陡坡。相反，如果是讥讽和打击，则往往会让他泄气，出溜到坡底。

如果你是一个深谙批评艺术的女人，就要努力地去满足下属的这种心理需求。

曾经有一位先生，做人做事都很认真，他从事的是秘书工作，他每写一篇文章，都力求做到精益求精。有一次，他的领导交给他一份写演讲稿的任务。终于，花了三天时间写完了，并且，他又前后修改了七八遍，他觉得自己的文章十分完美了。晚上睡觉前，他将自己的"大作"读给妻子听，而他的妻子认为这篇演讲稿并没有丈夫想象中的那么出色，可是她觉得直接指出来又会伤了丈夫的自尊心，于是，她委婉地说："如果这篇文章是投给报社的话，肯定算得上是一篇佳作。"丈夫一听，既看到了自己文章的不足，又感激妻子的贴心。于是，他立即撕碎了精心准备的手稿，并决定重写。

这里，妻子并没有说"写得不好"，而是巧妙地暗示了用在别处会更好，丈夫意识到自己的不足，继而开始重写。心理学家说：不论我们用什么方式说"你错了"，对方也绝不会有好脸色给你！因为你直接打击了他的智慧、判断力、荣耀和自尊心。如果你想要让他承认并纠正错误，也应该回避“你错了”或类似的词语。而是采用巧妙的诱导，让对方自己说出错误，而不是你的嘴。

那么，可能一些女人会有疑问：究竟如何巧妙诱导，让对方自行意识到错误呢？

1.做正确的范例来衬托对方的错误

人都不愿意承认自己比别人弱，即使是自己真的做错了，也不希望别人说。这时候做个正确的范例，让对方在看到正确的做法的同时，意识到自己的错误和不足。不用你再多说什么，对方自然在比较中清楚地看到差别，你的做法是对的，那么他的做法就是错的。这远比直接指出对方的错误要高明得多。同时，也不会引起别人的不满和抱怨。

2.矛盾法得出正确结论

皮埃尔是巴黎的画家之一。他以前卫派自居。

有一次，他在塞纳河畔开了一个画展，把自己的作品都张挂起来。有个五十多岁的妇人从旁边走过，见了他的画，说：“哎哟，这画可真有意思。眼睛朝那边，鼻孔冲向天，嘴是三角形的呢！”

皮埃尔对老妇人说：“欢迎你来参观，太太。这就是我描绘的现代美。”

“哦，那太好了。小伙子，你结婚了吗？我把长得和这张画一模一样的女儿嫁给你好吗？”

老妇人的一句问话，使皮埃尔陷入双重标准的窘境。

这种主观世界与客观世界的矛盾，造成一种强烈的反差，形成一种幽默的氛围。

3.表现出淡漠，暗示其自我反省

在人际交往中，如果对对方有不满情绪，那么不妨表现得冷漠些，使对方意识到问题的存在，从而更好地在自己的身上找毛病，暗示对方进行自我反省，改正自己的缺点和毛病。当然，并不是所有人之间都能用冷淡来表达不满，一般情况，在亲人或者是亲密关系之间比较合适，因为只有他们才能感受到你的情绪，感受到你的热诚和冷淡。

心理启示

在人的内心之中，都有一种意识，认为自己是最优秀的。当被别人否定了之后，便会奋起反抗，试图证明自己，同时，也会对别人产生抵触和抗拒情绪。相反，如果你不去否定别人，而是巧妙地诱导，让对方自己意识到错误，自行说出来，才能从根本上实现说服和改变的目的。

软硬兼施，不要一味批评

人都是害怕责备的，心理学家表示：人在受了责备之后，内心之中会产生抵触和对抗的情绪，甚至还会有逆反的心理，这时候如果能得到对方的安慰，内心的抵触和对抗就会大大降低。可见，在批评别人时，女人要善于把你的关怀和爱表达出来，温暖对方的心。

心理学家做过这样一个调查实验：让三个母亲分别去批评他们逃了学的孩子，第一个母亲把孩子劈头盖脸地骂了个狗血喷头；第二个母亲则对孩子说了很多好话；第三个母亲也狠狠地训斥了孩子，然后又对孩子好言相劝。结果，第一个孩子逃学更厉害了，第二个孩子也在继续逃学，只有第三个孩子不再逃学了。

同样是对孩子进行批评教育，三个母亲采用的方式不一样，结果也不一样。这究竟是为什么呢？心理学家分析了这种现象：犯了错误之后，人们心里对于惩戒有一个心理期待，当得到的指责和批评超过心理期待，就会产生逆反心理。当得不到任何的指责时，就会错误地认为不会受责罚，犯错也会继续。如果批评指责之后，再给予鼓励和帮助，让他们受了伤害再得到安慰，才会积极地改正错误。基于人们的这种心理，在批评和教育的时候，要软硬兼施，“打一巴掌再给个枣”，才能从根本上达到教育的目的。

在生活里，这样的例子非常多。

杨小芸有个正处于青春期的女儿，这天晚上，孩子一晚上没回家，她和丈夫非常的着急，四处寻找，结果没有任何人知道她的下落。第二天，当女儿走进家门之后，杨晓芸二话没说，走过去就是一记耳光，当天晚上，杨小芸罚她不许吃饭。到了午夜，杨小芸打开了女儿的房门，面对惊恐不安的女儿，她端来了自己亲自下厨做的鸡蛋面，摸了摸女儿的脸，问："还疼吗？"女儿摇了摇头，杨小芸说："赶紧吃了吧，别饿坏了身体。"顿时，女儿哭着喊道："妈妈，我错了。"

这里，如果杨小芸没有为女儿做饭，可能女儿会恨她一辈子。她的关怀让女儿内心的委屈得到了适当的安慰，怨气顿时烟消云散了。

那么，在批评的时候究竟如何做到软硬兼施呢？

1.当众批评之后，单独表达歉意

有些时候，批评要当众进行，这样不但能教育别人，也能给犯错者留下深刻的教训。但是，毕竟当众被批评会很没面子，很多人受不了。在批评之后，要单独找个机会，向对方适当地表达你的歉意。比如：有员工总是迟到，作为老板，就要当众批评，然后再告诉员工，没有办法，不得不这么做。员工理解了老板的无奈，心里便不会再有怨气。

2.严厉谴责后，由他人关怀慰问

当你的谴责过于严厉，远远地超出了对方的心理承受能力，势必会给犯错者造成心理上的伤害。这时候作为批评者，要找一个合适的第三者出来，传达关怀和慰问，让被批评者受伤的心得到及时的安慰。例如：身为母亲的你批评和责骂了女儿，在适当的时候你就要出来安慰孩子，化解孩子的不满和怨恨。

3.给予惩罚之后，及时好言相劝

很多时候，被批评者心里有不满，总觉得犯了一点小错误，不至于受这么严厉的惩罚，因而内心之中对批评者怀有不满情绪，甚至还会出现逆反心理，会和你唱对台戏。因此，你最好在惩罚之后及时地和被批评者进行沟通，对其进行好言相劝，让对方在做事情的时候多动脑筋，把事情做好，少犯错误。

当然，要做到以上三点，都需要女人们控制好自己的脾气，稳定自己的情绪，你可以先冷静5分钟。等到能够平静地面对对方了，不妨试试把疾言厉色的批评或苦口婆心地劝诫换成情真意切的关怀。

心理启示

人在受了批评之后，内心会产生抵触和对抗的情绪，觉得别人伤害了自己，并因此对批评者产生憎恨。这种情绪会严重地影响批评者和被批评者之间的感情。因此，在指责和批评了别人之后，要及时地表达你的爱和关怀，温暖他人的心，减弱对方内心的怨恨情绪。这样才能达到防微杜渐的目的。

女人要掌握好批评的分寸

每个人都是有自尊心的，心理学家指出：批评是件并不舒服的事情。在这个过程中不仅是被批评者难受，同样，批评者心理压力也很大。而实际上，批评的目的不是把别人说得体无完肤，而是改正。因此，女人在表达批评时，可颠倒位置，让别人意识到错误就可以了，千万不要纠缠个没完没了，引起别人的怨恨。

小李今年才28岁，就当上了一家私营企业的中层领导，究其原因，小李会说话是重要因素之一。她不仅会夸人，更重要的是，还会得体地批评人。听了小李的批评，不但让人感觉不到敌意，反而如沐春风，哑然失笑。

一次，小李手下有个姓张的程序员请假，理由是：外祖母过世，需参加葬礼。小李对自己部门的人了如指掌，她清楚地知道每一个人的家庭情况，像这个小张，明明外祖母健康得很，而且今天中午，小张的外祖母刚好来公司找过他。

虽然感到受了愚弄，难免有点想发脾气，但小李还是冷静下来了。等心情平复后，她找来小张，笑眯眯地问道：“你相信人会死而复生吗？”

小张如坠入云里雾里，不明所以地回答道："不信。"

这时，小李意味深长地笑着说："跟你不一样，我可相信人会死而复生。你外祖母昨天刚刚过世，这不，今天中午又来看望你了！"

小张低下了头偷笑，然后不好意思地说了句："对不起。"

不久后，又发生了另一件事。小李给下属们布置了一个"作业"，让大家对业内知名人士的IT理论发表下看法。属下们的稿子收齐以后，小李给其中一人写下了这么一段评语："总分100分，给你10分。其中抄工6分，末尾的几句评论4分。其余90分都不属于你。"原来，这个下属的稿子中，绝大部分都是引用这位IT人士的理论和语录，少有自己原创的见解。

稿子被打回来后，那位下属看到这样幽默的评语，惭愧之余，更多了几分努力，还有对小李这个女上司的尊敬。他马上补了一篇完全原创的稿子交给小李。

故事中的女领导小李是个深谙批评艺术的人，她的批评方法值得很多女人学习。的确，批评，是一件严肃的事情，委婉含蓄，点到为止，使对方心领神会，回味无穷，能让被批评者在轻松、活泼、愉快的笑声中接受批评教育，认识自己的缺点和错误，是开展批评的有效方法。

因此，女人们，你的批评是否"成功"，很多时候决定于你批评的"度"的把握，没有人喜欢被批评，不要相信"闻过则喜"。如果你一味地指责别人或者简单说明你的看法，你将会发现，除了别人的厌恶和不满外，你将 无所获。然而，如果你能够让对方感觉到你是来解决问题、纠正错误的，而不仅仅是来发泄你的不满的，你将会获得成功。这里有几点小建议：

1.不要在众人面前批评人

被批评是一种他人对自己的肯定，因此，没有人喜欢被批评，更没有喜欢被当众批评。这种否定，越是被第三者看到或者听到，被批评者越是无法接受。因此，从被批评者的面子角度考虑，我们要尽可能地避免第三者在场，不要把门大开着，更不要生怕没有人听见你正在批评人似的。在这种时候，你的语气越"温柔"越容易让人接受。

因此，即使是批评，你也一定要与对方直接交涉，尽量以私密的形式传达。如果你希望批评能够产生效果，绝对不可让对方的自我产生反抗。因为批评的目的是为了获得良好的结果，而不是让对方的自我受挫。

2.在犯错的地方要加重语气多强调

当你发现别人的错误之后，不妨在犯错的地方加重语气，多强调几遍。这样，引起对方的注意，便会和自己进行比较，他的错误很明显地就凸显了出来。这远比你直接指出来要高明得多。你没有指出对方的错误，也不会引起别人心理上的抵触情绪。这样，即点明了别人的错误，又不至于伤害彼此之间的情感。

3.自言自语，不经意地说出小不满

人们都不太容易接受直接的指责，但是只要你在表达自己不满情绪时，以一种无意的心态说出，更容易让对方接受。比如，你自己觉得这件事对方做得不对，但要学会对自己讲，让对方听。因为没有针对性，所以没有攻击性，自然就不会有反击，但是却有暗指对象。一般面对这种情况，对方更容易从心理上意识到你对他的不满情绪。

4.为对方提供明确的解决问题的方法

任何批评，如果只是为了批评，那么，便是无效用的。令人心服口服的批评，也必当是建立在指点迷津的基础上的，你要告诉对方错在哪里，该如何改正等，一定要他明白：你不是想追究谁的责任，只是想解决问题。而且，你有能力解决。

那么，批评别人的时候要想做到点到为止，要注意哪些方面呢？

心理启示

人的内心有一个自我评判的机制，当犯了错误的时候，会受到良心的谴责。这时候，内心更渴望别人的谅解，以及迅速地走上正确的路。如果你能点到为止，则会让对方觉得你很尊重他，相反，你的指责会引起对方内心的抵触和对抗，还有可能在逆反心理的作用下，继续坚持自己的错误。这与批评教育的目的大相径庭。

第12章

面试妙语：让考官青睐你的口才心理策略

现实生活里的每个女人要想参与职场工作，都要经历求职面试这一关，对此，面试时，你不但应在专业上用劲，还应注意追求嘴巴上的功夫。有时候，同样一句话，这样说还是那样说的效果大不相同。但前提是你要把每句话说到考官的心里去，因为考官对求职者的第一印象十分重要。懂得一些面试说话心理，就可以让考官对你留下一个诚恳、有能力、并且有自我完善能力的好印象！

新颖的自我介绍，给考官留下好印象

现实生活中，每个女人都会离开校园，都要进入职场工作，也就免不了求职面试，一些不善言辞的女人对于如何通过第一关——自我介绍感到困惑，怎么说才能让考官对你产生好印象呢？

事实上，对于那些从事人力资源工作的考官来说，他们可能每天都要面对不少的求职者，那些千篇一律的自我介绍是无法打动考官的，为此，女人们，你的自我介绍必须做到新颖。

宋丽还差两个月才毕业，但现在的她已经被一家报社聘为记者。同宿舍的几个女孩对此感到好奇，宋丽便告知了自己求知面试的过程。

这天，宋丽将自己好好打扮了一下来到这家报社，进入面试的房间后，她发现还有两名女生也来应聘这个岗位。该报社主任拿着三个学生的简历翻看了一下，让她们挨个介绍一下学习和实习经历。宋丽的自我介绍被排在最后。“老师，我介绍一下自己……”宋丽递上实习作品，称自己曾在报社实习。面试老师翻看作品时，宋丽勇敢地毛遂自荐：“老师，我可不可以谈一下自己对记者工作的理解？”面试老师抬头看了一眼宋丽后，表示默许。宋丽讲述了自己对记者工作的理解。“你觉得作为一名记者最重要的是什么？”面试老师就宋丽的回答即兴提问。“记者不是简单的报道新闻，而是应该有对新闻的敏感度，而且，更重要的是，要有社会责任心……”宋丽说。面试老师听完后，连连点头。

而与宋丽的自我介绍不同的是，另外两名女孩的介绍太过平淡，报社决定录用宋丽。

这则求职故事中，宋丽的自我介绍是与众不同的，她除了做了最简单的自我介绍外，还表明了自己对记者工作的理解。从而在三个求职者中脱颖而出，让面试官在心里记忆深刻。那么如何自我介绍才恰当？才合乎面试官的口味，又能体现自身的优势和长处呢？这个还是有规律可循的：

1.开场白

自我介绍时首先应礼貌地做一个极简短的开场白，并向所有的面试人员示意，如果面试考官正在注意别的东西，可以稍微等一下，等他注意转过来后才开始。因为在考官已经把精力和目光转移到你身上的时候，你的开场白才会引起他的注意，才会对考官的心理产生影响。

而事实上，不理想的开场白却很多，总结一下，大概有下面两种：

第一种，能说几句，但效果不理想。他们能简单说几句，比如，“我叫××，广东乐昌人，今年27岁，曾经做过××工作”等。再比如，“我叫××，1978年出生，性别女，家住广东乐昌×××村”等。

这类求职者，虽然说得很吃力，甚至连“性别男”都说出来了，但他们能一句凑一句地说下去。这会让考官觉得，他们心里很紧张。

第二种，根本不会说话。这种情况最多。他们说了自己姓名、年龄等后，就说不下去了，“我……我……”了几下后，干脆指着我手上拿着的他的简历说：“那上面写着呢，你自己看吧。”

不用说，这两种人都是被淘汰的。因为他们都会让考官产生一种心理：连一个简单的开场白都说不好，又怎么能证明自己的实力，怎能为公司带来利益呢？

2.自我认识

任何主考官都想为公司招来有用之人，这是每个考官的心理。因此，你要想一矢中的，首先必须知道你能带给公司什么好处。当然不能空口讲白话，必须有事实加以证明。

最理想就是能够“展示”过去的成就。例如你曾为以往的公司设计网页，并得过奖项或赞扬。但当然，这些例子都必须与现在公司的业务性质有关。职位越高，自我认识就越重要，应将个人的成败得失，告知于考官，越是具体，越是能让考官觉得你态度良好。

3.投其所好

清楚自己的强项后，便可以开始准备自我介绍的内容：包括工作模式、优点、技能，突出成就、专业知识、学术背景等。这会让考官觉得你是个专业的人才，有一定的实力。

但只有短短一分钟，所以一切还是与该公司有关的好。如果是一间电脑软件公司，应说些电脑软件的话题：如是一间金融财务公司，便可跟他说钱的事，总之要投其所好。

但有一点必须谨记：所说话题必须突出自己对该公司做出的贡献，如增加营业额、减低成本、发掘新市场等。

4.多说工作经验

一些女人在求职时喜欢对考官说自己有什么样的优点，而事实上，直接说会显得苍白无力，不如把这些优点融合到你的工作经历当中去。比如说，你以前做过会计，你可以对考官说，“我从过去两年的会计生涯中得到很多锻炼，您知道做会计的需要很强的准确度和对工作一丝不苟的认真态度，我工作的那两年，从来没出过什么差错，老板非常的满意，等等”。

你在讲工作经验的时候，有必要用一些专业词汇来提升你对话的技术含量，一般情况，专业的面试官会比较欣赏高质量的对决。

心理启示

自我介绍既是打动面试考官的敲门砖，也是推销自己的极好机会，因此一定要好好把握。因为自我介绍能否把话说到主考官的心里去，能否给考官留下深刻的印象，直接影响甚至决定着你能否得到这份工作。

巧妙大方回答薪金待遇的问题

生活中的女人们，相信我们参与职场工作的一个重要目的就是为了挣取薪水，这也就是说，薪资问题成为求职面试过程中我们不可避免的问题，然而，这个问题又是敏感的。一些女人在面试过程中，和考官谈薪金，常常是战战兢兢，生怕有一点差池，既怕委屈了自己，又怕失去了机会。

女人们，可能你也明白，尽量不要在面试的时候与考官谈论薪水问题。因为从心理角度看，如果谈不出结果，只会给考官一个PASS你的理由。而事实上，很多主考官在面试的时候会反过来问你对薪资提出一些问题，诸如，你希望得到什么样的薪金待遇？你觉得自己每年加薪的幅度是多少？你愿意降低自己的薪水标准吗？……这个时候如果还一再推脱，恐怕只会让考官觉得你软弱了。

那么，面对这种情况，我们该如何巧妙地回答才更能让考官接受呢？

我们不妨先来看看下面故事中的赵小姐是怎么做的：

赵小姐是个长相俊俏的女孩，刚好她学的是公共关系专业，在校时，她就看中了一家实力相当的公关公司，毕业后的她也顺利获得了这家公司的面试申请。

面试中，赵小姐表现得非常出色，也很让面试官满意。于是，很快，问题就转到了薪资上。赵小姐也就毫不避讳地提出了自己的薪资要求，然而，却和该公司提供给新员工的薪水差距较大。面试官明确表示：这样的薪水，本公司不能接受。眼看着面试陷入僵局，自己喜欢的工作就要失去，赵小姐又不想自贬身价，于是她一方面先是告诉面试官，薪水不是最重要的，重要的是自己希望能在公司学习、工作；另一方面，她又拿出自己以往的工作经历，并结合公关业的前景进行分析。这个“缓兵之计”很好地缓和了“谈判局势”，使即将结束的面试发生转机，也使张小姐最后求职成功。

案例中，张小姐的这番话说到主考官的心里去了：她表示薪金并不是最重要的，能在该公司学习和工作才是她最重视的。这样一来，即使后面考官对她提出的薪金不能接受，她也可以再提出降低薪金标准，这将可以避免失去工作。果然，在薪资要求遭拒后，张小姐依然挽回了局势，打动了主考官，获得求职的成功。

在回答薪金问题的时候，不能逞匹夫之勇乱答一气，要有准备，要有策略：

1.掌握市场行情，确定要谈的薪资范围

如果你想要和主考官达成一个合理的薪资共识，你要事先考虑：你的专业是什么？人才市场对你这类人才的需求有多大？其他同行的薪资水平？然后你需要结合公司的情况，取他们中间的一个平均值来考虑你的期望薪资，同时还应该多留意新闻中和本行业有关的报道，这样提出来的薪资标准才会让考官觉得合理，接受起来也容易得多。

2.适度原则，谈薪水的时候不要拘泥于薪资本身

在面试中谈薪水，是不能“就薪水谈薪水”，要把握适度合理的原则。告诉自己的面试官：“薪水不是重要的，我更在乎的是职位本身，我喜欢这份工作”。这句话会让考官觉得你是一个在乎职位高于薪资本身的求职者，也就能将薪金问题提升到另一个高度，将有助于你找到一份满意的工作。

3.含蓄表达

含蓄表达是个不错的选择。在告诉考官自己希望的薪金待遇时，你要尽可能给出一个你希望的薪水范围，避免说出具体的数字，除非对方有这样的要求。这样既可以表达自己大致的薪金要求，也不至于因要求太离谱而招致考官的不满。

比如，你可以说“我希望贵公司能根据我的专业能力、工作经验、工作态度以及工作业绩来决定应付给我的薪水。我相信贵公司一定有一个完善的薪金制度。”

“我的学历和考试成绩您都看过了，我对自己还是比较自信的，结合上海地区的工资水平，我希望我的月薪可以在4000元到5000元之间。”

同时，我们在与主考官谈论薪资的时候，还要注意一些禁忌问题：

1.不要虚报薪资，影响你的信誉

当面试考官在询问你上一份工作的薪资时，最忌讳的就是虚报，也就是说不要虚报你目前的收入和能力。因为，用欺瞒的手段来获取高薪，一旦被发觉，对你的信誉将有很不好的影响。

2.不要先开口

面试时不要急于把自己的底薪报出来，倘若你在还未摸清薪水的可能变动幅度之前就唐突地把自己推销出去。这简直是在冒险，因为薪水问题通常都是可以进一步协商的。

心理启示

在面试谈“薪”的时候，可千万不能逞一时的匹夫之勇乱答一气。你要有准备、讲策略，把每一句话都说到主考官的心里去。因为，你的回答将成为面试官考虑是否接受你的重要依据。

言语坦率真诚，获得考官认可

人们常说，做人要真诚，求职面试也是如此。作为面试官，都希望能为用人单位录用到放心的人才。所以，生活中的女人们，面试时你不但应在专业上用劲，还应注意追求嘴上的功夫，不要给人言语不实的感觉。要知道，面试口才的最高境界并不是巧舌如簧、滔滔不绝，而是要善于表达真诚，谈吐要真实得体。面试应答不是演戏，不是演讲比赛，在这里，考官考查的是应试者的真实观点、看法和水平。所以，应答必须发自内心，实话实说。

一位大学刚刚毕业的女学生在向用人单位负责人介绍自己的情况时首先就说：“由于我平时喜欢长跑，所以我的成绩并不怎么好……”结果，有些成绩比她好的学生未被录用，而她却被录用了。当然她可能因具有其他一些长处而使用人单位感兴趣，但是她自我推销的技巧却是可以让人借鉴的。

相反，有些面试者在介绍自己的成绩时总是强调自己的成绩“非常优秀”，至少要说是“表现良好”，面对自己的不足却讳莫如深。而她却能坦率地承认自己的成绩“并不太好”，这就给对方留下了真诚、可信的印象；而说自己“平时喜欢长跑”，实际上向对方暗示他是一名体育爱好者，因而身体素质不会差，这正是用人单位所关心的问题。总之，她的这种自荐技巧为他的成功奠定了良好的基础。

真诚，首先要实事求是，以诚实的态度展示自己。

演员宋××报考戏剧学院未被录取，之后她又报考青年艺术剧院。考官看过她的材料后，故意问她是否由于没考上戏剧学院才来报考青艺的。在考官的印象中，一般考生在被问到这个问题时，总是多方加以解释，因此当宋××坦率地说：“嗯，正因为没考上，才想到这儿来碰碰运气!”考官立刻对这位诚实的姑娘刮目相看了。

对此，可能一些女人会认为，很多求职者会认为，既然求职面试需要真诚，那为什么又要注重面试技巧呢？——这似乎与真诚相矛盾，其实不然，不管求职者怎样“包装”自己，都是基于“扬长避短”，并没有虚假和欺骗在里面。

当然，如果求职者本身就性格坦诚、直率，那么完全可以抛开面试技巧，以自己的真实面目出现在考场上。这种面试风格有时能以求职者的真诚而从众多求职者的世故老练中凸显出来，给考官留下深刻的印象。

不事雕饰、朴实无华的形象有时能起到任何交际技巧起不到的作用。这正如古人所说：“物性无巨细，自适固其常。”诚实之外，你还要用自己率直的性格、真诚的情感表露，与考官进行情感交流。为此，你必须做到：

1.慷慨陈词，更要用实例来证明

一些女人在面试过程中，能就自己的特长、工作经验侃侃而谈。但一遇到反问：“能举一两个例子吗”就答不上了，这就给面试官造成一种印象：可能这位面试者所说不实。因为面试官往往认为，事实胜于雄辩。在面试中，应试者要想将自己的沟通能力、解决问题的能力、团队合作能力，领导能力等完全地表现并能取信于人时，只有举例。

2.话语要有逻辑性

考官问：“请你告诉我你的一次失败经历。”“我不曾有过失败。”如果这样说，那么在逻辑上就讲不通。又如：“你有何优缺点？”“一切工作对我来说都没问题。”这样的回答没有一点逻辑性。

3.不要与面试官“套近乎”

可能你会认为，和面试官“套近乎”，会拉近和面试官之间的距离，为自己的面试加分。其实不然，具备一定专业素养的面试官是最不喜欢与应试者套近乎的，因为面试中双方关系过于随便或过于紧张都会影响到你在面试中的成绩。

比如，有些求职者在应聘时会说“我认识你们单位的××”，“我和××是同学，关系很不错”等。这种话主考官听了往往都会反感，如果主考官与你所说的那个人关系不怎么好，甚至有矛盾，那么，你这话引起的结果就会更糟，甚至会给自己带来面试的“灭顶之灾”。

总之，口才只是一种手段，绝不是目的。求职过程中，女人们，你应善于把个人的真实思想感情，通过卓越的口才表达出来，说得有力度，有重点，有逻辑性，思路清晰，动情感人，形成共鸣。如果你夸夸其谈，华而不实，一味地卖弄口才，那只会弄巧成拙。

心理启示

考官都是有鉴别能力的，你的自我介绍是否真实，都逃不过考官的法眼。进行自我介绍时所表述的各项内容，一定要实事求是，真实可信，用事实说话，只有这样，才会让主考官对你放心。

扬长避短，让考官看到你的优势

可能所有女人都知道，求职面试，必须要诚实，否则，一旦被识破，就会失去机会，但这并不代表你只能谈及自己的缺点；也有一些女人认为，只要告诉考官你所有的优势，丝毫不提及缺点，考官自然就不会对你产生负面印象。这种说话方式也是不正确的，因为任何考官对夸夸其谈自己优点的人都会产生不信任的心理。

要知道，人无完人，每个人都有优势，而在面试的时候，你只有学会扬长避短地说话，才能让考官在接受你缺点的同时，更欣赏你的优势。

林亚是一名刚毕业的女大学生。在面试中，她被问道："你在本科阶段为什么学习成绩平平，是否也赞同'及格万岁'？"

面对如此棘手的问题，林亚不紧不慢地回答："我自小父母双亡，只有爷爷姐姐与我相依为伴。在党和政府以及众多热心善良的人的帮助下，我才能够长大成人。考上大学后，为了不再给所有关心我的人添麻烦，我坚持着各种社会实践，用自己的双手扶助自己完成学业。成绩不好，是我本科生活中的最大遗憾，但我想只要我有足够的时间，甚至只要有普通学生的一半学习时间，我相信自己的学习成绩一定能非常优秀。"

案例中，林亚回答考官问题的方法就是扬长避短，对于本科阶段学习成绩不佳，这一点，她供认不讳，她是诚实的，最难能可贵的是，她未给自己找借口，而是认为，如果自己有更多的时间，学习成绩一定会非常优秀。另外，她也并不是以自己的这段经历来博得考官的同情，真正感动考官的是她身处逆境却不气馁、顽强奋斗的精神。她的自强不息、她的自信，在她真诚的话语中坦然流露。

那么，可能一些女人会问，该怎样扬长避短地说话呢？对此，我们可以从两个大方面做出努力：

第一，避短。

一般来讲，对应聘有利的优点有：注重学习、办事认真、容易相处、敢拼敢闯、不轻易认输、以厂为家等。了解了考官的偏好，回答就容易多了，关键看你如何将上述这些缺点逐一分解为优点：

（1）性子急就是工作有责任心，比如，你可以说：

"我打心眼里不喜欢做事磨磨蹭蹭的人，总想尽快完成工作。"

"工作要是干不好，我就会跟自己过不去，自寻烦恼。"

"遇到干活投机取巧的人，我常常会不给人家面子。"

这样说，表面上是自责性子急的毛病，其实是在说自己雷厉风行、工作有责任心。而几乎所有的企业与单位都希望招到这样的员工，作为考官，自然也不例外。

（2）“固执”也是“有主见”，“主观”也是“有魄力”，你可以这样说：

“我的观点总跟别人不太一样，而且不喜欢被人牵着鼻子走。”

“一般来说，我要是有了自己的观点后，别人想说服我可不容易，除非能拿出令人信服的证据和事实。”

要知道，在这里，“固执”是“有主见”的代名词，“主观武断”亦是“果敢有魄力”的变相表达。有这些小“缺点”的求职者，依然会让考官产生一种欣赏的心理。

（3）“粗线条”就是能“掌控全局”，不拘小节也能更正缺点。你可以说：

“我做事大方向一般不错，但细节上有点丢三落四，处理不好琐碎的事。”

人都是有优缺点的，考官也明白这个道理，而大方向不错，基本上可以算优秀，如果再以“小节”来要求，未免有些太苛刻。这实际上是在暗示考官：我是一个做“头”的料！

“我以前在生活中有点粗心，经常丢三落四，但是后来在工作中就慢慢变得细心了，我也觉得挺奇怪的。”

这样既回答了面试官提问，又间接说明了自己现在已经改正了这些缺点，粗心大意已成为过去式了。

第二，扬长。

（1）合适的时机表露出来。比如面试官问你：“你觉得你能胜任这个程序员的工作吗？”你可以回答：“我觉得没有问题，因为我真的很喜欢这个工作，并且到现在也一直还在学习，与时俱进嘛，很多软件、程序都在不停地更新，只有不断学习才能做到最好。”这时，面试官一般都会点头赞许。因为面试官都希望能给企业招到那些喜欢学习、不断给自己充电的员工。

（2）控制节奏。在与面试官沟通的过程中，控制节奏也很重要。你们的节奏可能时快时慢，要是不注意，你可能就刹不住车或者来个急刹车。比如面试官说话的语速较快，他可能还要面试很多人，那么你就不能慢吞吞地回答他的问题。

面试的时候还有一个问题也是要注意的，就是不要面试官问一句你答一句，有些回答应该是有预见性的。面试提出一个问题后，你要察觉出面试官想知道的其他信息。比如面试官问："你叫陈红，家是山东的？"你可以回答说："是，我叫陈红，我是山东人，不过我是在上海上的大学，学的是财务专业。"这些内容是面试官想知道的，你回答了，也省得他再问了。而且你这么说，会让面试官觉得，你是个思维敏捷、反应快的人。

总之，在面试的时候，我们说话要懂得扬长避短，尽量弱化缺点，强化优点，这样，会让考官从心里欣赏你的优点！

心理启示

扬长避短，会让考官觉得你虽然有某些缺点，但你的优点完全可以淡化你的缺点。当考官对你的优势产生欣赏之情后，自然会对你留下良好的印象。

谨慎巧妙地回答敏感问题

生活中，一旦走出学校，每个女人都要经历求职面试这一关。求职面试过程中，面试官为了能替用人单位招收到最全面的人才，他们会从各个方面考察你，其中，不免就一些敏感问题对你进行提问以探测你的智慧、性格、应变能力和心理承受能力。作为求职者，你只有做足准备工作，最关键的是巧妙应对，才能渡过面试危机，转为转机，进而赢得面试官的赞同。

夏小姐在北京某广告公司工作5年多，业务上是一把好手。但因与上司长期不和，夏小姐忍无可忍，终于选择了跳槽。

在朋友的推荐下，她面试了好几家企业。无一例外地，招聘人员都问到了跳槽的原因。刚开始，夏小姐直言相告，却都没能应聘成功。朋友打听后告诉夏小姐，对方觉得她业务能力不错，但“与上司不和”这一点，却一票否决了夏小姐——与领导关系都搞不好，可见不会处理人际关系。

于是，夏小姐吸取教训，将离职原因改为“收入太低”，可应聘的几家单位却仍不敢要她。朋友打听后告诉她，对方怕被她当做“过渡”单位，一有更好的单位挖墙脚，就可能会再次跳槽。

夏小姐头疼地说：“‘为什么跳槽’真是个难解的谜，怎么回答，都有可能被招聘单位抓‘小辫子’。”

面试过程中，女人们，可能你也会遇到夏小姐的问题。如何回答面试官“为什么跳槽”这一问题，很多高级职业指导师建议：尽量淡化敏感答案，不给招聘人员留下猜测的余地。

曾有调查表明，目前在面试中常见的离职原因包括：人际关系不好处理、收入不合期望、与上司相处不好、工作压力大等。但从企业招聘方来看，这些原因都或多或少包含求职者本身的因素，可能影响将来的工作发挥，如与同事及客户的人际关系、薪水问题、不能承受竞争等。因此，我们不应采用此类原因回答。而应尽量采用与工作能力关系不大、能为人所理解的离职原因，如为符合职业生涯规划、上班太远影响工作、充电、休假、生病等。

这里，避免敏感答案，并不意味着欺骗，如招聘人员问及细节问题，应如实回答。否则求职者的诚信度可能大打折扣，成功可能性更小。

另外考官提出的有些问题可能略显刁钻，或者似是而非，有的问题背后隐藏着考官的真正意图，这些都需要我们以冷静的态度谨慎思考后，再做回答。

面试时，除了为何离职和跳槽外，有几个问题是公司面试人员常常会提出的，针对这些问题好好准备，在面试时也就不会哑口无言、无言以对了。下面就面试五大必考题做出分析：

1.“为什么你直到现在还没有找到工作？”

如果按照诚实原则，应当回答：“现在找工作太难啦，我看上人家，人家却看不上我。”而按照恭维原则，应当回答：“我对我以前的工作不太满意，所以我辞职之后进修去了，参加了一些培训，读了一些书，现在我终于知道我应当去哪里了”，以此恭维应聘公司是一个有档次的地方，只有那些知书达理的人，才会认识到它的价值。当然，这个问题也可以这样回答：“我对选择工作是非常挑剔的，我不想随便找一个没有挑战性的工作”，以此恭维应聘公司是一个有挑战性的地方。面试官作为该公司的代表，也自然乐意接受这样的恭维。

2.“你为什么要辞去以前的工作？”

如果按照诚实原则，应当回答：“我跟经理合不来，他快把我逼疯啦，我必须离开。”但是这样回答之后，你肯定会给人事经理留下一个坏印象：这人可能是一个不太合群的人，他既然跟以前的上级合不来，说不定跟以后的上级也合不来。

3.“为什么选择本公司的这个职位？”

这通常是面试官最先问到的问题，也是很棘手的问题。因为此时，面试官就开始评断录用与否了，此时，你需要明确自己去应征的工作性质，是专业能力导向呢？还是需要沟通能力？

回答这个问题时，一定要积极正面，如想要使自己能有更好的发展空间，希望能在相关领域中有所发展，希望能在公司多多学习等。此时可以稍稍夸一下面试公司，但切记一定要诚恳，不然就会画蛇添足，得不偿失。

4.“喜欢这份工作的哪一点？”

对于这一问题，每个人的价值观不同，自然评断的标准也会不同。但是，在回答面试官这个问题时也不能太直接地就把自己心里的话说出来，尤其是我们心知肚明的薪资方面的问题、或者工作轻松程度等方面，不过一些无伤大雅的回答是不错的考虑，如交通方便，工作性质及内容颇能符合自己的兴趣等都是不错的答案，不过如果这时自己能仔细思考出这份工作的与众不同之处，相信在面试上会大大加分。

5.“对公司的了解有多少？”

这时准备的功夫就能派上用场，将你之前所吸收的信息发挥出来。至少也要知道公司的产品是哪些，提供哪些服务等。

心理启示

作为求职者，不管遇到考官怎样的刁难，都要摆正好心态，然后通过三言两语反过来操纵考官的心理，从而把握面试的主动权，获得面试的成功！

三言两语拉近和考官的距离

相信每个参与和未参与过职场面试的女人都知道，有人说，面试官掌握着我们的生杀大权。因此，很多求职者总怕在面试中说错话、说漏话，前怕狼后怕虎，小心翼翼，自己给自己设置障碍，造成语序上的混乱。而这，会让考官看出你的紧张与不安。而聪明的求职者，则可以抓住考官的心理，通过三眼两语，就能消除彼此间的陌生感，让考官觉得和他迅速拉近了距离。

小田去应聘南方某媒体，面试在一个大的办公室内进行，五人一小组，围绕话题自由讨论。面试官要求每位应聘者先作自我介绍，小田是第二位，与前面应聘者一句一顿的介绍不同，她早做了准备，将大学四年里所干的事，写了一段话，还作了一些修饰，注重韵脚，听起来有些押韵。小田的介绍极流利，但美中不足的是给人背诵的感觉。

背诵式的沟通让考官觉得她的表达平淡无奇，也就不会对其产生一种拉近距离的心理。恐怕小田的求职也很难成功。

面试场上，语言表达艺术标志着求职者的成熟程度和综合素养。对求职应试者来说，掌握语言表达的技巧无疑是重要的。参与求职面试的女人们，你可以这样表达：

1.打破沉默，善于沟通

不管出于何种原因，不会说话都是求职大忌，很容易让人怀疑此人的能力。

往往面试开始时，应试者不善于打破沉默，而等待面试官打开话匣子。面试中，应试者又出于种种顾虑，不愿主动说话，结果使面试出现冷场。即便能勉强打破沉默，语音语调也极其生硬，使场面更显尴尬。实际上，无论是面试前或面试中，面试者主动致意与交谈，会留给面试官热情和善于与人交谈的良好印象。

其实，你不妨从“自我介绍”开始！介绍自己时不要结结巴巴，回答问题要厘清思路，不能让人摸不着头脑，声音要洪亮，咬字要清楚，尽可能让沟通顺畅。这样说话，才会让考官觉得：这名求职者很自信，表达到位！这对面试过程的顺利进行是极有好处的。

然后你可以寻找一些感性而轻松的话题，最好你能用火眼金睛看出他的一些兴趣。比如说：小麦色的皮肤说明他很爱户外运动，说话中明显的e时代特色在告诉你他也是网络一族，试着和他聊一聊。记住，在聊天的过程中，要对他的话做出及时的反应，说一些不会令自己“死机”的话，这样可以使他提升对你的兴趣。

2.语言要形象生动、富有情趣

在面试交谈中，应试者每时每刻都应该使自己的语言形象生动，富有情趣。如果交谈者情理相容，讲出的话带有感情渲染的风味，讲话不呆板，会给考官一个精明强干的印象。表达要简洁、清晰、直率、准确。切记不可用模棱两可的话语或模糊性语言，不要卖弄学问。针对问题，回答干干脆脆，使考官产生一种舒适感。

3.根据面试官的个人喜好说话

面试官的个人喜好也会影响面试效果。虽然我们要求面试官不能带有个人感情色彩来评判求职者，但是人是有感情的动物，而大部分面试官也不是专业的间谍机构出身，经过专业的情绪训练，因此带上个人的好恶观察求职者就很正常，只是根据从业资深与否，表现出的强烈程度不一而已。

为此，我们在表达的时候，尽量要迎合考官的喜好，把话说到考官心里去，才能让他对你产生好印象。

4.不可过分与考官“套近乎”

面试的时候跟考官拉近距离、套交情是正常的，尤其是一些善于交际的求职者，很会活跃面试的紧张气氛。但是过犹不及，这中间，度的把握很重要。具备一定专业素养的面试官是忌讳与应试者套近乎的，因为面试中双方关系过于随便或过于紧张都会影响面试官的评判。过分“套近乎”也会在客观上妨碍应试者在短短的面试时间内，做好专业经验与技能的陈述。

我们发现，任何一个面试官都不希望面试者和自己过分“套近乎”。过分地“套近乎”，不仅不会拉近距离，反而会起到相反的作用，让考官心生厌恶。因为作为招聘人员，很忌讳和求职者有“亲密”关系。替公司招到最合适的人才是面试官的首要职责。

对此，女人们，你可以列举一至两件有根有据的事情来赞扬招聘单位，从而表现出您对这家公司的兴趣。这样，考官会认为你是个不失分寸的求职者，同时，也会和你拉近了距离。

总之，生活中的女人们，求职面试时你要注意自己的表达方式，尽量要把每句话说到考官的心里，让其觉得和你快速拉近了距离，这对整个面试的进程都有好处！

心理启示

求职面试的时候，知己知彼才能百战百胜，每个人都有爱听好话的弱点，考官也是。那么，我们只有学会投其所好地表达，说出令考官悦耳的话，才能打动考官的心，进而赢得他们的好感。

第13章

职场妙语：职场人气女王的口才心理策略

每个职场女人，自从你踏入职场的那一刻，你就必须与领导、下属或同事打交道，也就免不了要开口说话，一个职场女性懂不懂说话的艺术，不但关系到她们的人际关系和工作氛围，甚至影响到她们的前途和命运。当然，职场说话，还要你真正把话说到对方心里去，这就需要你掌握一些心理策略，通过说话来操作对方的心理，让同事和领导喜欢你，这是你在工作中无往不利的砝码！

幽默是女人融入职场的好能力

任何一个女人，自从进入职场那刻起，就必须善于与人交往，因为职场人际关系的好坏，不仅涉及我们工作时的心境，更关系到你的职场命运。俗话说，“地利不如人和”，就是这个道理。心理学家指出，人际关系是一种重要的社会心理现象，通常称之为事关人生成败的“心理氛围”。一个职场女人如果能与周围的同事保持良好的关系，经常与他们进行情感交流，就会感到心情舒畅，感到“安全”。不仅如此，这种女人的郁闷可以得到排遣，精神可以得到升华，又有助于人的心理健康。

相信每个女人都知道，幽默在人际交往中的作用是不可低估的。美国一位心理学家说过：“幽默是一种最有趣、最有感染力、最具有普遍意义的传递艺术。”幽默的语言，能使社交气氛轻松、融洽，利于交流。人们常有这样的体会，疲劳的旅途上，焦急的等待中，一句幽默话，一个风趣故事，能使人笑逐颜开，疲劳顿消。

因此，在你的职场的人际交往中，幽默具有十分重要的价值。人们都喜欢那些言语幽默的同事。据一项调查显示：幽默的人最受欢迎，被认为是最有魅力的人。幽默是一种生活智慧，幽默是一种人生艺术，幽默是人生的一种境界和心态。幽默在谈话中之所以重要，不在于滑稽的表现，而是发挥人性的温暖，展露理性的笑容，使听者感到喜悦和轻松，进而让听你说话的人喜欢上你。而只要他们喜欢上了你，无论你说什么，他们都会乐意听下去。你给他人留下了亲切可敬的印象，就能使你的观点为人家所认同。

某单位招聘了一批“80后”见习小姑娘。这些初涉职场的女孩，似乎什么都懂，什么话都敢插，给本来死气沉沉的办公室带来了生气。尤其是在吃午饭的时间里，整个办公室只听她们叽叽喳喳，高谈阔论。

一次，康震教授正在央视“百家讲坛”开讲《苏轼》，王主任很喜欢看这类节目，就与一个同事说起此事。这批见习生中的小顾见状，走过来插话了：“苏轼!我知道，他又叫苏东坡。”一旁的小叶来劲了，冲着小顾讥笑道：“又来了，你肚子里的东西倒蛮多嘛。那我考考你，‘三苏’是说哪三个人?”只听小顾马上脱口而出：“爸爸叫苏联，儿子叫苏东坡，女儿叫苏格兰。”老王与同事顿时面面相觑……不待他们缓过神来，只听小叶笑着骂道：“低能啊！苏家都跑到英国去了。”小顾不示弱：“这你也不知道呀，苏格兰就是大名鼎鼎的苏小妹。”

大家再也忍不住，哄堂大笑起来。大家看到小顾一本正经的模样，不敢相信她开玩笑竟然可以开到这个份儿上，彻底被雷倒了。

从此，王主任对浑身都是幽默细胞的小顾留了心。一年后，这批新人羽翼渐丰，有的跳槽了，有的调走了，有的升职了，只有小顾被这家单位留了下来，因为大家都从内心里喜欢她。工作再紧张，身边有个“活宝”在，就会不时爆出一阵一阵的笑声。

在工作中，我们都喜欢像小顾一样幽默的同事，我们也愿意支持她们，因为他们总能给我们带来无穷无尽的欢乐，总是能在我们在繁重的工作之余让我们开怀一笑。

幽默是一个女人自身修养的表现。只有真正有修养、乐观开朗的女人，才会达到幽默的效果，而不是刻意地伪装或模仿。因此，在职场制造幽默一定要保持乐观的心情并培养自己的机智敏锐。

当然，在办公室这个无风还起三尺浪的地方要注意开玩笑的艺术，哪怕是最轻松的玩笑话，都要注意掌握分寸。当然也不是要你死气沉沉，三缄其口。

为此，你需要记住：

1.捉弄人的玩笑很危险

捉弄别人，一般都不是善意的，也是对他人的不尊重，捉弄人的玩笑一般都是危险的，因此，它绝不在开玩笑的范畴之内，是不可以随意乱做乱说的。轻者会伤及你和同事之间的感情，重者会危及你的饭碗。即使对方当时没有表现出来对你的不满，但也会记恨于你。

2.不要开上司玩笑

上司永远是上司，即使你们曾经是同学，现在在工作之外是朋友，但也不要自恃与上司的交情而与之乱开玩笑，尤其在有外人在场的情况，更不可与上司开玩笑。

3.不要拿同事的缺点开玩笑

兴许你会认为你已与对方相识数年，对其甚是了解，但有时候，在你看来是玩笑，却会被对方认为是嘲笑和讽刺；倘若你开玩笑的对象是个敏感细腻的人，那么，你的一句无心之语就很可能会触怒他，从而使得彼此交恶。

4.和异性开玩笑别过分

办公室内部，开开玩笑能缓解大家压力，异性之间偶尔开一个玩笑，也能缓解气氛，但切记异性之间开玩笑不可过分，尤其是不能在异性面前说黄色笑话，这会降低自己的人格。

心理启示

几乎所有人都懂得在职场处理好人际关系的重要性，但往往找不到有效的方法。其实很简单，在言谈中，能真正地寻找到工作中的某些发笑的因素，适当地在工作中开开玩笑，就能让同事舒缓神经、减轻压力，也能拉近彼此距离，融洽人际关系。

把握说话分寸，让自己易于相处

不得不说，生活中的每一个女人，自从你跨入职场的那一刻起，你就必须要和同事相处，这就需要你掌握一些与同事说话的艺术，尤其是要把握说话的分寸，在他们中间塑造一种受欢迎和被欣赏的说话形象和风格，通过说话，让同事感觉你是个易于相处的人，只有这样，才有利于工作的开展，也有利于自身的发展。

小于是个爱说爱笑的女孩，因此，人缘不错。去年底，她应聘上了某公司市场部职员的职位，其实，以小于的学历和能力，是进不了这样的大公司的，但原来这个职位上的一个叫朱莉的女孩辞职了，小于很幸运地顶替了她的位置；一个萝卜一个坑，朱莉的电脑自然也归小于这个新“萝卜”用。上班没多久，小于便在一天午饭时眉飞色舞地说：“前面那个人蛮有趣的，在电脑里留了很多小说，有一篇写得瞎灵，不晓得她哪里下的……你们要看不？”

午休时间，大家都说不看白不看。于是，同事邮箱里都收到了小于发过来的小说，开篇第一句就是：“爱上我的上司艾森，已经两年。”不幸的是，女主角名叫朱莉，部门经理也叫安森。更不幸的是，这绝不是小说，小于看不出，其他同事却一眼就发觉了。但不幸中的万幸，是小于没有“邮件群发”，只发给了几个她聊得来的，部门经理就没有收到。

大家看完了面面相觑，倒把小于吓到了。有人拍拍她的肩，“删掉这篇文章吧，以后不要提……”叫她不提，可私下里，同事们怎么忍得住：“朱莉怎么那么粗心？走的时候都不‘格(式化)’硬盘？”“她暗恋了那么久，经理说不定是知道的，还是不理她。明摆着是她有意让这些东西漏出来让经理难堪嘛！”“也不一定，说不定她在等着有一天可以传到经理耳朵里，反正他太太也不在上海……”

不知道这篇在公司里传来传去的“暗恋日记”最终有没有传到经理那里，总之小于在经理手下干得很不开心，半年不到就辞职了。

这个职场故事中，职员小于实在是个冤大头，而她犯的错误就在于不该揭露别人的隐私，说了闲话，而且还涉及领导，自然，只能以辞职来解决此事。

在办公室，同事每天见面的时间最长，谈话内容可能还会涉及工作以外的事情。但我们要知道，与同事说话，尽量不要在背后议论同事或者领导，更要懂得保留，什么该说，什么不该说，我们都要把握分寸，才能让同事觉得你是个可以信任的人。同时，这也是自我保护的一种手段，否则很可能招来不必要的麻烦。

的确，真正会说话的女人是能掌握好与同事说话的分寸的，她们不多言、不木讷。的确，人都是社会型动物。少言寡语者，会被大家看成不合群、孤僻，不善交往，久而久之，你就会被大家所孤立，难于有什么发展。话多了也不行，容易让别人反感，而且也容易让别人误解，认为你是个轻浮、不稳重的人，还容易落下个“乌鸦嘴”的名声。所以说，不多说一句，也不少说一句才是与同事间最理想的说话分寸。

与同事说话把握分寸，有下面这样几条原则：

1.公私分明

不管你与同事的私人关系如何，但如果涉及公事，千万不可把你们的私交和公事混为一谈，否则你会把自己置于一种十分尴尬的境地。

2.注意对方的语言习惯

在与同事交往的过程中，你必须留意对方的忌讳语，一不留心，脱口而出，最易伤同事间的感情。即使对方知道你不懂得他的忌讳，虽情有可原，但你终究还是冒犯了他，因此，应该特别留心。

3.不要展示自己的优越

有些人动不动就提到自己或家人的辉煌业绩和显赫地位，向同事们炫耀，这将造成对同事们自尊心的伤害，引起大家的不快，导致对你的厌恶和反感。

4.尽量不发生正面争吵

当你偶然发现某位跟你十分熟识的同事，竟然在你背后四处散播谣言时，这时候，你可能很想和他大吵一通，揭露他的“恶行”，让其他的同事认清他的真面目。但千万不要这样，因为大家是同事关系，你若摆出绝交态度，一定吃亏：一则别人以为你主动跟他反目成仇，问题必然出在你身上，这无形中给对方一个借口去伤害你，这样做太不理智了。二则你们同在一个办公室，你总不想成天看见一副冷若冰霜或是怒目而视的面孔吧！对方滔滔不绝或多有冲撞冒犯之时，尽管任其发泄，自己在旁心平气和，处之泰然，尽量以柔和礼貌的语言来表达自己的意见。所谓“不打不相识”，同事与同事间往往正是在这种貌似攻势的激烈争执中达到了心灵的沟通和思想观念的交流，反倒越吵越了解，越争越痛快，比起以前的“和平共处”阶段还要互相尊重和信任。更何况你俩还有合作机会，加上上司最不喜欢下属因私事交恶而影响工作。

5.闲谈时莫论人非

只要是人多的地方，就会有闲言碎语。有时，你可能不小心成为“放话”的人；有时，你也可能是别人“攻击”的对象，这些背后闲谈，比如领导喜欢谁、谁最吃得开、谁又有绯闻等，就像噪声一样，影响人的工作情绪，聪明的你要懂得，该说的就勇敢地说，不该说的就一定不能乱说。

心理启示

与同事说话，我们要懂得一些心理策略，让同事感觉到我们易于相处，这便能在整个说话中掌握主动权，最终能使自己的意思较顺利地得到实现。

女人汇报工作的说话心理策略

聪明的女人们，身处职场，你应该能发现，任何一个领导，都不喜欢下属跳出自己的视线之外，更不希望下属玩小动作。他们都希望全程掌握下属的工作状况，但日理万机的他们，不可能做到事无巨细。此时，哪个下属能主动做到向领导汇报工作，谁就会与领导混个面熟。另外，经常性地向老板汇报工作，还可以表现出自己对工作的责任心、工作的努力程度，并可以获得领导的指正，不断修正方向，减少失误。

因此，作为一个下属，你若想要想赢得上司的信任，就必须学会主动汇报工作，以此给上司吃一颗定心丸。

小何毕业后就在一家外贸公司工作，如今的她已经是这家公司的部门经理了，她之所以升职如此快，是因为她一直很懂得与领导沟通，而最近，由于事情多、很忙，她就忘记了对领导汇报工作。

有一天，她在开会时批评下属说："你们现在好像一天都很忙啊，好像都不汇报工作了。"可是，会后，她听见员工们说："何总光会说我们，她自己好像也有十天半个月没有去总经理办公室了吧。"这话倒提醒了小何，她想，这段时间，工作是很忙。但是也没有忙到没有时间去向上司汇报工作情况的程度，怪不得总经理这些天好像都对自己有意见似的。如果每天、甚至每两天抽出一个小时的时间走进上司的办公室，向他汇报自己的工作，可能就不会是这样的情况了！

想到这里，小何立即安排秘书为自己做了工作详细记录，第二天她走进上司的办公室，对老总说："总经理，这是我近来的工作进度，请您审查。"上司对她露出微笑："有进步啊！"小何也报以微笑。

从案例中，我们发现，在与领导沟通时，主动的态度十分重要。主动汇报工作，与领导及时交流，不仅能及时更正错误或不当的工作方法，还能让领导放心。

而实际上，职场中，有些女下属是胆小的，她们往往慑于周围人际环境的压力，唯恐领导责备自己，害怕见到领导，不主动上报工作，也失去了展示才华的机会，更重要的是，也失去了上司的信任。

但我们需要注意的是，我们的工作汇报一定要对路，对于不同的领导，汇报的详尽程度是不同的：对那些只重结果的上司，只强调工作成果，切忌喋喋不休地详述过程；而对那些看操作细节的领导，你则最好事无巨细都报告清楚，就能精准得分。

那么，在向领导汇报工作的时候，我们该注意些什么呢？

1.表达服从

古往今来，上下级之间，下级服从下级，这是天经地义的事，虽然也有很多下级冲撞上级，但他们都为此付出了代价，当今职场，这一规则更是不可动摇。在汇报工作的时候，这一点更是我们应该注意的。也就是说，汇报工作，我们要尽量把焦点放在“汇报”上，而不能越权，更不能说越位话。

2.要有重点，不可眉毛胡子一把抓

给领导汇报工作，有时是一件事，有时是几件事一起作汇报，但无论汇报什么，你都应该把握重点，而不能眉毛胡子一把抓，更不可重复啰唆，领导的时间是宝贵的，只有有重点、有调理的汇报，才能为领导节约时间，还能体现你干练的工作风格。

3.条理要清晰

汇报要条理清晰，能让领导清晰地领悟你汇报的内容。

4.把握领导倾向性意见

有时一件事只有一种解决办法，有时有多种。因此，汇报前，你要考虑好领导更倾向于哪一种方法，对于这种方法你就要分析得清晰一点，然后再把其他建议也一并汇报给领导，供领导决策参考。

5.多提解决的方法

汇报工作最重要的是提出解决问题的方案而不是简单地提出问题。要记住，汇报问题的实质是求得领导对你的方案的批准，而不是问你的上司如何解决这个问题，否则事事都要上司拿主意，要下属还有什么意义呢。我们去找领导汇报工作时要预备多套方案，并将它的利弊了然于胸，必要时向领导阐述明白，并提出自己的主张，然后争取领导批准你的主张，这是汇报的最标准版本。假如你的汇报总是这样，相信你离获得晋升已经不遥远了。

6.关键地方多请示

聪明的下属善于在关键处多向领导请示，征求他的意见和看法，把领导的意志融入正专注的事情。关键处多请示是下属主动争取领导的好办法，也是下属做好工作的重要保证。何为关键处？即为“关键事情”、“关键地方”、“关键时刻”、“关键原因”、“关键方式”。

在了解了以上汇报工作的方法后，我们大致便能抓住上司的心理，从而让上司从心里满意我们的表现。

心理启示

一个个成功的职场人士也必然是一个善于汇报工作的人。我们要想赢得上司的信任，就必须掌握领导的心理，学会巧妙地汇报工作，把句句话说到上司心坎上，令上司满意于我们的表现。

女人让自己的语言更有说服力

生活中，我们发现，有这样一些气场很强的女上司，她们虽然身材瘦小，也从不对下属吆来喝去，但却能让所有的下属对她服服帖帖，为什么呢？因为她们懂得如何通过语言来获得在下属心中的威信。

因此，很多时候，即使你是个轻声细语的女人，你也要让自己变得强势起来，尤其是在语言上，只有这样，才有权威和说服力，才能势在必得。

英国前首相撒切尔夫人具有令世人称道的仪表和风度。她是20世纪后期世界上最具魅力的政治人物之一。而她引人入胜的演讲风格，更为她树立了很高的威信。她在上任后的第一次讲话中这样说道：

“我是继伟人之后担任保守党领袖的。这使我觉得自己很渺小。在我之前的领袖，都是赫赫有名的伟人。如：我们的领袖温斯顿·丘吉尔把英国的名字推上了自由世界历史的顶峰；安东尼·伊登为我们确立了可以建立起极大财富和民主的目标；哈罗德·麦克米伦使很多凌云壮志变成了每个公民伸手可及的现实；亚历克·道格拉斯-霍姆赢得了我们大家的爱戴和敬佩；爱德华·希思成功地为我们赢得了1970年大选的胜利，并于1973年英明地使我们加入了欧洲经济共同体。”

在这段讲话中，撒切尔夫人列举了现代史上英国历任首相的功绩，以此来表明自己的任重道远和豪情壮志。1979年撒切尔夫人在大选中获胜，成为英国第一任女首相。职场中，无论你是不是处于领导者的位置，在某些场合，你都必须要让自己的语言变得强势起来，才能让他人信服于你。

职场女人巧用强势语，就要求你说话言之有物、言之成理、能充分地表情达意，侃侃而谈。当然，如何用自己的语言来赢得足够的威信也是一个语言艺术的问题，这里，你需要做到在说话时：

1.语言干脆，当机立断

即使你是个女人，在日常工作中你也应该树立自己的威信。对于自己权限范围内可以决定的事，要当机立断，明确“拍板”。比如车间工人上班经常迟到早退，不听调配。对于这种违反纪律的行为就应果断决定“停止工作，待岗留用”。如果下属向你请示某动员会议的布置及议程，你认为没有问题，就可以用鼓励的委婉语调表达：“知道了，你看着办就行了。”这种表述既给了下属支持与鼓励，也给了下属行动的权力。

2.多用事实说话，制造“权威”

人们通常认为女人是感性的动物，因此，他们总认为女人喜欢描述、夸张事情，因此，如果你希望自己的话能起到作用，那么，你最好在日常工作中用事实说话。“百闻不如一见”，事实胜于雄辩。如果从心理学的角度来分析，人们的心理趋向是求真、求实，只有真的东西，才是人们最可信的。如果我们不是“权威”，就要善于制造“权威”。要使别人心服口服地接受你的观点、意见，就要让事实说话，事实充分交流法使你言重如山。在说服中，要善于运用事实充分交流法。这种说服方法根本的一点就是唯实、唯事，尊重客观事实，用事实说话。运用事实交流法进行说服最能打动人心，最能使人信服。

3.注意表达

我们要想在同事中树立威信，除了要注意自己的态度和说话的方式外，也需要注意表达方法。

①我们说话要言简意赅、长话短说。句子说得短一些，不仅说起来轻

松，听起来省力，吸引力也强。

②说话一定要有条理，要吐字清晰，语速适当。在说话时要坚定而自信，力度要适中，注视着对方的眼睛，这样才显示出自己是充满自信和颇有能力的。如果讲话时眼睛不敢正视，会使同事觉得你意志薄弱，容易支配。

③要学会用幽默的风格讲话。幽默的话，易于记忆、又能给人以深刻印象，正是自我标榜的商标。尤其在工作场合，一般是不适宜开玩笑的，但是如果我们能够恰当地开几句玩笑，恰恰说明我们的特殊地位。

4.尽量最后表态

中国人是最具有“重点置之于后”的心理因素的。所以你不能抢着说话，越是最后说话越有权威。

比如，在与同事谈话时，应该让对方充分地把意见、态度都表明后，自己再说话。让对方先谈，这时主动权在你这一边，可以从对方的说话中选择弱点追问下去，以帮助对方认识问题，再谈自己的看法，这样易于让对方接受。在对方讲话时自己思考问题，最后决断，后发制人，更能让对方认可你的说话能力从而信任你。

5.注意态度，不可目中无人

要在同事、下属间树立威信，你就应该在讲话中时刻注意其他人尚未发现的问题。言谈举止中要有个人魅力，处处起表率作用。而且还要根据不同对象和不同环境发挥自己的讲话技巧，切忌态度高傲，目中无人。

因此，作为职场女性，要想做到势在必得，就要懂得运用语言艺术树立威信，以获得同事、下属的支持，只有这样，才能方便你更好地开展工作！

心理启示

身处职场，与同事打交道，最重要的就是能力被认可。可见，我们在说话的时候，要讲究策略，要想博得威信与同事的支持，就要“有板有眼”。因为从心理角度看，人们觉得那些说话沉稳的人更值得信任，更愿意支持他们。

谏言有方，让领导对你更青睐

在工作中，由于受到一些认识方面的局限等其他原因，即使是领导，也未必能做出正确的决策。这些决策，有些是不切实际的，有些对公司整体的利益发展并无益处，有些甚至是完全错误的。因此，任何一个职场女性，为了避免一些不正确的决策的产生，关键时刻不可唯唯诺诺，你有责任也有义务对领导提出意见。然而，可能很多女人会产生疑问，我做了很多前期工作，花费了很多时间和精力，但在真正劝谏的时候，却发现，原来领导并没有听进去，更别说采纳我的意见了。

其实，聪明的女人都明白，这主要是方法和技巧的问题。只有掌握正确的、领导可以接受的方式和技巧，你的言语才会奏效。因为中国人素来很爱面子，尤其是做领导的，掌握了一定的权力，自然有一定的权威和尊严，古人有“君无戏言”的说法，古今君王明知犯错却不知悔改的，大有人在，其实也就是这个道理，承认自己的错误也就是失了权威和面子。因此，作为下属的你，如果能做到灵巧谏言，让领导坦然接受你的建议，那么，不仅能防止领导做出错误的决策，还能体现出你的工作能力，更能因为保住了领导的面子，而获得领导的赏识。

《后汉书》中记载了一位擅长言辞的媳妇巧妙批评婆婆的故事：丈夫乐羊子外出求学，七年不归，家里日子艰辛，已久未尝过荤腥。乐羊子的母亲犯了馋，见别人家的鸡进入她家院子，就偷偷地宰了吃。

对婆婆的这种行为，乐羊子妻十分难过，她不但不动筷子同婆婆一起吃这偷来的鸡，而且直掉眼泪。

婆婆问她为什么？她回答说：“自伤居贫，使食有它肉。”意思是说，怪我自家穷，没有能力把婆婆侍奉好，因而使饭桌上有了别人家里的肉。

在封建社会里，儿媳对婆婆是不能直截了当地批评的，乐羊子妻委婉地以自责的方式提出批评，诱发婆婆的廉耻之心，结果使婆婆惭愧得无地自容，只好端着煮好的鸡到失主家认错赔礼。

其实，这个故事也可以应用到职场，那么，聪明的女人们，你是否也懂得如何向领导谏言呢?

的确，向领导谏言能体现下属对领导的忠心，但并不是所有领导都愿意听下属的直言进谏，直接的反对言辞会让他感受到自己的威严受到了威胁和质疑，领导一旦产生了这样的想法，即使你费尽口舌，不但不能让领导听进去，还会让领导很反感。因此，很多职场女性在向领导谏言时总是顾虑重重，其实，向领导提意见，共同致力于团队的发展，是作为下属的义务，但要掌握一定的技巧，否则就可能引火烧身。对此，在进谏的时候，你应该掌握以下技巧：

1.提醒式批评

工作中，你可能经常遇到一些健忘的上司，比如，他曾与某个客户约好了中午吃饭，可自己却忘记了，还反过来责怪你没有提醒他；再如，你已经告诉他哪些文件要签，可他反而质问下属为何不提醒他或早点给他。若遇到了这样的事，你会非常气愤，明明不关你的事，上司却滥用职权，将责任推到你身上。

如果你的上司三番五次犯同样错误，你应以提醒来代替批评，且不能因为太气愤而反唇直辩或直指是非。因为无论上司是对是错，他都是爱面子的，你这样做，只会得罪上司。你不妨每天像很关心上司似地提醒他有个约会，或是有份文件还没签。在你故意的提醒下，你的上司为了免得再忘记，就会主动把该做的事情做好。这样一来，每件事情都会做得井井有条，也顾全了上司的自尊，同时也让他觉出你的重要性。

2.注意说话态度，要注意分寸

女性是善于与人沟通的，而与领导沟通，你需要注意说话的态度和敬语的运用，恰到好处地表达出你的意思。由于你的坦率和诚意，即使对方不完全赞同你的观点，也不会影响到他对你个人的看法。

3.领导需要的是建议而不是意见

你在对领导提意见的时候，不要只说“不行”，要多说“怎么做”。对领导提出更好的解决方案，他才会放弃自己原有的想法。

4.不要否定你的领导

很多领导不愿意接受下属的意见，是因为他觉得一旦接受，就意味着自己的智慧不如下属，抓住领导的这一心理，你在提出意见前，一定要肯定领导，这样，他接受起来也就容易多了。

5.观点鲜明，长话短说

上司的时间是宝贵的，他们更喜欢下属用简短的话语表达观点，即使指出他的失误，你也绝不可废话连篇，而要有一定的准备，有充分的理由，然后一气呵成表达自己的想法和意见。如果你能在一分钟内说完你的意见，他就会觉得很愉快，而且如果觉得“有理”，也比较容易接受。这样，即使他不同意你的意见，你也不会因此而浪费他太多的时间，他反而会为此欣赏你。

心理启示

人人都喜欢被赞扬和认可，而不喜欢自己的行为被否定或者被指出不足之处。职场中，我们的上司也有这样的心理。因此，我们在提意见的时候，要注意方式方法，尽量委婉地提出来。

巧妙化解你与同事间的尴尬

现代职场，一个女人的职场人气如何，直接关系到她的升迁和职场命运，那些会说话、懂得打破沉默、善于活跃办公室气氛的女人往往更能赢得同事的好感，职场人气自然也高。而这些聪明的职场女人一般都会借用心理策略，善于化解同事间的尴尬，这样会使办公室的氛围很好，同事感到工作轻松，人际关系和睦，工作也有干劲。我们先来看下面一个故事：

一位年轻的女厂长在刚上任不久，就遭遇到了很多老员工的不满，其中，就有一个职工因为医药费的事在年初的职工大会上质问女厂长，她认为自己报销的医药费实在太少。

她厉声问道："请问新厂长，去年一年，我们厂子里为员工到底花了多少钱？"

这位年轻的女厂长根据自己的了解说了一个几十万元的数字。

"晕死。"这名职工说了一句口头禅。

当场的很多职工都为她这样说感到诧异，但年轻的女厂长却很镇定，然后解下了自己的手表和项链，放在桌上说："在你晕倒之前，请接受这笔投资。"

于是在场的大多数职工都会心地笑起来。

这位女厂长的自嘲让这位女员工明白，即企业很重视职工的需要，她本人也确实关心。如果有必要的话，她可以牺牲自己，但厂里资金有限也是事实。当对方理解后，所有的抱怨也就消失了，可见，一句幽默的戏剧性语句和一个幽默的戏剧性行为，其效果远远超过一份长篇大论的反驳和纠正。

的确，我们每个人自打出生起，就生活在一定的集体中，上学时候的班集体到工作时候的团队，我们不可能不与人打交道。工作中，与同事打交道，难免也会发生一些碰撞，如果我们不克制自己的脾气，逞一时口舌之快，伤了和气，那么，日后大家一起共事，难免心有隔阂，这对于完成同一工作目标是毫无益处的！其实，遇到这种情况，我们不妨从心理学的角度，善于借用语言的外衣，帮助我们轻松化解人际间的各种矛盾，创建和谐的人际关系。

实际上，现实生活中，一些女人，她们出于好意，本意是给同事一耳光化解尴尬圆场的机会，但却不懂得技巧，结果反而让对方下不来台，让彼此间的关系恶化。其实，身处职场，学会化解同事间的尴尬，女人们，你不仅要学会说话，最重要的还要了解当事人的心理，学会解读现场气氛，否则，就会造成越帮越忙的结果。

具体说来，你需要做到：

1.顺力借力，运用幽默

这样的台阶双方最愿意接受。幽默会使你减少敌对者，减少尴尬的场面，增进彼此的友谊，产生不可估量的作用。但要做到幽默圆场，是需要一定的自身修养能力和应变能力的。

某女作家写作太累，在开会时睡着了，没想到，她居然鼾声大起，引起参加会议的人哈哈大笑。她醒来发觉同志们在笑自己，觉得有点不好意思，但这时，她旁边的一位女士说："身为一个女人，你居然能打出这么有水平的'呼噜'！"

她知道这位女士是在帮自己解围，于是，她立即接茬说："这可是我的家传秘方，高水平的还没有发挥。"在大家的哄笑声中解了围。

工作中，当我们的同事遇到尴尬的场景时，你也不要抓住别人的把柄不放，不妨也给人一个台阶，就和那位女士一样，当作家出丑时候，帮其化解危机，赢得别人的好感。中国人尤其好面子，会说话的人在说服别人的时候，懂得给人留面子，在必要的时刻给对方一个台阶下，免得使人下不了台。

2.学会自嘲，把错误归结到自己身上

毕竟，每个人都有强烈的自尊心和虚荣心，都会注意自己社交形象的塑造，没有人愿意当着众人的面被指出自己的失误，而事实上，人们心知肚明，你这样做，不仅能赢得当事人的感激，还能让人觉得你是个善解人意的人。

3.转移话题，避其锋芒

当对方尴尬的时候，如果在尴尬的问题上延续得过长，那么，对方就会越尴尬，此时，如果你能巧妙圆场，将话题转移到其他问题上，让对方顺势下台阶，也不失为一个好办法。

当然，以上只是简单的几个技巧，如何化解同事间的尴尬，还需要你的摸索，别造成好心办坏事，你为人提供台阶，使他保住了面子、维护了自尊，同事自然会对你更为感激，产生更强烈的好感。这也就是人们常说的“予人玫瑰，手有余香”。

心理启示

同事之间朝夕相处，难免产生矛盾，如何化解同事间的尴尬，需要我们从心理学的角度，通过三言两语，把话说到同事心坎上。

第14章

处世妙语：女人左右逢源的口才心理策略

我们都知道，相对于男人来说，女人更喜欢与人交流，她们很喜欢聊八卦，聊邻里，也经常被男人嫌弃为“爱唠叨的人”。而如何说话却是一门学问，尤其是在为人处世的过程中，每个女人都应该提高自己的说话能力，女人说话到位才能左右逢源。当然，只要你在平时的言语中多加注意，该说的说，不该说的不说，说之前想好了再说，时间长了，自然就能练就出让人羡慕的嘴皮子。

女人会说暖场话更受人欢迎

生活中，与人打交道，人们会遇到这样的情况：大家似乎都不愿意主动开口而导致了场面冷清、尴尬，此时，我们该如何是好？我们也不难发现，那些会说话的女人总是能三言两语就让现场的气氛活跃起来。有她们在的地方，就没有冷场。

可见，交谈是人际交往中最重要的步骤之一。女人学会处理好这一步可以使交谈气氛迅速融洽起来，使你结识很多有趣的朋友；而处理不好就会引起尴尬，失去很多机会。可见，用语言暖场是每个女人要掌握的重要心理策略。而用语言暖场，并不是毫无章法的。我们来看看下面这个故事：

小赵是一个爱开玩笑的女孩，这天中午午休时间，办公室内死气沉沉，活泼的她便开始拿邻座的李大姐消遣："你说先有鸡还是先有蛋？"看着她那得意洋洋的样子，李大姐因为心情不好，有气正好没处发，便想着非把她气糊涂不可。

"对不起，条件不足，无法回答。"

"什么条件不足？"

"因为你没有说明是鸡与鸡蛋相比较，还是鸡与鸟蛋或者鸭蛋相比较。"

"当然是鸡和鸡蛋啦！！"

"条件不足，无法回答。"

"我不是说过是鸡和鸡蛋相比了吗？"

"可是你没有说明是鸡与蛋的概念上的比较还是事物上的比较啊。"

这时，办公室内的其他人也都围过来了，他们想看看这场"争夺战"到底谁输谁赢，事实上，此时他们已经因为老李和小赵这场荒谬的问答而笑起来了。

“这有什么差别？”

“当然有。所谓的鸡是人们对一种两条腿的、类似鸟的、可以从体内排出一种卵石形物体的动物的称呼。而所谓的蛋，是人对这种动物从体内排出来的卵石形的、可食用的、可以延续这种动物种族的那种东西的称呼。当人类语言形成的时候或者说当人们给它们起名子的时候，它们已经同时存在了，所以说概念上的鸡与鸡蛋同时出现。如果要问鸡与鸡蛋这两种事物出现的先后顺序，那又是另一个问题。”

……

此时，周围的同事们已经笑得前俯后仰了。

“你还有完没完！”此时的小赵发现自己已经争辩不过老李了。

“当然有，最后一个。”

“什么条件？”

“因为你没有给出回答的范围。”

“这算什么？”

“这是最重要的一个条件。如果从进化论的角度来讲，人们所认识的鸡是从某种鸟类进化而来，而那时鸟与鸟蛋已经同时存在了，所以说鸡与鸡蛋同时出现。或者说先有蛋，后有鸡……如果从宗教角度来讲，所有事物都是上帝创造的，其中包括鸡与鸡蛋、鸟与鸟蛋。所以说鸡和鸡蛋同时出现。……如果从政治角度来讲，月亮都可以说成是奶酪捏的，那么鸡与鸡蛋出现的先后顺序就取决于个人的权力大小、个人态度以及周边关系等复杂的政治因素。……如果从金钱的角度来讲，当数值高到一定程度时，就算承认鸡蛋是我下的也可以。”

……

此刻，同事们居然鼓起了掌来，不幸的是，部门领导却站在了门口，但这个有趣的午休还印在他们的脑海中。

生活中，可能不少女人会羡慕上述故事中的李大姐的口才。这里，为什么人们会因为小赵和李大姐开的玩笑而发笑，甚至到最后大家都开始鼓起掌来？因为她们开的玩笑带来的幽默效应是此起彼伏的，虽然荒诞不羁，但却很有笑点，尤其是李大姐反复不断地解释“条件不足，无法回答”，更是让周围的人觉得好笑。

暖场的话也不是随随便便说的。有人因为会表达而说出让大家都舒服的话而受欢迎，有人则因为表达方式不当而在人际交往中吃亏。因此从人们的心理角度看，每个人都希望别人能说出自己喜欢听的话。因此，女人们，你若想做好暖场工作，需要从以下几个方面努力：

1.以对方感兴趣的话题暖场

一般而言，说话时要选择大家都感兴趣的话题，而不是只顾自己说，否则他人就会感到厌倦，也就是我们常说的：没有共同语言。如果我们能很好地找到共同感兴趣的话题，会使他人感到自己很亲切，很了解他，找到了知己，双方也会快乐不已，使之感情更加深厚。在公共场合，我们可以选择大家都关注的一些话题，比如，时事政治、体育、房价等，即使在场的人不是很了解这些，但也能说上几句，也不至于插不上话。当大家你一句我一句的开始谈话时，我们的语言也就起到了暖场的作用了。

2.坦白自己的感受

假若你参加了一个周围没有一个熟人的聚会，与其自己在角落里一个人嘀咕“我太害羞了，与这种聚会格格不入”，还不如直接告诉坐在你身边的陌生人，或许对方也正有此感受。

3.幽大家一默

公共场合，说话中巧妙运用幽默能够收到很好的效果，它既表明一个人是否具有道德修养，还能使交往和谐、化解矛盾与冲突。

心理启示

良好的人际关系的第一步来自于口才。人们对那些在社交场合能兼顾大家感受而寻找共同话题的人更容易产生好感。因此，如果你善于选择大家都能聊的话题，相信你会很快与他们建立起稳固的友谊。

会打圆场的女人更被人需要

我们都知道，相对于男性来说，女性更细腻，她们往往更能捕捉到人际交往中气氛的转变，因此，女性一般更贴心，更懂得兼顾交际场合所有人的情绪。因此，女人们，与人打交道的过程中，面对尴尬场景，如果你能说些打圆场的话，帮他人夺回面子，那么，对方一定会对你心存感激，你也会因此而获得一份友谊。

打圆场其实也是一门学问，有些会打圆场的女人，几句话就能将剑拔弩张的紧张气氛转为缓和，双方之间也会握手言和。不会打圆场，只会让事情越变越糟，甚至使双方之间的矛盾因为打圆场者的参与，变得更加的不可调和。女人应该仔细研修这方面的学问，会打圆场，朋友才会更多，邻里之间才会更加的协调，同事之间才会更加的和睦，和上司之间的关系才会更加默契，也才能因此而得到上司的赏识和提拔。

三个女孩子雯雯、李丽还有小晴她们决定周末的时候一起去书店买书，她们约好周日的早上大家在书城碰面。九点的时候李丽还有小晴准时到达书城，她们见雯雯还没有出现，就一起走进了书城的里面，没想到她们在里面看见了雯雯。李丽是个急性子，看见了雯雯气就不打一处来，责备雯雯道："我们在外面等你等了半个多小时，外面天寒地冻的，你倒好，自己一个人进来溜达上了，不记得我们了，是吧？"雯雯听了也急了："我八点五十就来了，一直在里面等你们，外面天寒地冻的，我总不能在外面傻等吧。"两个人各说各的理，谁也不让谁。这时小晴走过来，说道："其实这都是误会，你们谁也不想耽误对方的时间。"她转身对雯雯说道："今天李丽穿的比较少，在外面又等了那么久，她向你抱怨两句也是情有可原的。"雯雯很愧疚地点了点头。这时小晴又对李丽说道：

“人家雯雯也没有违约，比我们还早到十分钟呢。都怪一开始的时候，我们没有约定好见面的地点，这次就长教训了，以后一定要约好见面的地点。”雯雯和李丽听了小晴的话，都觉得很有道理，于是她们就向对方表示了自己的歉意，三个人高高兴兴地去买书了。

案例中的小晴就是个善于打圆场的女孩。不得不说，现实生活中，一个经常打圆场的女人容易得到别人的好感，容易提升自己的个人魅力。女人不仅在生活上可以为家庭、为朋友、为邻居们打圆场，在职场上也可以为上司、为同事、为客户打圆场。打圆场不是和稀泥，越搅越混，而是为了达到息事宁人的结果。

善于打圆场的女人应变能力特别强，她们能在第一时间想出应对矛盾的良药，想到最好的不伤害任何一方的圆和话，将双方说得气都消下来，心都静下来，然后就是你好我好大家好的和谐场面。

具体说来，身为女人，你可以这样打圆场：

1.找个借口，给对方台阶下

有些人之所以在交际活动中陷入窘境，常常是因为他们在特定的场合做得不合时宜或不合情理，于是就进一步造成整个局面的尴尬和难堪。在这种情形下，最行之有效的打圆场的方法，莫过于换一个角度或找一个借口，以合情合理的解释来证明对方有悖常理的举动在此情此景中是正当的、无可厚非的和合理的，这样一来，对方的尴尬解除了，正常的人际关系也能得以继续下去了。而我们在无形中也多交了一个朋友。

2.审时度势，让各方都满意

有时在某种场合中，当交际双方因彼此不满意对方的看法而争执不休时，很难说谁对谁错，作为调解者应该理解争执双方此时的心理和情绪，不要厚此薄彼，以免加深双方的差异，并对双方的优势和价值都予以肯定，在一定程度上来满足他们的自我实现心理，在这个基础上，再拿出双方都能接受的建设性意见，这样就容易为双方所接受。

3.侧面点拨

即不作直言相告，而是从侧面委婉地点拨对方，使其明白自己的不足，打消失当的念头。这一技巧通常借助于问句的形式表达出来。

4.转移话题，避开争端

当尴尬或僵局出现时，有些人由于情绪上的冲动，往往会在一些问题上互不相让。在打圆场时，不妨岔开他们的话题，转移他们的注意力。

在交际场合中，如果某个较为严肃、敏感的问题弄得交谈双方很对立，甚至阻碍交谈正常顺利进行时，你可以暂时让它回避一下，通过转移话题，用一些轻松、愉快的话题来活跃气氛，转移双方的注意力，或者通过幽默的话语将严肃的话题淡化，使原来僵持的场面重新活跃起来，从而缓和尴尬的局面。

如朋友之间为了某个问题争得面红耳赤，僵持不下时，可以适时说一句“要把这个问题争得明白，比国家足球队赢球还难”；或者说一个笑话，让双方的情绪平缓下来，在轻松的气氛中让尴尬消失殆尽，使交际活动得以顺利进行。

心理启示

打圆场是一种语言艺术，但打圆场必须从善意的角度出发，以特定的话语去缓和紧张气氛，调节人际关系，而从我们自身来说，掌握交际双方的心理，运用说话技巧，帮人夺回面子，也可以使我们在交际场合左右逢源。

女人说话懂礼，优雅有魅力

生活中，人们对那些说话彬彬有礼的女人总是充满好感。因为人们总是把“礼貌”与其他一些品质联想在一起，比如：有修养、真诚等。与人交际，就是希望能得到别人的认可，从而达到我们的交际目的。而语言是交际的外衣，现实生活中的女人们，与人打交道时，要想有良好的交际效果，就要从语言入手，应酬场合不忘说些礼貌话，让人产生积极的心理，看到你的素质和修养，从而对你另眼看待。

我们先来看下面的故事：

在茂密的山林里，一位樵夫救了一只小熊，老熊对樵夫感激不尽。有一天樵夫迷路了，遇见了母熊，母熊安排他住宿，还以丰盛的晚宴款待了他。翌日晨，樵夫对母熊说："你招待得很好，但我唯一不喜欢的地方就是你身上的那股臭味。"母熊心里怏怏不乐，说："作为补偿，你用斧头砍我的头吧。"樵夫按要求做了。若干年后，樵夫遇到了母熊，他问："你头上的伤口好了吗？"母熊说："噢，那次疼了一阵子，伤口愈合后我就忘了。不过那次你说过的话，我一辈子也忘不了。"

从这则故事中，我们发现，懂得礼貌用语是人们获得良好人际关系、求人办事取得成功的前提。懂得礼貌性地说话，是一个人最基本的素质，人们对那些没有素质的女人往往采取的都是敬而远之甚至是厌恶的态度。

俗话说："好言一句三冬暖，恶语伤人六月寒。"人际间相处是平常的事，也是一件微妙的事。一张笑脸带着一声问好能带给他人好心情；相反，一句粗话恶语却会破坏人们良好的情绪。坏的情绪和好的情绪都容易传染。良好、自然的环境和融洽的人际关系是大家共同创造出来的，好的环境需要每个人共同创造和维护。

的确，如果在与人交际中，说话时都能说文明话、礼貌话，少一些失礼的语言，不管对方是熟人还是陌生人，内心多一些善意，多说一些真诚祝福的话，我们的交际圈子就会更加和谐，这样的和谐环境对我们的生活、工作都大有帮助。

那么，人际交往中，我们该怎样说"礼貌"话呢？

1.真诚地说话

女人说话时的态度和语气极为重要，有的女人谈起话来滔滔不绝，绝不容许他人插嘴，把大家都当成自己的学生；有的女人为了充分显示自己的伶牙俐齿，总是喜欢用夸张的语气来说话，甚至夸大其词，危言耸听；

有的女人以自己为中心，丝毫不顾他人的喜怒哀乐，成天谈的话题全是显示自己。这些女人常常给人傲慢、放肆、自大、不尊重人的印象，对个人的人际交往有百害而无一利。

2.注意保持合适的距离

说话通常是为了与他人沟通思想。要达到这一目的，首先当然必须注意说话的内容，其次也必须注意说话时声音的轻重，在说话时还必须注意保持与对话者的距离。说话时与人保持适当距离也并非完全出于考虑对方能否听清自己的说话，另外还存在一个怎样才更合乎礼貌的问题。从礼仪上说，说话时与对方离得过远，会使对话者误认为你不愿向他表示友好和亲近，这显然是失礼的。然而如果在较近的距离和人交谈，稍有不慎就会把口沫溅在别人脸上，这是最令人讨厌的。因此从礼仪角度来讲一般保持一两个人的距离最为适合。

3.握一些礼貌用语

礼貌用语要文明雅致、措辞恳切、热情真挚、口气和蔼、面带微笑，主要有以下几个方面：

问候的用语：早晨好；您早；晚上好；晚安。

答谢的用语：请多关照；承蒙关照；拜托。

赞赏的用语：太好了；真棒；美极了。

挂念的用语：身体好吗；怎么样；还好吧。

理解的用语：太忙了只能如此；深有同感，所见略同。

征询的用语：你有什么事情；需要我帮您做什么；如果您不介意的话，我可以做……吗。

道歉的用语：对不起；请原谅；实在抱歉；真过意不去；完全是我们的错。

常用的客套话：慢走；留步；劳驾；少陪；失敬；久违；久仰；恭喜。

俗话说，“一句话能把人说跳，一句话也能把人说笑。”言语是思想的衣裳，谈吐是行动的羽翼。它可以表现一个人的高雅，也可以表现一个人的粗俗。言谈高雅即行动之稳健；说话轻浮即行动之草率。也就是说，女人们，人际交往中，如果你要接通情感的热线，使交际畅通无阻，就应该得体地说好“礼貌话”。谈话中，习惯用礼貌语言，就会让人感到“良言一句三冬暖”，使感情顿时亲切融洽起来。

心理启示

社交生活中，一个人如想建立自己知性而又优雅的形象，帮助自己成功地打开交际网络，建立良好而广泛的人脉，学习有礼貌的说话是其中的重中之重，能起到事半功倍的效果。

与异性朋友说话不尴尬的技巧

相信对于大部分女人来说，在谈情说爱的阶段，你应该很会说话，因为对方是你的恋人，对对方是比较了解的，即使说了不恰当的话，也会获得原谅。而与其他男性朋友打交道，如果说了不恰当的话，不但会产生相反的不如意的结果，造成尴尬，有时甚至会演变成一场灾祸。因此，与男性朋友说话，女人必须要掌握一定的语言技巧，应以自然大方为准则。

小蝶是个活泼的女孩，其他女同事因避嫌，似乎很少和男同事来往。而小碟则不同，她周围有一大群男性朋友，并且，她和这些男同事相处得极为融洽，也并没有传来什么是是非非。这一点，令周围的女同胞们很是羡慕，当她们问到小碟是如何做到的，小碟坦言：“大大方方即可。”这句话令众人不明就里。

小碟看这一情形，继续说：“看在姐妹儿今儿高兴的份儿上，给你们指点一二吧。瞧见没有，他们正在茶水间闲聊呢，要是你们，你们过去说什么？”

“不知道。说声‘你好’呗。”一个女同事搭腔。

“然后呢？”

“然后、然后……”这个女同事无话可说了。

“谈足球运动吧，应该大家都挺喜欢的。”另一个同事说。

“你能保证每一个男人都喜欢这样的话题吗？”小碟反问道。

“这……”

“那如果是你，你怎么插话呢？”一个同事直接问小碟。

我会说：“‘嗨，你们看最新出来的新闻没，最新款的××电动游戏出来了。’我相信没有哪个男人不会对这个感兴趣的。”

“嗯，果真高明。”其他女同事啧啧称赞。

可以说，案例中的小碟是个善于和男性沟通的人，她能迅速找到让男同事打开话匣子的话题，并且能做到大大方方，不失男女之间的谈话礼仪。

在我国，由于长期以来受传统观点和习俗影响，男女交往尤其是已婚男女与其他异性的交往往往显得拘谨、不自然。实质上，这是因为人们存在一些观念上的误区，他们认为，男女之间没有纯洁的友谊。实则不然，男女之间也可以有正常的交往。

因此，女人们，和男性沟通，你应尽量大大方方，或是用一句“你好”，或是用一个微笑来开始相互之间的讲话。尤其是已婚妇女同男性交往，讲话时更不能羞羞答答，显得过分多情，以致引起男性的紧张、轻视或嘲笑。

具体来说，需要你做到：

1.自然大方，态度诚恳

因此，首先要克服自卑感和怯场心理，你可以漫不经心地说一些眼前存在的事实，用声音引起对方的注意。接上话后，便可以谈下去，但谈话的内容不要太深入，仅作一般性的聊天，大多是没话找话。这时，最忌心情紧张或心中有鬼，否则，你会找不到话题，语无伦次。这个就要看你的语言艺术和你的亲和力了。首先自己不能太死板；再有就是要注意抓住对方话语中对某些事情的关注点；也可以适当做一些兴趣试探问答，但是不要过于频繁，要尽量找到对方最感兴趣的谈话方向，只有这样你才能有针对性地寻找话题；再有就是要根据对方的性格来判断应该由谁来做主导。

应该从最浅显、最大众、最不牵扯个人隐私的方向开始，以最轻松的话题开始，逐步加深话题内容。

2.慎重选择话题

异性交谈，更要考虑不同性别对谈话兴趣的不同。对于大部分女性来说，可能你更喜欢谈美容、购物、家庭等方面，而男性似乎更喜欢谈军事、政治、体育等方面，与男性朋友交谈，如果一味地只谈自己喜欢的话题，而忽视对方的兴趣，那么，只会让对方觉得无聊甚至产生厌烦情绪。

另外，与异性交谈的忌讳体现在：一忌交头接耳、窃窃私语，或发出令人莫名其妙的笑声；二忌谈隐私及与性有关的事情；三忌过分严肃或过分轻薄；四忌揭别人的短，尤其是女性忌讳别人说她矮胖、老丑等。

总之，作为女人，你可以掌握几点与男性朋友沟通的最佳秘诀：

①只在男性要求时提出劝告，而且最好是私下为之。

②说话时肯定而有自信，同时提高音量。

③避免经常谈论问题，着重如何解决问题。

④避免漫无边际的闲聊，直接切入中心。

⑤不要太在意批评。

心理启示

与异性交谈，应本着大方自然、光明磊落的态度，这一过程中，口语表达可充分发挥属于自己性别的语言特色，自然展现自己的语言风采，的确能产生震撼人心的巨大魅力。

有内涵的女人懂得说话留三分

中国有句俗话：“好话一句三冬暖，恶语伤人六月寒，话到嘴边三分留。”人际交往中，女人在与人说话时，切不可占尽先机，而应把重要的话留三分，给他人表现的机会，让其说出关键点。这样，对方会从心里感激你让给他的表现机会，进而对你产生好感。

那些说话懂得留有余地的女人更能彰显自己的深度。然而，不得不说的是，现代社会，一些女人总有强烈的表现欲，不断地想说话、想炫耀、想展示。殊不知，这恰恰是最惹人讨厌的，人们往往会觉得这类的女人毫无内涵可言，真正聪明的女人自然会体会出这其中的浅薄。真正有内涵的女人，会懂得说话把握分寸的意义与价值，会懂得字斟句酌的珍贵。

一次，有位女老师朗读课文《孔乙己》，当她读完最后一句“——大约孔乙己的确死了”，全班学生肃然，课堂顿时沉寂——他们沉浸在思考中。这是孔乙己的悲剧引起了他们的思考。这位女教师维持着这种“课堂空白”，并不急于讲课，让学生继续自己去咀嚼、体味文章的内涵。两三分钟后，一个学生长吁了一声，课堂又活跃起来了。她马上抓住时机提问：“孔乙己这个人似乎很可笑，但你读完之后，笑得出来吗？有什么感想？”学生们异口同声地回答：“即使笑，也是沉闷压抑的”，“孔乙己既可怜又可气”。“好！”她感到很满意，因为她并没有讲解，但是学生正确理解了文章的意图。

在课堂上，女老师在讲课后，适当地留一些空白，会取得良好的授课效果。生活中的女人也要学会这一说话技巧。

一个精明的英国人曾经说过：“一个人在世界上可以有许多事业，只要他愿意让别人替他受赏。”法国哲学家拉·罗切福考尔德也说过：“如果你希望得到敌人，就超过你的朋友；但若想得到朋友，就让他们超过你吧。”为什么这么说？因为从心理的角度看，当朋友超过我们时，他们便充满了成就感；但情况若是相反，他们会深感羞耻并充满嫉妒。与人说话，同样是这个道理。让他人充满成就感，能使我们结交友谊，掌握交际的主动权。

那么，怎样才能掌握话说三分的技巧呢？

1.提问法

你要想把表现的机会让给别人，就要为别人创造说话的契机，而提问是一种很好的引导法。比如，你可以这样问：“当时只有一间办公室和一名速记员，对吗？”面对这一提问，对方一般都会顺着问话者的思路回答问题。

2.不要打断别人说话

交际中，与人说话，你可能会遇到另外一种情况，那就是你不同意别人的观点，这时你也许很想打断他，但是最好不要这样做，人们在自己还有一大堆意见要发表的时候，是不会注意到你的。所以要保持开阔的心胸耐心听下去，并诚恳地鼓励他人把意见完整地表达出来。

3.寻求帮助法

也就是说，在与人说话的时候，不要显得无所不知，关键时候，你不妨对对方说：“这个问题我还真不清楚，您能帮我跟大家解释一下吗？”很明显，这样一说，话语权就交到了对方手里。同时，也能体现对方的能力，这是变相地给对方增光添彩。

当然，你还需要注意的两点是：

第一，要掌握火候。

也就是说，沉默要把握时机。比如尽量在对方心存疑念、渴望得到答案时沉默，这样，能很好地起到吊胃口的作用。

第二，要精心设计。

你要学会找到“引”与“发”的必然联系，当问题产生后，可以对对方适当点拨，使对方有联想。然后以“发问”、“激题”等方式的诱因激起对方的思考，让其自己获悉答案，以此填补思维空白点，获取预期的效果。

总之，女人们，在与人交往的过程中，说话留三分，让他人说出关键点，给他人表现的机会，在别人心中留下好印象，你会发现这种做法将会有利于长远的利益和奋斗目标的实现！

心理启示

每个人都有表演和说话的欲望，掌握人们的这一心理，与人交谈，如果能适时沉默，引导对方说出关键点，那么，他一定会对你产生好感，愿意与你交往。

会说“谢谢”的女人最漂亮

人生路上，我们无时无刻不在接受他人的帮助，接受他人的恩惠，自打我们出生，父母就在孜孜不倦地哺育我们，教我们做人做事的道理；跨入校门，我们的老师就无怨无悔地把毕生所学传授给我们；当我们成家立业之后，我们又得到了来自爱人的呵护；工作岗位上，当我们遇到困难，同事们也总是伸出了援助的双手……我们需要报答的人太多。同样，作为女人，因为性格关系，她们需要别人帮助的时候就更多。因此，如果你心存感恩，那么，就请表达出来。表面上看，这只是一个简单的口头词汇，但从心理学的角度看，人们对那些彬彬有礼、懂得感恩的女人更有好感，也更愿意与她们打交道。

“谢谢”是字典里最富有魅力的词汇。人世间很多词语会在出口的瞬间引发争端和祸乱，然而“谢谢”不会。这个魔力非常的词语表述了说话人此刻千头万绪、杂乱难理的心情。有的女人不愿意说“谢谢”，她们认为对方和自己的关系实在是太不一般，说了“谢谢”似乎就是玷污了这段感情，“谢谢”只是适用于陌生人之间。其实事实并不是这样。多么铁的关系也需要你用心去维护，用爱去打理。所有人都希望自己的努力换来的是感恩和回报，没有人愿意和一个不懂得感激别人的人生活在一起。

“谢谢”一词如此简单，简单到被很多女人忽略的程度。从而导致她们在与人相处中错失了很多段的好情谊、好姻缘。虽然对别人表达感激之情不是什么难事儿，但却考验到女人的口才，为此，在表达感谢时，你不妨注意以下几点：

1.真诚表达

谁也不喜欢听到毫无诚意的感谢，甚至还会厌恶。无论什么时候都请记住：道谢不是一个表面工程，它需要你从内心深处去感激。真心实意地去表达感谢才会令对方感动、欣慰，才能使你们的友谊地久天长。

2.眼神专注

要想真正用感谢的话打动对方，你还需要在说“谢谢”的时候注视着对方的眼睛。其实不只是道谢，说任何话的时候都应该注视着对方的眼睛，眼睛是心灵的窗户，注视着他的眼睛才能和他有心灵上的交汇和沟通，让对方深深地感到你对他的谢意，是发自内心深处的声音，真实不造作。

3.表达要自然，而且要称呼着对方的名字说“谢谢”

既然是来表示感谢，说话语言就一定要大方得体、诚恳坦率，不要扭扭捏捏的一副羞涩的样子。如果你说“谢谢”的时候态度不大方，很容易引起对方误会：这到底是感谢我来了，还是讽刺我来了？明明很好的一件事情就被态度搞砸了。另外，感谢时一定要称呼对方的名字。这点大家可能都没怎么注意过，如果有人说“谢谢你”和“谢谢你，小张”，你会觉得哪句好一些呢？显然是第二句更具有亲和力吧。称呼对方的名字能让对方全身心地感觉到你是在感谢他而不是别人，因此也能唤起对方心灵深处那种自豪感，在你记住他的同时，他也记住了你，这就是一个人脉资源规划的良好开端。

4.表示回报的感谢要有具体环境做依托

朋友帮了你一个大忙，同事为你介绍了一位新客户，这些都是值得你感激并且要及时表示感谢的。既然受人恩惠，当然要记得回报，尽管对方并不是冲着要你报答才来帮助你的，但话说“投我以木桃，报之以琼瑶”，知恩图报是最上乘的美德。当朋友或同事明明需要你的帮助而羞于开口时，你一定要积极主动的帮忙，就像他们帮你时那样。此时为了维护他们的自尊，你完全可以不说透：“这件事我正好熟悉，不然也帮不上什么忙……”或者“上次的事情多亏了你，否则我都不知道该怎么办才好。”总之，感谢一定要言之有物，握着对方的手一个劲儿地说“谢谢”，会把对方弄得一头雾水，而且达不到感谢的目的。

除了上述观点外，还需要注意的是，如果女人为了表达对异性的感谢而想要邀请对方共进晚餐的话，对方若是有配偶就一定把配偶也邀请上。

哪位妻子都不愿意自己的丈夫去和别的女人吃饭，哪怕这个妻子再贤良淑德，这种负面情绪还是会不可阻挡的产生，从而影响到家庭的和睦。女人不要因为表达感谢而影响了人家的家庭氛围，否则这样的感谢就更像是一场阴谋了！

事实上，会说“谢谢”的女人通常会给人一种正直、大方的感觉，相信当对方听到你的道谢时，心里会是很喜悦的，因为他们不仅仅受到了赞美，更重要的是自身的价值得到了肯定，自身的修养得到了升华。所以请聪明的女人们把你心中的感激表达出来吧！只有把“谢谢”诉诸语言，才会让对方知晓你的心，也才会让你的形象在对方心里永不褪色！

心理启示

要养成适时表达感谢的习惯，尤其当对方没有什么想法时，你的一句感谢来得虽然有些出人意料，但绝对会起到温暖人心的作用。

第15章

恋爱妙语：感情持久升温的口才心理策略

都说恋爱中的女人最美丽，的确，没有女人会拒绝被爱，但获得甜蜜的爱情和婚姻，还需要女人学会经营，其中重要的一点就是言语，因为爱是要表达的，这就是为什么人们总说“谈”恋爱。然而，恋爱中的女人同样要懂得一个道理，男人是要“捧”的，懂得示弱，懂得说些甜言蜜语，才能让男人如沐春风，他们才会更加疼爱你，你浇灌的爱情之花才会开得鲜艳夺目，芬芳四溢。

含蓄表达爱意，让人回味无穷

有人说，爱情是时间最美好的奢侈品，可遇而不可求。任何一个女人都需要爱。人们常说，爱情是女人最好的化妆品，是生活最强大的动力来源，即使在现代社会，即使是那些外表强硬的“女强人”，她们也渴望获得一段童话般的爱情，也都希望找到一个疼爱自己、呵护自己的另一半，开心时陪她笑，不开心时逗她笑。想哭时让她哭，懂得安慰她并且给她一个宽厚的肩膀让她依靠。需要他的时候可以随时出现在她身边陪伴她等总之，女人对于爱情是没有免疫力的。那么，女人该怎样表达爱呢？

在男人眼里，有几分娇羞的女人最美，如果将自己的爱意表露无遗，只会让自己的爱情变得索然无味。中国人向来都是以委婉著称的，所以，还是含蓄地表达自己的爱意会更好。想要自己的爱情变得醉人心扉，就必须学会运用含蓄的方法表达自己的爱意。

含蓄的爱情别有一种韵味，而那些过于直接的表情达意的方式，可能还会将自己的爱情扼杀在摇篮里。而含蓄地表达自己的爱意，可能就会因此而得到自己想要的爱情。

有这样一个女孩，她长相美丽，在给自己选择对象的时候，因为自己长得漂亮而要求过高。结果使自己久久没有遇到喜欢的男孩，这样过了很多年，直到自己已经成了三十几岁的“大龄剩女”。又过了一段时间，终于遇见了自己心仪的对象，她想自己年纪已经不小了，不能再这样错过自己的另一半了，觉得应该主动出击，把握住自己的幸福。于是，就主动地对那个男士表白了，将自己的心意直接地表达了出来。结果，那个男士因为她过于直接而拒绝了她，甚至还怀疑她是不是有问题。

有的时候就是这样，太过直接往往会将自己喜欢的人吓跑，而含蓄的方法有的时候则会帮助自己达到自己的目的。对于女孩来说，在表达自己爱情的时候更是要以含蓄为主。

女孩就因为自己的直接而失去了她的爱情，如果当时她的态度不那么直接，而是采用含蓄的方式将自己的爱意表达出来就不会是现在的结局。要知道无心插柳柳成荫，凡事不能太过直接，含蓄一点反而会让自己得到一些意外的收获。

无论是在什么样的国家，什么样的人，对待爱情的态度都应该是以含蓄为美的。这就表现出了爱情的美好，爱情的美好其实就在于含蓄的美好。含蓄也就是将自己所要表达的意思，以一种委婉的说法表达出来，外表平静，内心激烈。可以说含蓄是贯穿于爱情生活的始终的一种表情达意的方式，这样的表情达意的方式能让自己的爱情更加耐人寻味。

爱情的表达方式多种多样，但是，含蓄的表达方式往往能给自己带来较好的结果。同时，表达自己爱意的方式不同，自己所得到的结果也会不同，甚至在这样的过程中太过直接的话，还会使自己失去自己的爱情。

对于女人来说，说话点到为止，能体现一个人说话的水平和艺术，也能让对方回味你“话中话”的含义，从而对其产生一定的心理作用。具体来说，你可以根据以下几种情况，采取不同的说话方式：

1.暗示爱意

比如，一个女孩想对有好感的男孩表白，可以这样暗示：“上次跟你见面回去后，我又独自在公园里徘徊，虽然时间已经很晚了，可是我却没有一点儿倦意。我觉得那天的夜色，好美，好静！”这样说，显得神秘、温馨，如果那个男孩对你也有爱意的话，自然会明白你这些话的含义，也会做出相应的回应。

或者你可以这样表达：“每次和你约会时，总是在衣柜里翻半天，老觉得每件衣服都不好看，真觉得自己有点发神经了……”这样说，则显得你俏皮、可爱，更深远的意思已经在无言中流露出来了，对方必定会为你所动。

2.说些善意的谎言

比如，有的女孩很会为自己的男友着想，担心对方的经济能力不够，因此，在约会的时候说："不知道怎么回事，我对出租车有畏惧感。""每次坐在高级餐厅或咖啡厅时，我总觉得浑身不自在，觉得那种地方过于严肃，不适合我。说起来，我还是喜欢坐在阳台上欣赏夜色，吃自己煮的面，这样没有拘束感。"若对方没有充裕的经济能力，听到这些话，一定会为女方的温存体贴而感动。在恋爱中的男女之间，这种善意的谎言通常是能被对方"识破"的，但却能收到很好的效果。

当然，在恋爱中，需要你说话点到为止的情况还很多，只要你把握这门说话的艺术，便可在三言两语中对对方的心理产生作用！

心理启示

不仅是表达爱意，在恋爱中，很多时候说话也要含蓄，含蓄委婉不仅能帮助你实现自己表情达意的目的，也能使对方知道你想要表达的意思。总之，含蓄地表达自己的爱意会让你的爱情更美好。

用"醋话"暗示你的爱

一直以来，关于"爱"需不需要表达的问题，人们都有自己的不同答案，但人们都会证明自己和爱人爱得有多深，有些人会仿效某些模范夫妻，抓紧每个当众表现亲热的机会，来表示情人有多爱自己；也有些人选择反证，借刺激对方的醋意，来衡量爱情的深度——对方越容易为自己吃醋，便表示对方越爱自己。后一方法被人们屡试不爽。

心理学家认为：女人天生嫉妒和多疑，当她们看到丈夫跟别的女人一接触，她们内心就会感觉很不舒服，她们认为丈夫不理自己和别人交谈，那是对别人的兴趣超过了自己，自己没有吸引力了。再加上她们的多疑，胡乱猜测丈夫跟别人之间的交往，因而内心吃醋。事实上，聪明的女人们，你可以利用人们众所周知的女性的这一心理，你要想向对方表明爱意的话，可以说些暗示的“醋话”。事实上，很多时候，在男女关系中，表达醋意的多半是男人，而很多男孩会对自己心爱的女孩说：“为什么您身边总是有一些怀有不良动机的人呢？我会替你赶走他们的。”作为女方，相信你一定能听出个中含义。而其实，如果你也能偶尔表达一下醋意，相信他一定能感受到来自你的爱，也一定会更爱你。

我们再来看一则爱情故事：

玲玲与小伟热恋时对他说：“我想给你找个做饭的。”小伟说：“她长啥模样？”玲玲说：“她的模样长得和我一样。”小伟问：“那她叫啥嘛？”玲玲红着脸：“她的名字……名字……我先不告诉你。”小伟说：“反正到了那一天……”玲玲说：“那一天到底是哪一天嘛？”小伟说：“那一天就是那一天。”

这则爱情故事中的玲玲就是个善于说“醋话”的女人，这种示爱方式正是运用醋意来达到目的的，也的确十分特别。玲玲故意扮成媒人，以红娘的身份作掩护，于是，她便能较自由地透露自己的心迹，又避免了樱桃好吃口难开的羞涩。实际给对方留下了悬念，让小伟意会其情。而正因为玲玲运用了悬想意会之言语，才使得他们在恍惚迷离中沉浸于一种神秘而又甘甜的意趣中。如果一语道破，反倒会产生一种失落感。

那么，生活中的女人们，在向爱人说醋话的时候，你该注意些什么呢？

1.因人而异，注意“醋话”的度

曾经有人这样说：每个人都是一个独立的容器，容器的体积有别，容量自然不同。当一个茶杯碰上一个水杯，即使茶杯已倾尽所能，水杯还是觉得不够。相反，水杯却能轻易将茶杯斟满，只有两个体积相似的容器遇上，才能各得其所。也就是说，不是每一个人都愿意接受你的“醋话”的暗示，当然，这需要我们自己把握。

另外，正如每个人对酸性食物有不同的反应，有些人喜欢吃面时多加醋，只因想调些味道，有些人加了一点就感到酸溜溜，只因是牙齿过敏。

同一道理，相同的一件事，在别人身上能增添几分情趣，在有的人的内心却是倒海翻江。

2.因时而异，别让对方会错意

针对双方关系的深浅，对于这种“醋话”的暗示，也是有要求的。如果彼此关系不深，我们应该注意调节“个体空间”距离，不要说些“醋意”很浓的话，不然就会引起对方的反感，因为你毕竟是女子，会给人以轻浮之感。

同时，我们要注意说话的氛围，说话时要放松情绪，调节气氛。消除双方因过多顾虑而带来的过于谨慎的言谈是非常必要的，约会时因为一次“冷场”，往往会给双方带来较为严重的负面心理积淀。这种负面心理会化作一种沮丧、退缩的行为，从而进一步影响以后约会时的语言表达能力。

总之，聪明的女人们，如果你能掌握好利用“醋话”来暗示这一爱情策略的话，能给心爱的人吃一颗定心丸，这对于双方关系的促进是极有帮助的！

女人撒娇更能打动男人心

任何一个男人，都希望自己在女人面前的形象是高大的，他们更希望自己的爱人在自己面前是小鸟依人，他们更希望自己能像一棵大树一样伟岸，可以保护好自己的妻子和家人……因此，生活中的女人，如果你能对男人撒撒娇，树立他的高大形象，那么，你一定能得到他更多的疼爱。

我们再来看看小米是怎么经营自己的婚姻的：

小米嫁的现在这个大男孩是二婚，他是个富二代，但一点架子都没有，相反，他对小米非常好。

当初，丈夫要给自己找个保姆，但小米拒绝了，她说：“自己动手，才能感受到家的温暖。”于是，在找了一份轻松的工作之余，小米还决定承担家务。

小米很少抱怨自己太累，只是偶尔的时候，他会对丈夫撒撒娇："我做的饭菜好吃不？"

"好吃啊，也不看是谁做的？"

"那就好，可是，你知道，我每月要去超市买米，那个很重啊……你没觉得我最近矮了点？被压得耶！"

听到妻子这么说，丈夫心疼地说："哎，我不是跟你说了吗？不要太累，这样吧，明天下班，我早点回来，我们一起去超市，把该买的都买回来。"

小米一听，高兴得手舞足蹈。果然，第二天，丈夫早早地下了班，不仅帮小米买了很多东西，还做起家务来。

我们发现，故事中的小米就是个很懂得撒娇的妻子。她这样做，不仅能让男人意识到自己的责任——帮助女人分担家务，还能增进夫妻间的感情。

一个妻子悲痛万分地哭诉："我家的那个男人简直是个畜生，我每天累死累活地赚些钱，而他却用我赚来的这些钱到外面玩女人！"其实，这样的女人应该明白，你赚再多的钱给他的都是钱，而他更需要的是一个女人，一个可以满足他作为男人所有需要的女人，其中最重要的一点便是女人的温存，但你没有给予他这一点，你每天回到家里都是骂他窝囊废，说他一事无成，说他没有你会赚钱能干……这样的日子，也许一两天他能忍受，可时间长了他便只有到外面去寻找其他女人的温存了！

心理学专家做出了这样的解释：在男人的心里都觉得女人是乖巧的，是依附于自己的，因而要表现出对女人的"支配权"，这样，他们觉得是维护了男人的尊严。女人要明白男人的这种"面子"心理，用迂回的方式来驾驭男人，而不是硬碰硬。事实上，撒娇也可以让感情更加甜蜜。

为此，你可以这样来向男人撒娇：

1.说点撒娇的话求助男人

一个不甘示弱的女人，总是习惯于雷厉风行的做事，总是事必躬亲，无论是工作还是生活，她总是把自己弄得很累。其实，你不妨向他撒娇，很多问题请他帮帮忙，让他感受到你需要他，那样，一定会给你的婚姻带来甜蜜。

比如，你可以撒撒娇："老公，你看我最近的手又粗糙了，今天晚上你能不能刷刷碗？"相信他是不会拒绝的。

2.凡事多问问男人的意见

男人一向都以家中顶梁柱、男子汉自居，如果你能重视并多听取他的意见，那么，这不仅是对他的一种尊重，更是在意他、需要他的一种表现。

另外，在撒娇的时候，你需要注意的是：

1.撒娇时要把情感拿捏好

婚恋中的男女双方，利用撒娇的心理来俘获对方的内心时，一定要注意拿捏好情绪。如果情绪不到位，而言语到位了，则会让人听着觉得滑稽可笑。反之，言语不到位，情绪到位了一样也起不到相应的效果。在撒娇的时候，一定要拿捏好情绪，拿捏好语言，这样才能起到软化对方内心的效果。

2.女人撒娇不妨嗲声嗲气

很多女孩子善于撒娇，尤其是面对自己的男朋友或者是老公的时候更是如此。男人对女人有感情，往往经不住女人的撒娇，他们的心会迅速地被女人征服。而且，这样往往能激起男人的同情心和保护欲，增进双方感情。女人要想征服男人的心，就要在撒娇的时候嗲声嗲气一些，让男人那颗坚硬的心更酥软。

3.撒娇时带点恭维和自贬

在撒娇的时候，不妨带点恭维，如果再来些自贬，这样形成鲜明的对比，让男人觉得自己很强，而爱人很弱。这样，男人的同情心和保护欲就会被成功地激发出来，女人的撒娇也能真正地柔化男人的心。否则，女人的表达只能是浪费感情，弄不好还会让男人对你产生厌恶。

心理启示

很多人说男人的心很硬，其实不然，在面对他们心爱的女人时，强硬只是装出来的。他们内心渴望的只是女人的"需要"，只要女人学会在男人面前示弱，维护男人的“面子”和“尊严”，就能很好地驾驭男人。驾驭男人之术，完全可以适当地撒撒娇，以四两拨千斤之势让男人的心为你而融化。千万不要和男人硬碰硬，你如果强硬，他们会比你更强硬。相反，这时候，如果你撒娇示弱，男人往往会原谅你，更加疼你爱你。

好男人是“捧”出来的

人们常说，恋爱是人生最美的季节，情话是世界上最动听的语言。任何一个人都长着爱听甜言蜜语的耳朵，被女人赞扬，大概是每个男人的心理，然而在恋爱中，偏偏有这样一些女人，她们笨嘴拙舌，眼巴巴地看着心上人，不是“爱你在心口难开”，就是词不达意，惹得心上人芳心不悦，亲口毁了一段美好姻缘。

心理学家曾表明，婚恋中，男人都希望在女人眼里是勇敢的、优秀的。为了获得女人的欣赏，男人会激发内在的潜质去努力。即使本身不优秀，也会越来越优秀。相反，催促则是对他的不信任，他们心里会产生抵触和对抗的情绪。基于男人的这种“面子心理”，作为女人，要时不时地对男人进行一些表扬和鼓励，让男人更加有信心，更加爱你。

菲菲和小斌是刚结婚的两口子，两个人感情非常好。可是有一点让菲菲非常地不满意，那就是小斌不会做饭，每天做饭的事都由她一个人承担。时间久了，菲菲心里多多少少有些怨言。这天，菲菲下班晚了，回到家之后，发现小斌做好了饭菜在等她。她感到非常的惊奇。尽管饭菜做得很难吃，但是菲菲还是竖起了大拇指夸奖道：“老公，你真棒！”小斌惊喜地说：“老婆，真的吗？”菲菲笑着说：“当然是真的，我什么时候骗过你啊。”小斌非常地高兴，从那之后，每天积极抢着做饭，做的饭也越来越好吃了。

对于小斌做的饭菜的难吃，菲菲并没有指责和批评，而是及时地赞美和表扬了丈夫。结果小斌更加卖力了。心理学家分析说：男人都希望自己在女人眼里是优秀的，得到她们的夸奖无疑是得到了肯定和认可，也是对自己的一种奖励。为了得到更多的肯定，男人会表现得越来越优秀。可见，在男女相处的过程中，男人需要女人的夸奖，需要女人的赞美和鼓励，这样，他们会表现得更加优秀。

在两性生活中，这样的例子非常的多。男人从来不善于表达，这让女人很不开心。一次，男人给女人写了一封情书，尽管写得枯燥乏味，没有半点温暖，可是女人还是很惊喜。她对男人说："真是太棒了，我看了你的情书之后感动得热泪盈眶，你的字写得很漂亮，文笔也很优秀，我好喜欢。"男人非常高兴，于是经常给女人写情书，后来男人的字越写越漂亮，文笔也越来越好。由此可见，女人的夸奖和赞美，对于男人来说就是最好的奖励。被女人欣赏，对于一个男人来说是最高的荣耀。

那么，于女人来说，如何去说捧男人的话呢？

1.表扬男人取得的小进步

当一个男人在开始改变自己，取得一些小进步时，作为女人要及时地赞美和表扬男人，让男人觉得自己的进步获得了女人的欣赏，为此，男人会更加努力，让自己不断进步，让女人高兴，获得女人更多的认可和肯定。"你真棒"、"你真不错"这样的话要经常说。

2.认同男人的兴趣爱好

一个妻子在与自己闺蜜谈心时聊到："有一个休息天，丈夫在和电脑下围棋，我擦地板，擦到他那儿，我让他挪挪位置，他露出一副紧张的样子说：'别动，别动，我马上就要赢了。'因为知道他从没赢过电脑，这次快赢了，我也很来劲，二话没说，放下拖把就凑过去看，还和他一起计算最后的一步。一番厮杀后，他果真赢了。那一刻，他高兴地吻了我。接着他一边兴奋地和我讨论围棋，一边帮我拖地板，还提议晚上出去吃饭——我只在他感兴趣的事上附和了他一下，他竟然会这么喜出望外。那晚，坐在点着蜡烛的餐桌前，忽然想，如果下午我硬是让他挪位子而让他输了棋，或许就没有这样一个浪漫的夜晚了。”

案例中的这位妻子就是聪明的，任何一个男人，都有自己的一点兴趣爱好，作为妻子，如果你能放下手中的家务活，和丈夫一起聊聊它，那么，丈夫一定会认为你不仅是一个好妻子，还是一个知心人，对你就会更疼爱有加了。

3.要不断地发现男人的闪光点

俗话说：“生活不是缺少美，而是缺少发现。”对于男人来说，他们本身就有很多的优点值得赞美。可是由于没有凸显，所以女人看不见而忽略了。对于女人来说，要不断地发现男人的闪光点，及时地表扬和赞美，让男人不断建立起自信心，这样才能使得男人更加优秀。

心理启示

心理学家研究表明：男人内心也有自我认可和自我肯定的机制。通常，女人的赞美和欣赏让男人觉得女人在欣赏他们，因而试图想表现得更加优秀，获得更多的认可。因而，女人不妨多去赞美你的男人，让他足够的优秀，足够的爱你。

女人懂得在婚姻中示弱很重要

我们都知道，女人较之男人来说，感情更为细腻、敏感，这也正是吸引男性的地方之一。所以作为女人，一定要懂得服软，学会说些“软话”，并要善于运用你的表情和语调，来增强说服男性的效果。

要知道，当今社会，每个人都是吃软不吃硬，在某种情况下，女人用强硬的态度“命令”男友如何做，很可能会让对方产生对抗心理。相反，女人如果能够凭借性别优势，巧妙地服软，关键时刻对方主动示弱，很容易打动男人内心。这也是男女双方热恋中，一种有效的沟通方式。

钱丹丹生长于一个富贵之家，父母的宠爱让她养成了娇惯任性的坏习惯。与男友恋爱时，最初她还会多少有些收敛，时间一长，小毛病就又露出来了。与男友在一起，她总喜欢控制男友，美其名曰关心对方，其实，她就是想掌握他的一切行踪。为此，她要求男友时刻汇报自己在什么地方，干什么，都与什么人联系。刚开始时，面对女友的要求，男友张峰还能耐心地服从，日子一久，自然就会厌烦。

一天，当钱丹丹再次盘问起张峰的行踪时，隐忍已久的他终于爆发了，随口吼道："你每天烦不烦啊，我是一个自由人，不是你们家买来的犯人，能不能给我点生存的空间，这还没结婚呢！"

看到男友的反抗，钱丹丹有那么几秒钟的失神，因为她从来没有见过张峰发火的样子。回过神后，钱丹丹觉得面子无光，从小到大她哪里受过这种窝囊气，随口嚷道："有能耐了是吧，你早怎么不这样啊，要不是我们家帮助你，你能有今天？有本事你爱走多远走多远！"听了这话，张峰心中原本还有的内疚感立时烟消云散。顿时反讥道："原来我在你心中一直是这个样，无论我再怎么努力，也不可能讨得你们家的欢心，老子还不伺候了。"说完，张峰摔门而去。想想往昔种种，他真后悔当初为什么要跟这种富家千金沾染上，自己恋爱后，哪里有一丝尊严。思来想去，他暗下决定，明天一定要与她分手。

在这个故事中，钱丹丹因为总想掌握男友的一举一动而引来一番争执，两人互不相让，最终闹得想分手。其实，相恋中的男女过分关注对方，是正常的事情。然而，如果事无巨细总这样要求对方，势必会引起对方的反感。面对张峰的反抗，如果张薇能够主动示弱，告诉他自己其实是害怕失去他，才做出这种举动，相信再铁石心肠的男人听了，都会原谅她的过分行为。

其实，爱情原本就是个吃软不吃硬的东西，即使你身强百倍，能言善辩，对它威逼、利诱、穷追猛打……到头来，未必能让对方心悦诚服。相反，女人如果能够温柔地呵护，用柔软的方式来应对，效果也会大不相同。

那么，爱情中，女人该怎样说软话呢？

1.女人也可以主动示爱

在爱情的世界里，很多女人都显得太过矜持，她们总希望男人主动发出爱的信号，总认为女人主动表达爱是一件没面子的事，总认为一旦自己主动了就失去了主动权，就在这一套没有任何事实依据的爱情理论面前，很多女人左右观望、左等右盼，最终的结果是让爱人离自己远去。事实上，在幸福面前，无论性别，我们每个人都应该大胆点、勇敢点，大胆地说出内心的感受，只有这样，才不会留下遗憾。

事实上，并不是所有男人都敢于主动追求女孩，他虽然外表高大，却很可能是一个保守而又内向的人。也许，他在心里对你暗暗地喜欢，却不敢表达。如果你喜欢上了这样一个内向的男孩，那么不要沉默，使得一份美丽的恋情没有开始的理由，大胆地开口，让他知道你的心里话。同时，人们说："女追男隔层纱"，懂得先服软，可能收获的却是一份真挚的爱情。

2.懂得示弱，让男人充当保护者的角色

比如，当你在工作中或是生活上遇到了不能解决的问题，你便可以让男性来解决，对此，你可以这样说："我听说你在这方面很在行，你可不可以帮我看看，我这份策划还有什么不完美的地方？"另外，在这样的你来我往与交流中，很容易碰撞出爱情的火花。

3.说话要给男人面子

在和男人说话的时候，有些女人像吃了"枪药"似地伤人，丝毫不给男人面子。这样的女人怎么能得到男人的爱恋呢？

一位学生物学的女孩和一位中文系的男生相恋了。两人漫步在林荫道上，小伙子兴致勃勃地念了两句诗："春蚕到死丝方尽，蜡炬成灰泪始干。"他得意之时，姑娘则冷冰冰地说："真可笑！春蚕吐丝作成茧，变成蛹后飞出蛾，它怎么死了呢？"小伙子顿时不快，回敬道："这是古诗，是李商隐的绝作!""那李诗人也是无知。"两人论战得不分上下，最后不欢而散，分道而行。

本来，小伙子吟诗是信手拈来，略带转文之意。而女孩却不分语言环境和情绪气氛，语言傲慢且偏激地讥讽男友，大大地伤了男孩的自尊心和感情。

可见，女人在说话的时候，有些话切莫硬说，把话说软些，自然中听得多。

心理启示

作为女人，不要在男人面前显示你的强势，甚至大声地斥责他。学会说“软话”，他自会乖乖成为你的俘虏。正像一位诗人所说的，“女性向男性‘进攻’，温柔常常是最有效的常规武器”。

女人敞开心扉才能化解婚恋矛盾

我们都知道，婚姻爱情生活中，免不了磕磕碰碰，可能有不少女人在与爱人争吵时都扮演了受害者的角色，但指责的话刚脱口而出，你是否就后悔了。和对方说话总是生硬的，或者你的本意也许是好的，可说出来却全变了味——这时一场争执往往在所难免，错误信息的传递眼看就要引发家庭大战。而其实，在问题出现的时候，只要你能静下心来，心平气和地与对方沟通与交流，那么，是能解决很多矛盾的。

然而，爱生气是女人的天性，对于那些恋爱中的女人，更是如此。有时，女人会因为爱情的滋润而迷失方向，变得更敏感，甚至会对男友大发雷霆。其实，这些都不是最好的做法，唯有婉转地表达出来，才是化解矛盾的最佳解决途径。

吴强和林晓是一对情侣，两人的性格可以说是互补关系。吴强性格开朗，喜欢结交朋友，常常会因此忘了时间。林晓刚好相反，无论什么时候，她都是一副文静的样子，就连笑起来，都显得那么秀气，她很不喜欢与外界打交道。

吴强有一个最大的爱好，那就是跳舞，每个周末他都会去跳舞，这个爱好最令林晓头痛。因为她最讨厌在这种环境下待着，如果可能，她会选择在家看书或睡觉来打发时间。可是，吴强却每次都要拉着她一起去，非得让她作陪，美其名曰：“有个美女坐在台下观战，我会跳得更加起劲！”

此刻，林晓独自一人坐在台下，看着台上疯狂的吴强，她有些不满，她决定无论如何要与他摊牌，以后她再也不愿意到这种场合来了。于是，回家路上，林晓说道：“没想到你的慢四跳得越来越好了，不过我还没看够呢，要不你今天就一路跳回去吧！”听到这里吴强做个鬼脸：“你还真想累死我啊，亏你想得出来，那我得跳到什么时候才能到家啊？深更半夜的，你也不怕我被强盗打劫啊！”听了他的话，林晓趁机说道：“你怕什么啊，一个大老爷们，刚才你把我一个人扔在舞厅的时候，你都不怕我被人占便宜吗？”听到这里，吴明才明白，原来林晓为陪他来跳舞这事不满呢，赶紧追上林晓赔不是。

吴明与林晓是一对情侣，双方性格不同，自然爱好也就不同。性格开朗的吴明喜欢跳舞，每次都要拉上林晓。在这种混乱的环境中，林晓很生气。然而，她并没有直接吵闹，而是借用幽默的方法来表达不满，让吴明自己意识到错误。这样一来，不仅问题得到解决，吴明也会更喜欢这个替自己着想的女友了。

不得不说，热恋中，女性往往缺乏安全感，她们往往希望男人凡事都按照自己的要求来做。一旦出现差错，女人就会觉得没有受到重视，便会产生不满情绪。其实，每个人都有缺点，恋爱不会让一个男人变得毫无缺点，出现差错也是在所难免的事。因而，女人没有必要斤斤计较，双方相处一旦存在不满，女人学会婉转地表达才是关键。那么，女性在面对这种情况时，该如何做呢？

1.创造有利的沟通条件，以聊天的方式，平心静气地与对方沟通

相恋的感觉虽然美妙，然而，两个陌生人走到一起，肯定会存在某些方面的分歧，因而，对方的做法或缺点让人心生不满是再正常不过的事

情。女性遇到这种情形时，没必要大惊小怪，更没必要心生闷气。如果实在无法忍受的话，你可以选择平心静气地与对方交流。要先分析自己的不足，再告诉对方你认为不妥的地方，这样一来，对方自然不会与你较真，反倒会因你的善良与单纯倍加爱护你，自然也会自觉改正不足之处。

2.以幽默的方式表达自己的不满，让对方自己体会

恋人之间，存在矛盾是很正常的事情。然而，女人如果非要把这种不满以严肃、愤怒的方式表达出来，会让双方都觉得难堪，不利于问题的解决。因而，聪明的女人懂得巧用幽默往往更能达到效果。

3.别忘了道歉

千万别以为你没错。俗话说，一个巴掌拍不响，既然与你的爱人产生了矛盾，你就有不可推卸的责任。再说，即使你认为在事件本身上你没有错，但你伤害了爱人的感情，这就是错。为此，你必须道歉。关于道歉，你不要含糊其辞地说自己错了，而应该找到道歉的理由，不然，对方会以为你想敷衍了事，那么，矛盾不但没有解决，反而升级了。

4.找到解决的方法

当彼此沟通、问题得到澄清之后，不要搁置问题，而应该解决。既然吵过架了，沟通过了，那么，就应该坐下来冷静地想想接下来该怎么做，这才是吵架的根本目的。

爱人之间意见不统一，有了矛盾之后，必须要及时地进行沟通。毕竟恋爱的过程，也是两个不同的人相互了解、相互磨合、相互改正的过程。只有经历这些，两人才能最终走到一起。聪明的你，只要能够通过巧妙的方式表达自己的不满，一定会让爱情之花开得更美好！

心理启示

每对爱人之间，都会产生矛盾，但无论何种矛盾，都不能凭一时情绪，与对方大吵一架，而应该调节你的情绪，主动敞开心扉与对方沟通，这才是创造和谐关系的秘密所在。

第16章

婚姻妙语：家庭幸福满满的口才心理策略

相信生活中的每一个女人，都希望自己能有一个幸福的家，都希望家庭成员相亲相爱，都希望在一个和谐轻松的家庭氛围中生活。然而，锅碗瓢盆的协奏曲中，必当会出现一些不和谐的音符，此时，就需要女人发挥语言的力量，但前提是，你需要站在对方的心理角度上，因为任何语言策略只有产生心理作用才是成功的。当然，和谐温馨的家庭关系，需要每一个家庭成员的共同努力！

女人暖心的话让父母更开怀

可能很多女人在成为母亲后，才能真正明白“可怜天下父母心”这句话。的确，这个世界上最不容怀疑的爱就是父母的爱。爸爸妈妈是世界上最美的称呼。父母亲，或是平凡或是杰出，或是文盲或是学识渊博，但有一客观真理：无论自己的孩子是不肖，还是优秀；是残疾，还是健壮；是平民布衣，还是英雄；是……，还是……。天下的父母亲无一例外，都是如此无私、宽容地爱着自己的孩子。第一声啼哭，第一次哺乳，第一次笑，第一次翻身……这些，你都在无记忆中完成；但在父母的记忆里，却从此多了多少鲜活的内容。当你日渐长大，你的心绪、喜怒、失衡的、偏激的、好的、坏的……，你都在无意识中我行我素着；而父母的内心里，却从此多了无尽的担忧，生怕一个不小心，你就在人生的轨道上走偏了，从此有了失眠，黑发也渐布银丝，体格也大不如前。

然而，现代社会的女性，有多少人能感受到父母的爱呢？相反，很多时候，因为生活中的琐事，与父母制气，伤透了父母的心。因此，每个女人都要学会感恩父母。

可能一些女人会说，等我有钱了，我会给父母买很多好吃的；也有女人说，等我有时间了，我会带着父母环游世界！但“树欲静而风不止，子欲养而亲不待”，父母有这么多时间来等你吗？对父母的孝心更应该在平时的生活中完成。

我们发现，那些懂得经营家庭生活、让父母感受到天伦之乐的女人似乎总是有一项本领，那就是她们嘴巴更甜，会时常说出一些令父母感到欣慰的话。的确，有时候，那些物质上的补偿远远不如一句贴心的话更能让父母感到幸福。

曾经有个著名的音乐家在音乐会上这样表达对父亲的爱：

提到父亲，这位音乐家一度哽咽，她说："很小的时候，都是父亲陪着我、看着我、逼着我练琴，那时候我常常心里很委屈，然而父亲的双手一直在我身后有力地托举着我，直到我取得今天的成绩。明天我父亲年满80岁，这场音乐会也算是回报给父亲的一份礼物，也希望现在像我小时候一样在心里偷偷抱怨父母的孩子们，能早点体会到父母的苦心。"

听完这段话，女人们，你是否也有所感悟：父母给予我们的爱是我们一辈子的财富。可是生活中，又有多少女人能和这位音乐家一样读懂细腻的亲情并懂得用心感恩呢？正如这位音乐家所说，日常生活中，很多时候，我们曾经抱怨过父母、不理解父母，甚至到为人父母之后依然不理解他们。但如果我们用心体会，那么，你会发现，无论他们做什么，一切初衷都是为了孩子好。

了解到这一点，在与父母沟通的时候，你不妨也多说一些令人欣慰的话。那么，具体来说，该说哪些话呢？

1.关心父母的话

实际上，任何一个父母何尝不希望自己的女儿能在生活中多关心一点自己呢？那么，从现在起，每天不要忘了从生活细节上关心父母，关心他们的健康，关心他们的生活起居。比如你可以说："爸妈，早点休息。""妈，少吃点辣椒，容易上火。"这些看似微不足道的话语，却能让你的父母由衷地感到幸福。

2.理解父母的话

居家过日子，难免磕磕碰碰，和父母也一样。有时候，父母的行为、语言可能导致家庭纷争，但对此，你一定要保持良好的态度，对父母报以理解。比如，你可以说："妈，我知道你这样做是为了我好……但是……"

3.感谢父母的话

你是否还在享受母亲每天为你准备的晚餐？你的父亲是否还经常"接济"你？照顾你的孩子的重任是否一直是你的父母在承担？那么，你对父母说"谢谢了"吗？你对他们说"辛苦"了吗？不要以为父母对你的付出是理所当然的。

总之，生活中的女人们，无论你的工作多忙，生活负担多重，你都不要忘记从语言的角度表达对父母的感恩之情，我相信“妈妈，您辛苦了”、“爸，以后少喝点酒”这些话都能让父母体会到你的关心。

心理启示

从我们呱呱落地的那一刻起，我们的生命就倾注了父母无尽的爱与祝福，父母为我们撑起了一片爱的天空。或许，父母不能给我们奢华的生活，但是，他们给予了我们一生中不可替代的——生命！但生活中的我们，你真的能体会父母的良苦用心吗？你感恩了吗？

这样说话表达对丈夫的尊重

任何一个家庭，女人是最为重要的一分子。女人给我们的整体印象是：会操持家务，做一个贤妻良母、相夫教子、奏响“锅碗瓢盆”交响曲，这是一个女人应尽的义务。有人说，男人娶了什么样的妻子，就等于选择了什么样的人生，这句话不无道理。《菜根谭》的作者洪应明就说过“悍妻诟谇，真不若耳聋也！”人生在世，短短数十年，最重要的就是要有一份恬淡的心情，而这一份美好只有和睦的家庭才能给予。对于男人来说，娶一个好女人，就能赋予自己闲适的心情。

任何一个好女人都明白，对于男人最重要的是尊严、面子。因此，即使她再优秀，她也是丈夫的妻子，都是丈夫面前的小女人，无论何时，她都要懂得尊重自己的爱人，她不会在丈夫面前炫耀自己的功绩，也不会在公共场合辱骂自己的丈夫，更不会在吵架时说伤害丈夫自尊的话。的确，对于男人来说，面子就是尊严，面子就像一把无形的枷锁套住了男人的脖子，为了面子，男人什么苦都可以吃，什么罪都可以受，什么都能为之付出！因而，有人说，男人什么都可以丢，就是不能丢了面子，也有人说男人的面子是女人给的，那么作为妻子的你，该怎样给足男人面子呢？

在英国还有这样一个故事：

一次，女王维多利亚忙于接见王公，却把她的丈夫阿尔倍托冷落在一边。丈夫很生气，就悄悄回到卧室。不久有人敲门。丈夫问："谁?"回答："我是女王。"门没有开，女王又敲门。房内又问："谁?"女王和气地说："维多利亚。"可是门依然紧闭。女王气极，但想想还是要回去，于是再敲门，并温和地回答："你的妻子。"结果，丈夫马上笑着打开了房门。

维多利亚女王是个很伟大的女性，可是她在丈夫面前只是一个妻子，她和她的丈夫是平等的。

当然，给足男人面子，不是让女人委曲求全，而是在恰当的时间、适当的场合，给男人体面的自尊。给男人面子，说小了，有助于家庭和睦；说大了，有利于社会稳定发展。丢掉面子的男人会变得疯狂，或无所顾忌。无论走到哪个极端，其实对家庭来说都是很不幸的。所以，聪明的女人应该这样做：

1.经常展现你的温柔

任何一个男人，都希望自己的妻子不仅能干，还要温柔，因为男人都喜欢征服，从而显示自己男性的魅力。我们不难发现，男人们都喜欢温柔的女人，因为女人的温柔正是满足了男性的这一心理需求。那些好莱坞的大女人们，回到家里，未必不乐于扮演小鸟依人的角色。实际上，男人唯一受用母爱的时候，是在身体出现故障，失去战斗力的时刻。那么女人，何不把展现柔弱当做日日拼搏中的一个假期?

2.不要在公共场合挑剔他的言行

如果他的生活细节和礼仪上做得有什么不妥的地方，那么，要悄悄地替他圆场，而不是当众指出来。

3.不要当着你的朋友暴露男人的隐私

即使是开玩笑也不行，男人是爱面子的，这些朋友下次可能就会拿着这点隐私开男人的玩笑，那时就不好收场了。

4.在他人面前，不要随便唠叨和训斥对方

在丈夫的上下级面前，不要随便责怪对方。而在孩子面前，这点更重要。如果互相指责、揭短，就会在孩子面前失去威信。

5.即使他犯了错，也要在可能的范围内宽容他

谁都会犯错，你的丈夫也不是圣人，因此，一般问题，只要无伤大雅，完全可以一笑置之。给他点面子，满足他的虚荣心，像宽恕一个犯错的孩子一样宽恕他，他会觉得你很善解人意。

6.当他在朋友面前吹牛时，不妨装装傻

比如，如果他在你面前吹嘘他曾经陪同某个重要领导人考察，赚过多少钱，你大可不信，但千万不要打击他的“谈兴”，你揭了他的老底就是让他有失“尊严”。有时候，男人宁愿死也不可以没有“尊严”，为了尊严，男人可以和最好的朋友翻脸。当然，男人有时候也可以不要“脸”，目的却是为了以后更“有头有脸”。

的确，男人的面子，就等于男人的自尊与自信。聪明的女人学着给自己的男人留足面子，自己同样会享受到其中的成果，他会更尊重你，更珍惜你。给男人面子，等于给自己留下余地，让自己变得温柔体贴，让他变得阳刚潇洒，快乐也就无时不在。

心理启示

很多时候，男人比女人更要面子，这是他们尊严的象征，懂得为男人维护面子的女人更招男人疼爱和喜欢。

用幽默话语开启家庭的欢乐

生活中的每个女人最终都要步入婚姻的殿堂，组建自己的家庭。的确，家庭生活是温馨、幸福的，但你不能否认，家庭生活也是琐碎的，每天除了柴米油盐就是锅碗瓢盆，但常言道：家庭这盆稀泥，谁和得好，谁

的家庭就和睦。谁家小葱拌豆腐，弄个一清二白，那叫没水平。事实就是如此，家庭就是锅碗瓢盆交响曲，奏的和谐，那是上品，奏的不和谐，天天弄得鸡飞狗跳的，再富有的生活也没滋味。怎样和谐？幽默的交际方式绝对是一种润滑剂。因此，在一个家庭里，如果有一个幽默的女人，那么，一定少不了欢乐。

某家庭中的一位大男子主义者对妻子讲："你什么都得听我的。"

他的妻子回答："可以，我病时听你的，没病时你听我的。"

此人面对妻子的话，无言以对。

这里，妻子运用雍容得体的幽默感言来"回敬"丈夫，使得她那位傲慢的丈夫定会因自己的亲切有佳、含情脉脉的轻柔语言变得谦和许多，使沉闷的气氛变得活跃起来。这时，假若这位妻子以"凭什么都得听你的"针锋相对，恐怕一番激烈的唇枪舌剑在所难免。

可见，在家庭里，幽默是最好的调合剂。幽默不仅可以帮助每一个家庭成员驱逐劳累的工作、繁杂的事物带来的烦躁心绪，还能帮助其他人打开快乐的心扉。家里常有幽默，欢笑油然而生，烦恼溜之大吉。怒目变成笑眼，火气化作清风。让幽默成为生活的佐料吧，你会真切地感受到它的美好和奇妙。

有人说，一个家庭中，如果有富有幽默感的成员，那么，这个家庭肯定是和睦的。这是因为，幽默是人类自我完善的一种途径，也是一种引发喜悦以愉快的方式使人愉快的艺术。家庭生活的琐碎以及工作与生活带来的压力，可能使我们多了一丝烦恼，此时，一句幽默的话语就可以消除疲劳，倍感生活平淡才是真的道理。幽默是美好的东西，更是智慧的产物，因此，它自然而然地成了许多人追求的生活和交际艺术。用幽默追求家庭宽容和谐的境界，唯有经过岁月和感情的冲刷、洗礼方可领悟。

张太太是个大家庭的家长，她的爸爸妈妈、弟弟，还有公公婆婆都和她住在一起，但家庭关系很好，谁也没红过脸，而张太太最骄傲的事，就是有个可爱、古灵精怪的女儿。小姑娘很是招人喜欢，小嘴也很甜，见了人都叔叔阿姨地叫。但却有个不足的地方，就是这孩子的牙齿不齐，于是，张太太和丈夫商量让女儿带一段时间的牙套。

自女儿带上牙套开始，张太太和丈夫就格外关注孩子的牙齿矫正程度，于是，一旦没事的时候，他们就会让女儿张大嘴扳着她的下巴翻来覆去地看。女儿每次很配合，高兴地张大嘴巴问她的牙齿比以前变漂亮了没有。张太太发现，可能是这么小的姑娘带着金属牙套很显眼，现在，不光她和丈夫对女儿的牙很好奇，家庭其他成员乃至周围邻居以及女儿的同学也经常央求女儿张开嘴巴让他们看个究竟。

这天放学，孩子舅舅替张太太把孩子接回家后，张太太放下手里的活儿，又如往常一样让女儿张开嘴想看看她的牙，女儿却紧咬嘴唇不让看，张太太不解地看看她，问："咋了？我只是看看你的牙变齐了没有，变漂亮了没有，以前你都乖乖地让妈妈看的，今天这是怎么了？"女儿向站在一边窃笑的舅舅做个鬼脸，嘿嘿一笑说："不让看，就是不让看，你若真想看得拿钱，我让舅舅看了好几眼，他一下奖给我好几百呢。"

小舅子和张太太开的玩笑很巧妙，关心孩子、给孩子钱都是用幽默的方式，不过从这个幽默中反映出了家人对孩子的喜爱，以及张太太一家人关系的和谐。

因此，生活中的女人们，你若能发现生活中的趣味横生的事，开个玩笑，那么，就可以使家庭生活摆脱沉闷。有幽默的家庭是富有生机的，因为人人都能感受到父母、子女或者亲人对自己的关心和爱护，这样的家庭就像一个乐园，欢笑和美好充斥着每一个角落。这对小孩子健康成长，老年人安度晚年，中坚力量更好持家都是非常有益的。

心理启示

幽默能制造妙趣横生的家庭生活，这样的家庭生活会使人们时刻保持良好的心情，对生活充满向往和希望。这样的家庭中的成员无论是工作还是学习都是精神饱满、积极向上、劲头十足的。

优秀孩子是妈妈鼓励出来的

在多数的家庭里，女人更多地承担了教育子女的责任，每个母亲也都希望孩子能健康、快乐地成长，并希望培养出出色的孩子。但对于如何教育孩子，却成为很多女人头疼的问题。随着教育理念的更新，对孩子的教育也从以前的严厉批评、严格管教变成了现在的“赏识教育”，这对于孩子来说无疑是一件幸事。孩子需要赏识，就如同花草需要阳光和雨露，鱼儿需要溪流和江河。

事实上，现实生活里，不得不说，不少女人在管教孩子的过程中太“严”，她们似乎看不到孩子的优点，只看到缺点，事实上，孩子最怕的不是生活上苦、学习上累，而是人格受挫、面子丢光。美国心理学家威谱·詹姆斯有句名言：“人性最深刻的原则就是希望别人对自己加以赏识。”孩子毕竟是孩子，他们的独立意识尚未形成，他们非常在乎他人眼里的自己，因此，对孩子进行“赏识教育”，尊重孩子，相信孩子，鼓励孩子，不仅能让我们及时看到孩子身上的优点和长处，进而挖掘其身上巨大的潜力，还能拉近与孩子间的距离，帮助孩子健康成长。

夏羽是个可爱的女孩，但成绩却极差，是班级中的后进生，这令她的父母很是头疼。她的妈妈对老师说：“自打孩子上学以来，我都被弄得心力交瘁了，她经常被老师留下，我为了她的学习，辞了工作，每天为她做早餐、收拾书包、检查作业、辅导功课，但事实上，我的努力并没多少效果，她一点也不听话，我真不知道该怎么办了。”

看着一脸无助的夏羽妈妈，老师说：“其实，夏羽是个聪明的女孩，只是她对学习提不起兴趣而已，所以自觉性才差，如果我们能换一种教育方法，多鼓励她，我想她会进步的。”夏羽妈妈仿佛一下子看到了希望。

后来，妈妈开始对女儿实施赏识教育，孩子回家后，她即使再忙，也陪孩子一起做作业，并鼓励她："乖女儿，你的字好像越写越好了，后面的如果也像这样，该有多好，妈妈相信你以后能从始至终都写好的。"她露出了惭愧又充满信心的表情。

除此之外，夏羽的妈妈在孩子遇到学习中的问题的时候，也会将心比心地说："你会做这么多道数学题已经很不错了，妈妈那时候，做数学检测，一百题才能答对三十题呢。"

后来，当妈妈再次去学校开家长会时，老师对她说"夏羽现在学习很努力，上课经常主动发言呢，课堂上总能够看到她高举的小手了，耳目一新的发言，让同学们对她刮目相看了，课间她不在独处了，座位边也围上了同学。"听到老师这么说，妈妈很是欣慰。

从这则教育故事中，我们得出，作为母亲，女人们，在教育孩子时，一定要运用赏识教育这个法宝。的确，在一个家庭中，母亲对孩子的期望态度一样会影响到孩子。如果你认为你的孩子是优秀的，那么，他就会按照你的期望去做，甚至会全力以赴让自己变得优秀起来；而反过来，如果你总是挑孩子的缺点、毛病，那么，他们就会产生一种错觉：我不是好孩子，爸爸妈妈不喜欢我，我好不了了。"你就不行"的牢骚，让孩子产生了想振翅欲飞却难以相信自己会飞的迷茫。因此，母亲积极的期望和心理暗示对孩子很重要。

可能一些女人会产生疑问，我该怎么夸孩子呢，总不能一天到晚说"好啊，乖啊"。这里就谈到了赏识教育的中心话题。鼓励孩子，让孩子在"我是好孩子"的心态中觉醒，同时一定要注意表达的方式和内容。具体来说，你的赏识必须满足两个要求：

1.真实

对于孩子的赏识一定要是发自内心的，而不是虚伪的。你可以不直接表达你的赞赏，比如，你可以说："红红，你这件裙子哪里买的呀，我也想给我家安安买一件呢，却一直没见到，回头你能不能带我去？"你这样说，她也会觉得自己的衣服很好看，觉得自己的眼光得到了别人的肯定，你没有直接夸奖，但效果达到了。不要认为孩子是可以随便哄哄的，假惺惺的夸奖也会被他们识破。

2.表扬不要附带条件

有些母亲虽然也认识到了赏识教育的重要性，但却担心孩子会骄傲，于是，她们常常会在表扬后还加上一条附带条件，比如说："你做这件事很对，但是……"这类母亲认为这样会让孩子更有心理承受能力接受教训，其实，孩子最害怕这类表扬，他们会以为你的表扬是假惺惺的。因此，你千万不要低估孩子的智力。他们是能听出你的话中话的。

对于孩子的表扬最好是具体的，比如："真乖，今天你自己学会叠被子了。""我听李阿姨说你今天主动跟她打招呼了，真是个懂礼貌的孩子。"……

心理启示

女人在教育孩子时，一定要好好运用"赏识"这个法宝，不要认为孩子做好了、学好了是应该的事而疏于表扬。渴望被人赏识是人的天性，大人们也是如此。就连美国著名的作家马克·吐温先生也曾经说过："凭一句动听的表扬，我能快活上半个月。"

婆媳交锋的说话心理策略

从古至今，婆媳关系就是中国家庭矛盾纠纷的主要因素，婆媳之间可能会因为一件小事就发生大的争吵，最终让小事变成大事。婆媳之间由于生活的年代不同，家庭环境不同，其矛盾也会从各个方面表现出来。

"多年的媳妇熬成婆"中的婆婆就是在自己当媳妇的时候受了自己婆

婆的气，才会像当初自己婆婆对自己那样对待媳妇。但是，她们不知道现在的媳妇和当年的自己是不一样的，她们有自己的对婚姻与家庭的更为深刻的理解，她们的思想更加现代，已经不是自己那个年代的人能够理解的了，这就造成了婆媳之间的深深代沟。

不得不说，不少女人都是自己当了妈之后才对婆婆的心理有所了解，知道了婆婆的种种行为看似那么没有道理，但却是一个母亲出于本能的行为。这个时候的媳妇就会对婆婆的行为有所理解，明白了婆婆对自己以及自己丈夫的关心，懂得了婆婆的心态，能改变不和谐的婆媳关系。我们先来看下面的故事：

丹丹由于一直在外地上学和工作，很少和父母一起生活，当男朋友跟她说他们结婚之后可能会和他的父母一起生活的时候，丹丹感到很害怕。没有和长辈一起生活那么久的经验，再加上是本来不认识的长辈，即使以后成了一家人，也会或多或少有些难受。

结婚之后，丹丹感觉自己的婆婆就是一个什么都要管的人，家里的什么事情她都要知道，尤其是老公的事情，她要是不是第一个知道就会不高兴，甚至还会在家闹。对于自己儿子的一切她都爱打听，连许多被丹丹认为是隐私的，婆婆都会问到，不告诉她的话，她又不高兴，说都是一家人了，还有什么隐私啊。对于这样的婆婆。丹丹感到特别无奈，但是又没有办法，只能在以后尽量地少和婆婆说话，不说话就不会错，甚至还尽量减少和婆婆的单独相处。

现在，丹丹也是一个孩子的妈妈了，对自己孩子的一举一动都非常关心。如果关于孩子的事情，自己不是第一个知道的，自己就会感到特别伤心，就会有一种失落感。这个时候，她才理解了婆婆，原来婆婆什么都管的背后藏着的是一颗关心儿子的心。是自己忘记了婆婆的另一个身份，忽略了婆婆也是老公的妈。这个时候才对婆婆的行为有了深层的了解，也明白了婆婆并不是想管他们夫妻之间的事情，而只是纯粹出于关心。

虽然婆媳之间的关系可以在媳妇也做妈妈之后得到缓解，但是为什么要等那么久呢？其实缓解婆媳矛盾的方式还有很多种，也是很有效的。

生活中的媳妇们，婆媳之间有了矛盾千万不要争吵，争吵只会让矛盾加剧，不能帮助你解决矛盾。应该在有了矛盾的时候保持自己的清醒的头脑，将自己的道理以较为冷静的方式表达出来，给对方讲道理。争吵不能解决问题，即使一方已经发脾气了，你也应该保持冷静，不是嗓门大就是有道理的，用冷静的头脑更能帮助你分析并解决问题。

那么，在这样的家庭里，怎样处理婆媳之间的矛盾呢?

1.多沟通，商量彼此都能接受的原则和方法

矛盾的产生大多是因为差异，婆媳间的矛盾大多也不是因为原则性的差异，而只是生活观念、消费观念、家庭事务、家人健康、孙子（女）抚养和教育问题等方面的看法不同。而要消除这些产生矛盾的因素，婆媳间就必须做好沟通工作，商量双方都能接纳的原则和方法。当然，如果婆媳双方能够拥有更多相同的兴趣爱好和生活习惯，则更能加快建立双方的合作模式，增进双方的感情。

2.把焦点多投入婆媳关系以外的世界

比如，作为儿媳，可以更加积极努力地工作，并增加与丈夫在一起的生活情趣，更多地关心丈夫，通过爱来抵消和疏泄不愉快的情绪。

3.关心老人，满足老人的正常心理需求

比如，在家庭气氛比较愉快的时候，夫妻二人应放下手中的工作，多陪老人拉拉家常，听听“革命家史”。付出爱心，也就能得到人情味儿，让原本紧张的关系缓和下来。就好像往一锅沸腾的汤里倒上一瓢凉水，让家庭舒心、爽心、安心。

心理启示

婆媳之间的微妙关系长期以来都是影响家庭关系的重要方面。其实，在家庭中换位思考很重要，葆有一颗宽容之心也很重要。同样都是女人，为什么不能做到静下心来互相体谅互相疼爱呢?

参考文献

[1] 朱玉红.心理学与口才技巧[M].北京：中国纺织出版社，2014.

[2] 金萍.女人受用一生的口才课[M].北京：中国纺织出版社，2012.

[3] 艾静.我最想要的口才书[M].北京：海潮出版社，2011.

[4] 潘鸿生.聪明女人会说话[M].北京：中国社会出版社，2012.